犬と鬼

知られざる日本の肖像

アレックス・カー

JN179808

講談社学術文庫

プロローグ

これからお話し申し上げることは、今日の今日まで最も驚くばかり、最も意外、最もすばらしい、最も奇跡的な、最も壮大な、最も不可解な、最も信じられない、最も予見できない、最大且《か》つ最小、希少且つ月並み、そして最も話題にのぼり、しかも最も秘密にされてきたことです。

セヴィニエ侯爵夫人（ベルサイユ宮殿からの手紙）一六七〇年

子供の頃から日本に住んでいた私は、古い街が破壊され、山と川がコンクリートで覆われていく様子を幾度となく目にしていたが、次第にこうした光景は、先進国として何かおかしいと違和感を抱くようになった。ただ憂いているばかりでは仕方ないため、一九九五年から官僚制度などの統計データを収集して、政治や経済の仕組みがどのようにして困難な状況を招いたのか、他の先進国との比較を通して調査を行った。「文化」と「自然破壊」というテーマから始まった調査だったが、「バブル」、「金融」、「教育」、「観光」、「原発」など、対象は多分野に広がった。二〇〇一年に出版された*"Dogs and Demons"*（英語版）、翌年の『犬と鬼』（日本語版）は、この研究の成果である。

日本語版の出版から一五年経つが、その間に日本だけでなく世界も大きく変わった。文庫化にあたり、この本で扱ったテーマに関して、何が変わり、何が変わっていないのかを改めて考える機会に恵まれた。

この一五年間でもっとも変わったのが「観光」だと思う。執筆当時、観光は中央省庁から軽視される産業だった。インバウンド観光も小規模なもので、世界に遅れをとっていたが、小泉元総理大臣による「観光立国」の旗揚げを機に、VISIT JAPANキャンペーンや観光庁の設立など、飛躍的に発展を遂げた。一九九九年に約四四〇万人だった観光客は、二〇一六年には二〇〇〇万人を超え、東京オリンピックが開催される二〇二〇年には四〇〇〇万人が見込まれている。

観光客の数だけではない。観光による経済効果を目的として、今まで粗末に扱われてきた歴史街道や自然風景にも目が向けられるようになり、各地で保存運動や景観整備が進められている。景観に無関心だった京都でも、近年は建物の外観工事に補助金を出したり、屋外広告物の撤去を命じるなど規制が強化されている。また、日本がずっと疎かにしてきた電線の地中化も積極的に議論されるようになり、その対象エリアが拡大するなど、少しずつではあるが、この本を書いた当時より明るい兆しが見られるようになった。

また、バブル以降の金融業や株式市場に関する話は、もはや歴史資料となった。「失われた二〇年」を経て、銀行や株式市場は一定の立て直しを見せている。しかし一方で、不良債権や時代遅れの産業形態に抜本的な改革や素早い措置をとれなかったことは、現代においても大きな課題として残っている。

残念ながら観光と金融以外の全てのテーマは、今もほとんど変わっていない。まず情報の管理体制について、新しい読者の皆さんには「第五章　情報」を読んでいただきたい。原発のずさんな情報管理や隠蔽工作について読めば、出版後に起こった3・11の福島第一原発事故を巡る人為的ミスについてもよく理解することができる。事故当時は、気象庁までが汚染情報を隠そうとしていた。オリンパス事件や特定秘密保護法などからもわかるように、経済界と政界の情報に対するガードはさらに高くなっている。国家債務に関しては二〇〇二年から赤字が続き、ますます深刻化している。それにもかかわらず、アベノミクスや地方創生の名の下で、これまで以上に多額の予算が土木工事やモニュメントづくりにばら撒かれるようになった。最近では新しい文化ホールの建設や市役所の建て直しが盛んに行われ、第二の箱物ブームが全国的に起こっている。

この本の調査をはじめたそもそものきっかけは「自然環境」だった。悲しいことに「土建国家」としての体質は今も変わらない。それどころか、さらに急ピッチで山や河川をコンクリートで覆うようになって、国土は以前よりも醜い姿に変貌した。それでも国民の関心が高まることはなく、行政は今も自然を破壊する土木工事を自動操縦的に続けている。出版から一五年経ってこの本を読み返してみても、書かれている内容は新鮮で、今起きていることのように感じられる。

この本は、日本人読者にとってあまり楽しいものではないかもしれない。しかし、バブル時代に日本の株式市場を牛耳った尾上縫《おのうえぬい》さんのガマガエル、役所が美観を意識して原発を切り取った美浜町《みはまちょう》の画像のように、悲劇が喜劇に転じた滑稽な話もあるはずだ。読者には、この『犬と鬼』を読んで、笑いながら泣いていただきたい。

* * *

この本の趣旨は日本はすべてを手に入れておきながら、いったいなぜ落とし穴にはまってしまったのかという疑問である。瑞々《みずみず》しく青々とした山々、エメラルド色をした岩の上を流れる清流など、世界でも有数の美しい自然環境。東アジアのあらゆる芸術的財産を受け入れ、何世紀もの間日本特有の感性でさらに練り磨いた、アジアで最も豊かな文化遺産。先進国でも屈指の優秀な教育制度や、高度なテクノロジーを誇る日本。工業分野の成長は各国の賞賛を浴び、その過程で得た利益で、ひょっとすれば世界で最も裕福な国となったかもしれない。

世界をリードする新たな輝かしい文明を築くところまで来ていた。だが、一九九〇年代の日本はどういうわけか意気消沈してしまった。一九九〇年代の幕開けにまず株式市場が崩壊し、一九八九年に世界最大規模を誇った東京証券取引所が二〇〇一年に株式時価総額でついにニューヨークの四割程度に落ち込んでしまう。その間、アメリカ、ヨーロッパそして中国の景気が良くなる中、日本のＧＤＰ（国内総生産）は伸び悩み、しばしばマイナス成長に転じることもあった。

日本の経済がつまずいてしまったことは、今や話題性もないが、海外のマスコミでは日本の街づくり、自然環境、文化、国民生活などについてもほとんど扱っていない。たとえば、「未来都市」と触れ込んだ新設ニュータウンですら、なぜ電線を埋設するという基本的なことさえしないのか。なぜ大規模な土木建設で山川に醜い爪あとを刻み込むのか。なぜ京都や奈良が無機質ジャングルに変えられてしまったのか。これらを憂うる日本人や在日外国人は少なくないが、それは単に景気の悪さを示すものではなく、もっと根深い問題――深刻な文化危機を物語っている。つまり、国家の魂を蝕《むしば》んでしまっている病《やまい》なのだ。

ジャパノロジスト

日本が抱える問題の発端は、開国した直後の一八六〇年代にさかのぼる。当時、日本は植民地となることに抵抗し、その後西洋列国より強くなろうと張り合う。事実、日本は世界の中でも最も強力な国の一つにまでなったが、産業社会の発展成長のためには、何でも犠牲にするという政策は一五〇年の後々まで変わることはなかった。時が流れるにつれ、一世紀半も前の政策と、現代日本の社会がほんとうに必要としているものの間に、大きな溝が開いてしまった。

日本庭園でよく目にする竹製の「ししおどし」に最後の一滴が落ちると、筒が傾き水が流れ落ち反対側で大きく「カタン」という音を立てる。同じように日本社会に少しずつひずみや隠れていた負債が蓄積し、ついには支えきれずに溢れ出てしまった。一九八〇年代には、経済面でも文化面でも一世を風靡《ふうび》した国が、あっという間に九〇年代には深刻な状態に陥ってしまった。日本がどん底に落ちてゆく道行き——その様は、二〇世紀終盤の奇妙な芝居であるといえる。

ここで、ジャパノロジスト（海外の日本専門家）が日本を見る見方も本書に関連するので、少し記しておこう。外から見た日本と内実とはかなり違う。廃棄物の検査や処理のノウハウを持たない「ハイテクの国」日本。貪欲《どんよく》な建設業界を潤すため、川や海岸をコンクリートで埋め立てる「自然を愛する」文化。国債残高が世界で一番多い中、一般市民の財産の管理をやりそこない、健康保険や年金制度を崩壊させてしまった「エリート官僚」。

製造分野での成功という表向きの日本の姿しか知らない外国メディアは、本書で語られるものをつじつまの合わない光景、ショッキングなまでに異質のものと感じることだろう。

一九五〇年代から、ジャパノロジストの多くは、聖なる地に巡礼するかのように日本に「お参り」に来た。私が大学で日本学を専攻していた頃（一九六〇年代後半〜七〇年代初頭）、ジャパノロジストの使命は、日本を理解していない世の中に対する代弁者だと教わったものだ。日本は何もかも西洋と違う。これがたまらなくエキサイティングであると感じ、多くの日本学者にとって日本は理想社会に思えたものだ。日本経済を怪物として警戒した一九八〇年代の「修正主義《リヴイジヨニズム》」の論者たちでさえ、ほとんどの場合、畏敬の念で語っていた。

私の同僚の多くは、諸外国に対し日本を魅力的に見せるのが任務であると思い込んでおり、また生計をたてる上で何らかの形で日本の学界や政界に依存している。何かまずいことでも言えばその「親日家」は「反日家」になり、二度と権威のある会議に招かれなくなるかもしれない。政財界や文化人の知人らが情報を漏らしてくれなくなるかもしれない。そこで自己検閲をしてしまう。

しかし、自己検閲よりもっと強く働くのは「ノスタルジア」である。ジャパノロジストたちは、信じ続けている、美しく芸術的で能率的な日本にあこがれている。不都合な現実が、逆にいっそうユートピア像に固執させるのだ。救いがたい「懐かしさ」がこの分野の人々を支配し、それゆえ、禅や茶道の専門家たちは日本の自然を愛する心を詠《よ》んだ俳句を聞かせ、川や浜辺をコンクリートで埋め立てていることについては触れない。同様に、経済学の教授たちは産業分野の優秀さを賞賛しても、近隣の田んぼに発ガン性物質を何のおとがめもなしに廃棄できることには何も言わない。近年、何人かのライターがこれらの問題を提起しだしたが、彼らは結局のところジャーナリストばかりで、アメリカの学者や文化専門家たちはほとんど発言していない。

ここでお許しを得ておきたいが、本書にはどうしても怒りと悲しみの感情が入ってしまっている。なぜなら日本で起きていることはあまりにも悲惨だからだ。もちろん、日本に精通している外国人だからといって、何もつねに日本を非難することが役割であるとは思っていない。しかし、色眼鏡を外し、現代の日本をあるがままに捉える必要はある。そうしなければ、それは今おこっている「災難」を容認するだけでなく、共謀して手を貸すことにさえなってしまうと私は思っている。

日本のことを述べる時、トラブルの体裁を繕うことが「日本を支持する」ことであったり、問題点を指摘することが日本を「攻撃」あるいは「バッシング」することだと思っているならば、それは大きな間違いだ。「日本を支持する」とは何を支持するのか。何百万、何千万人もの日本人が、私と同様、身の回りで起きている出来事を見て、心配し不安を感じている。私はアメリカの友人たちに聞かれた。「なぜこんなにも日本のマイナス面を映し出す本を書こうと思ったんだ」と。私の答えは（いささか気恥ずかしく、日本的で古臭いかもしれないが）「義務です」。

少年時代に初めて来日し、以来数十年間の大半を東京、四国そして京都で暮らした。この国を愛する者の一人として、今日の日本の諸問題、とくに自然環境に迫り来る凶運を、心を痛めずして見ることはできない。この一〇年間、文化や環境に起こった出来事を深く嘆き、同様に失望した日本の同僚たちと何度話を重ねたことか。本書を書き始めた頃、文化人の友人二人と、伊勢神宮を訪ねた。伊勢の原生林の中を歩きながら、私は彼らにこう尋ねた。「正直に答えてください。このままこの本を書き進めていくべきだろうか。これは大変な作業で、やめてしまうのは簡単なことです」。すると彼らは「駄目だ、君が書かなくては。一挙一動がマスコミに監視されている我々の立場では、公《おおやけ》に自由に意見を言うわけにはいかない。ぜひ書きなさい」と言った。

ここには大きな皮肉がある。外国の専門家たちは、二〇～三〇年前の日本のやり方に懐かしさを抱いている。日本人もまた郷愁を感じているが、それは昨今のやり方に対してではなく、今日の日本が絶えず否定している、もっと昔の崇高な日本だ。後でも述べるが、近年「日本の伝統的社会の仕組み」としてきた多くのもの――金利をつけない銀行とか、倒産しないグループ企業など――は、実際には江戸時代やもっと最近の一九六〇年代にでさえ、まったく見ることのなかった新しい仕組みなのだ。日本人は、たとえ平生《へいぜい》は口に出さなくとも、心の中では自分たちの国が、理想から遠くかけ離れてしまったことを知り、嘆いている。

翻訳にあたって

ここで本書の出版経緯について少し触れたい。この本は最初海外向けに英語で書き下ろされたものだった。海外での日本に関する出版物は、大きく「貿易・経済・技術」と「文化」の二つのジャンルに分けられるが、貿易・経済については以前から外国の専門家たちがさまざまな観点から分析している。しかし、文化面ではいまだにロマンに固執している。それには一つの歴史的背景がある。明治期に西洋人が来訪するようになって以来、日本文化にエキゾチック、かつエロティックなものを感じ、ずっと日本のイメージとしてこのことが定着してしまった。たとえば一八八〇年代にフランスの作家ピエール・ロティの長崎の遊女「お菊さん」の本がブームになったり、現代でも日本に関するベストセラーはやはり「芸者のメモアール」のたぐいだ。一五〇年経っても西洋が日本に求めるものは終始変わっていない。

私自身、日本での仕事ではビジネス界（不動産・金融）の経験もあり、文化面（書・花・歌舞伎など）にも深入りしたため、今回の本では経済と文化の両面を述べようとした。こうした中で日本の「文化危機」に触れないわけにはいかなかった。自然破壊、建築界のゆがみ、日本映画の下落などなどを取り上げた。しかしながら、欧米では一般読者は戦後からずっと石庭の京都、芸者、富士山、生け花などの紹介ばかりを見ているので、本書はショッキングなまでのギャップが生じ、外国人読者から疑われるのは必至だった。同時にジャパノロジストの先生方に叩かれるのは承知の上だった。そこで裏付け資料を無視できないため、各分野の調査・研究をきちんと行う必要から六年もそれに費やした。結果、本書にデータが山ほど出てくるのは、こうしたものがなければ、私の戯言《ざれごと》で終わってしまうからだ。

一方、国内ではこうした論議は日常茶飯事で、日本人は外国のジャパノロジストほど日本を見つめることを怖がっていない。この海外と国内の現状認識のギャップが翻訳に大きく関わってきたが、さまざまに検討した結果、あえて原文を大きく変えないで日本語訳を行った。しかし、参考例については当然日本人に説明する必要のない箇所はカットしたため、少々原文より短めになっている。一般的に諸問題について知ってはいても、具体的な数値や各組織などのややこしい仕組みは、専門書以外では目にしないため案外と知られていない。同時に海外向けの本だったので、外国人の眼で見た本になっている点はご理解いただきたい。一歩、国内から離れた視野から違った感覚で読んでほしい。

「犬と鬼」

第二次世界大戦後の五〇年間、日本に関する著書で最も好まれてきたテーマは「近代化」いわゆる「モダニズム」——日本がいかに早く変化し、他国に追いつき追い越していったか——である。しかし本書の核となっているテーマは、モダニズムの理想とまったく逆の現象——つまり近代化に失敗したことなのだ。日本の物事のやり方は、本質的には一九六〇年代で凍結してしまった。四〇年もの間、これらのシステムは少なくとも表面上は円滑に機能した。この間、日本の官僚は外国の進んだシステムや新しい発想を無視し、一方一般市民も政府に口出しをしなくなった。何十年もの長き間、眠り続けた官僚にとって、一九九〇年代の新たなコミュニケーションやインターネットは、まさに寝耳に水だった。ビジネスの世界では株式市場と銀行は粉々に崩壊した。カルチャーの分野では、毎年何百万もの人々が生気のない街や醜い田舎から脱出し、海外旅行へと旅立ってゆく。

このような現状に対して官僚たちが不安になって採った策は、モニュメントを造ることだった。それも国を破産させるほどの勢いで。そうすることしか思いつかなかったのだ。ここに本書のタイトル『犬と鬼』が生まれたわけがある。中国の古典『韓非子《かんぴし》』に出てくる故事で、皇帝が宮廷画家にこう問うた。「描きやすいものは何であるか、また描きにくいものは何であるか」。すると画家はこう答えた。「犬は描きにくく、鬼は描きやすい」と。つまり、私たちのすぐ身近にある、犬のようなおとなしく控えめな存在は、正確にとらえることが難しい。しかし、派手で大げさな想像物である鬼は、誰にだって描けるものだ。現代の諸問題の基本的な解決は地味なだけに難しい。ところが派手なモニュメントにお金をつぎ込むことは簡単なのだ。電線を埋めることより、電柱をブロンズ色で被《おお》うことに金を出す。このようなことが数えきれないほど行われているのだ。

本書のもう一つのテーマは「極端状態の日本」というものである。専門家はエンジンが効率良く作動していることに驚くばかりで、実際は船が岩礁に向かって進んでいたことに気づかなかった。日本の器用に組み立てられた「行政」という名の機械は、致命的に重要な部品が一つ欠けている。それはブレーキだ。いったん進路を取り始めると、他の国々では考えられないほどの過剰な次元に行きつくまで、継続する傾向にある。

オートクルーズの官僚政治に誘導され、国はある政策、たとえば土木建設を、恐怖を感じるほど極端に行ってきた。その過程で国土はすっかり異質なものに変わってしまった。それによって日本の魂そのものが相当深い病を患っているのではないかと日本を愛する人たちは懸念する。しかし、危機あるいはクライシスという言葉は適切でないかもしれない。なぜなら危機とは問題のクライマックスで、これから緊急に解決されることを示唆するものだが、日本で起きている問題は慢性かつ長期にわたるものだ。むしろ「文化の病」と言ったほうが日本の現状をうまく言い得ているかもしれない。

本書では日本がなぜ世界の常識のみならず、真の自分の姿からもかけ離れ、彼方へ迷ってしまったのかお伝えしたい。

目次

犬と鬼

この本の調査・研究を担当してくれた
ボーディー・フィシュマンに深く感謝する。
彼による気の遠くなるような多量の情報検索、
そして度重なる原稿チェックがなければ、
この本は完成しなかっただろう。

文中、敬称は省略しました。肩書は一部を除き当時のものです。

第一章　国土――土建国家

我ガ御国ハ、天ツ神ノ殊《こと》ナル御恵《おめぐみ》ニ依テ、神ノ御生《おうまれ》ナサレテ、万《よろづ》ノ外国等トハ、天地《てんち》懸隔《けんかく》ナ違ヒデ、引比《ひきくら》べニハナラヌ、結構ナ有難イ国デ、尤《もっと》モ神国ニ相違ナク、……

『古道大意』平田《ひらた》篤胤《あつたね》（一七七六―一八四三年）

日本を語る時、今日では金融や貿易産業が話題の中心になる。しかし大きな目で見た場合、GDPが二〜三パーセント下がろうと、数年銀行に元気がなかろうと、日本にとってそれが最重要課題なのだろうか。唐の詩人杜甫《とほ》は「国破れて山河あり」と詠んだ。銀行ができるはるか昔から、敷島《しきしま》の国には緑なす千々《ちぢ》の島々が存在し、清水は苔むす岩を流れ落ち、奇岩の並ぶ神秘的な海岸を波が洗っていた。俳句や盆栽、生け花、また屏風絵や茶の湯や禅でも、伝統的日本文化を形成するものすべてに、自然は大切なテーマだった。日本古来の神道では、国土を崇《あが》める心を信仰の根幹とし、山川草木《さんせんそうもく》は神々の住まいとして敬われてきた。その意味で、経済問題はしばらくおいて、国土そのものの現状を見ていくことにしよう。

そこに見えてくるものは、ひょっとすれば世界で最も醜いかもしれない国土である。これは、京都の名勝や富士山の美しい景色を夢見ている読者には、かなりショッキングなセリフかもしれない。しかし、百聞は一見に如《し》かず、素直になれば見えてくる。たとえば山では、自然林が伐採され建材用の杉植林、川にはダム、丘は切り崩され海岸を埋め立てる土砂に化け、海岸はコンクリートで塗りつぶされる。山村には無用とも思える林道が網の目のように走り、ひなびた孤島は産業廃棄物の墓場と化す。

もちろん、多くの近代国家でも多少似たようなことが言えるかもしれないが、日本で起きている事態は、どう見ても他の国とは比較にならない。ここには信じがたい異質なものが出現している。国は栄えても、山河は瀕死の状態だ。

身も凍る戦慄

ホラー作家、H・P・ラヴクラフトは、不気味な小村を舞台に恐怖小説を書いた。その冒頭の「このおぞましい光景を目《ま》の当たりにして、だれが身も凍る戦慄を抑えられようか」という、そんなラヴクラフト的戦慄を求めるなら、日本の田舎を旅するのが一番だ。

過去五〇年間の経済成長期に、日本は自然環境を劇的に塗り替えた。『マクニール／レーラー・ニュースアワー』の元アンカーマンであるロバート・マクニールは日本に一ヵ月間滞在し、後にニューヨークのジャパンソサエティでのスピーチで、日本で目にしたものには「面食らった」と語っている。「広島から東京まで、延々八〇〇キロ続く退屈な風景にはうんざりした。——味もそっけもない効率一点張りのゴミゴミした眺めは見るのもつらく、トンネルに入るとほっとしたほどだ」

国中どこも土地の改造が進んでいる。幅一メートルほどの小川が流れていたところに、何十メートルもの幅でコンクリートを敷きつめ、もとの川はU字型水路に変貌する。林道を造るのに、山腹全体を爆破し、川は土手だけでなく河床まで塗りつぶす。国土交通省河川局は、主な一三七の河川のうち、三つを除くすべてにダム建設や流路変更を行っている。他の先進工業国と比べると、その違いには唖然とさせられる。たとえばアメリカでは、環境に与える影響が大きいため、原則としてこれ以上のダム建設を中止すると一九九〇年代前半に決めた。それどころか、既存のダムの撤去にさえ着手している。一九九〇年以降、全米で七〇を超す大規模ダムが壊され、さらに何十ものダムが撤去される予定という。ところが日本は、すでに二八〇〇を超すダムがあるというのに、さらに五〇〇も造ろうとしている。

この建設熱が、小さな山村にどんな影響を及ぼすのか。その実体験として、日本のどこにでもあるようなちょっと奥の山村を訪れてみよう。一九七〇年代までは緑の深い峡谷と山々に囲まれ、絵のように美しい桃源郷であった。林業のほか、そばの栽培や炭焼きなどで村人は生計を立てていた。

それから三〇年、若者は山を離れて豊かな都会へ出てゆき、地元の農林業は衰退した。とはいえ、日本の山には雄大な景観があり、各地にロマン的歴史がある。一九八〇年代は、観光とリゾートで地元経済を復興するまたとないチャンスもあった。しかし、全国ほぼ例外なくそのチャンスを生かせなかった。降って湧いたように、村に現金があふれたからだ。出所《でどころ》はダムや道路建設である。地方経済活性化のため、土木事業に補助金を出すという国の政策の一環だった。一九六〇年代に発する建設マネーの大波は山村をも呑み込み、他の産業はあとかたもなく押し流された。今では、山村の人々はそろって建設作業員になっている。

外国人だけでなく多くの日本人も、日本の農村の暮らしにはファンタジーを抱いているだろう。車窓から古風な農家を眺めたり、美しい水田の写真を目にすると、田舎暮らしはどんなに長閑《のどか》だろうと想像せずにはいられない。季節との一体感、種まきから収穫までの喜びなどなど。だが実際に住んでみると、手ひどいショックを受けることになる。農民のトレードマークは、もう蓑《みの》と鍬《くわ》ではない。ヘルメットとセメントシャベルだ。村の婦人たちは、元来、お茶、じゃがいも、とうもろこし、きゅうり、蚕《かいこ》用の桑などを作っていた。現在、その畑は休耕地になっている。彼女たちは毎日ヘルメットをかぶり、小型バンに乗って建設現場へ出かけてゆく。山村の人々に職業を尋ねても無意味である。みんな「土木」で食べているからだ。

今では、そうした村に流れ込む現金の実に九〇パーセント以上が、道路・ダム建設で落ちる金で、その資金源は主に国土交通、農林水産の二省だ。これではダムと道路工事の中毒症で、環境問題を訴える声など上がりようがない。建設をやめれば村人のほとんどが職を失うため、毎日コンクリートを流し続けねば村は死んでしまうのだ。

テトラポッド

実に摩訶不思議なことに、これらの道路もダムも、山村にとってはほとんど無用だ。建設をやめると補助金が下りなくなるだけだ。何十年も無目的な土木作業が続き、今ではどこの山腹を見ても、どこかで土木工事の痕が目に入る。人家から何キロ離れていても、「地滑り被害」は防止しなくてはならない。林業は二〇年も前に廃《すた》れたのに、まだ建設は続けねばならない。川も小さな支流までほとんど堤防で固められ、無数のダムが水を吸い上げて川は干上がっている。山奥を行き交う車はまばらで、道路を横切って蜘蛛の巣が張っている所さえあるのに、役所は谷の崖に発破をかけ、さらに立派な道路を通そうとしている。こうして、わずかに残っていた美しい山々もコンクリートで覆われてゆく。

山村でこれだから、同じ田舎でももっと交通の便がよい平野ではどうなるか、想像するまでもない。建設業を支援するため、政府は毎年何十兆円という金をつぎ込み、ダム、砂防工事、水防工事、道路建設などの土木事業を推進している。一九九五年から二〇〇七年までの一三年間に、予定されている公共事業費は六五〇兆円という天文学的な数字だ。おそらく、同時期のアメリカ（面積は日本の二五倍、人口は二倍）の三倍から四倍にはなるだろう。地面を掘り返す方法を考えるだけで、何十という政府関係機関が存在し、公共工事を頼りに、日本は巨大な福祉国家と化した。

川や谷ばかりではない。最も痛ましいのは海岸だ。一九九三年には、全海岸の五五パーセントが完全にコンクリートブロックやテトラポッドで覆われた。一九九四年一二月、『週刊ポスト』は沖縄の荒廃した海岸線の写真を掲載し、こう解説した。

> 海岸線はコンクリートで固められ、無数のテトラポッドが灰色に積み上げられた風景は、日本のどこにでもある、平凡で腹立たしいものに変わった。海岸を見ている限りでは、ここが湘南海岸なのか、千葉の海岸なのか、あるいは沖縄なのかほとんど見分けがつかないほどだ。

重さ五〇トンにもなるテトラポッドはビッグビジネスだ。官僚にとってはおいしい仕事で、国土交通省、農林水産省の二省が、毎年それぞれ数百億円を投じてテトラポッドを造り、海岸にばらまいている。まるで二人の巨人が、海岸を的《まと》にして画鋲を投げているようだ。無駄なだけならまだましだが、残念ながらもっと深刻なダメージを与えている。テトラポッドに対する波の作用で砂の流失が早まり、海岸の浸食がかえって激化することはわかっている。これがじゅうぶんに理解されるまで数十年かかったが、一九八〇年代アメリカでは、メーン州を皮切りとして堅固な護岸工事を禁じる州が増えてきた。サウスカロライナ州政府は一九八八年、新たな設置を中止するだけでなく、すでにある護岸設備も四〇年以内にすべて撤去するよう命じている。

しかし日本では、護岸設備は減るどころか増えるいっぽうだ。おいおい見ていくが、これはさまざまな分野で見られる現象である。破壊的政策は一九五〇年代に動き始め、六〇年代には止められない戦車となり、費用も損害もかまわず、ほんとうに必要かどうかも気にせず、ただひたすら前進を続けている。コンクリートで覆われた五五パーセントの海岸線は、二一世紀に入って六〇パーセント以上に増えた。距離にして数千キロである。日本の海岸はある日急に浸食が激しくなり、海岸線の六〇パーセント以上をコンクリートで固めねばならない理由があったのだろうか。明らかに、どこかで何かが狂っている。

建設中毒

地方の荒廃は偶然起こったのではない。アラン・ブースの著書では「国家が後押しした暴行」と表現しているが、この建設依存症という中毒市場は、その規模八〇兆円で、世界最大である（一九九七年）。

この数十年、海外で日本経済を論じる本は何十冊と出ている。ところが不思議なことに、日本経済がこれほど建設業に依存していても、それを指摘する文章にはなかなかお目にかかれない。外国の学者はソニーや三菱に夢中で、建設という泥くさいテーマは無視している。世界市場で競争力を発揮するピカピカのオートメーション工場ばかり見たがり、政府の施しにすがる何百万というヘルメット姿の労働者など見ようとしなかった。しかし、見る気さえあれば見えたはずだ。

統計を見てみよう。二〇〇一年の日本では、建設関係への投資総額はGDPの約一三パーセントにのぼっている。アメリカは五パーセントにすぎなかった。公共事業ではその差はさらに広がる。二〇〇〇年の公共事業のGDPに占める割合は、日本は九パーセント以上に上がり、アメリカは一パーセント未満に下がり、実にアメリカの一〇倍になってしまった。建設業がここまで肥大化したのは、真にインフラ整備が必要だったからではなく、政府の補助金のためだ。

日本が土木建築に費やす金額は、アメリカが軍事につぎ込む金額よりはるかに大きい。しかも、浪費や環境破壊という同じ欠点を備えていながら、軍需産業と違って先端技術や高度産業の発展という恩恵はない。建設業界の力は強大であり、そのため「土建国家・日本」という言い方さえあるほどだ。巨額の補助金が建設に流れ、驚くことに、国の歳出予算のなんと四〇パーセントが公共事業に充てられている（アメリカでは八〜一〇パーセント、イギリスやフランスでは四〜六パーセント）。

日本で公共事業が急激に膨れあがったのは、関係者にとってうま味が大きいからだ。談合や付け届けはあたりまえで、それを通じて何百億円もの金が政党へ流れ込む。政治家にはかなりの口利き料が渡る（ひとつの公共事業につき、ふつう予算の一〜三パーセントといわれている）。

ところが一般的には政治家が悪いと思われているが、残念ながら上手な仕組みができていて現役官僚までがさまざまな形で分け前にあずかっている。在職中は、直属の機関に入札なしで有利な契約を与えてその上前をはねる。退職後は民間企業や公益法人で待遇のよい閑職につく。こういう天下り官僚に支払われる給与は、あれやこれやで一人の合計が何億円にも達することがある。

そのからくりの一例として、国土交通省河川局は、ダムの運営を水資源開発公団（現・独立行政法人「水資源機構」）という機関にまかせるが、そこの役員の多くは河川局からの天下りである。また水資源開発公団は、公開入札も行わずに「水の友（一九九八年に「アクアテルス」に社名変更）」という会社に仕事を請け負わせる。これは公団にとって非常においしい話だ。というのも、水の友の株式の九〇パーセントを公団ＯＢが保有しているのだ。河川局が次から次にダムを造りたがるのは当然だろう。

道路建設について見ると、四つある道路公団が、毎年全契約の八〇パーセントを少数の企業のみに与えている。そういう企業の経営者は公団の退職者ばかり。同じような馴れ合いの構図はどの省にも見られる。

政治家と官僚から全面的なバックアップを受け、建設業界は成長に成長を重ね、一九九八年には六九〇万人の労働人口を抱えるまでになった。全産業就業者の約一〇・一パーセントである。この割合は、アメリカやEU諸国の二倍にのぼる。推計によれば、公共事業契約から間接的に派生する仕事も含めると、日本の働き口の五件に一件は建設に依存しているという。

一九九〇年代になって日本経済が失速した理由が、こういう数字のなかに潜んでいる。土木建築から派生する無数の仕事は実質成長の産物ではなく、政府が金を出してやらせる「やらせ仕事」である。そのためサービスやソフトウェアなど、先端的な業界は成長が遅れた。延々と続く建設工事を当てにしているのは、田舎の人たちばかりではなく日本経済全体がそうだ。工事をやめれば無数の人々が職を失い、その意味で日本はまさに中毒にかかっている。中毒患者は、つねに薬の量を増やさねばまともに生活できない。ここ数年、政府は次々に不要な公共事業を「注射」している。それで何とか、日本経済は現在の水準を維持しているのだ。

自動操縦

薬物に対する「渇望」が芽生えたのは、政治家と公務員が役得の味を知ったためだった。しかし、完全な中毒症におちいるのには、早い段階でやめられない精神的理由もある。日本の場合、「中毒」をもたらしたのは自動操縦で動く官僚制度の存在だった。

これは後の章で見ていくが、無敵の官僚制度は日本の最大の問題である。どの国でも官僚は本質的に慣性で動く。放っておけば、十年一日《いちじつ》同じことをくりかえそうとする。日本では、行政はほとんど国民の監視を受けず、これでは官僚の慣性を止める力はない。行政の世界は、だれも止め方を知らない恐ろしい機械のように動き続ける。「オン」のボタンはあっても「オフ」はない。

各省庁は国民への説明義務をもたないが、それでも頭のあがらない相手がいる。国家予算を牛耳る財務省である。本来の目的が何であれ、しまいには役所の目標はただひとつ。予算を確保することだけになってしまう。

有能という評判は伊達ではなく、日本の各省は予算の確保にはめざましい働きぶりを見せる。一九九九年度予算では、建設予算の総額は六五年度の一三倍になっていた。一九六五年度と言えば東京オリンピックのあとで、白黒テレビがふつうで、田舎の道路はまだほとんど舗装されていなかった時代である。ところが、それから四〇年近く経ち、しかもその間にインフラは根本的に変化しているのに、各省が受け取る予算の割合は、いまだにパーセントの端数に至るまで昔とほとんど同じである。相対的なシェアはほとんど変わらなかったわけだ。「役人は予算を使い切るのがうまい。あきれかえるような無駄遣いを実に手際よくやってみせる。あれでは無駄がなくなるわけがない」と国会議員の佐藤謙一郎は言う。

省と省との微妙なバランスを保つために、予算は使わねばならず、計画は拡大しなければならない。こういう背景があるから、国土を際限なくコンクリートで塗りつぶすという奇怪な状況が生じ、他の国ではとうてい見られない極端な状況、しいて言えば恐ろしいマンガの世界へ入り込んでしまう。マンガの魅力は、この世のものならぬ怪異な風景、終末論的な倒錯した未来図が登場することだ。まさしくそういう世界を、国土交通省はこの現実世界につせと築いている。それは、沖縄の無人島に橋が架かり、どこへ通じるでもない林道が無尽に走り、田舎道に巨大な立体交差道路が築かれる世界である。

諫早湾

諫早《いさはや》湾干拓はよく知られているが、その過程を細かく見るといい参考になる。官僚的慣性力がいかに止まらないものかを顕著にあらわしているのが、諫早湾の事例である。一九六〇年代半ば、農林水産省は諫早湾の干拓計画を立てた。諫早湾は日本最後の大干潟で、潮位差は日本で最大規模の五メートルに達する。干潟は数多くの生命を育んでおり、湾に生息する約三〇〇種の生物には、珍魚ムツゴロウのほか、絶滅の恐れのあるカニや二枚貝も含まれている。だが、それがみな一九九七年四月一四日に死滅し始めた。全長七キロに及ぶ堤防の一部が閉じられたからだ。

当初の目的は、地域農民のために新たな農地を確保することだった。しかし、一九六〇年代にすでに減り始めていた農家の数はその後も急激に減り、九五年には八五年の半分にまで落ちた。せっかく農地ができても、必要とする農民はいない。これは農水省にとって由々しい問題だった。予算二三七〇億円の諫早湾干拓事業は、大型土木プロジェクトのひとつで農水省の建設予算の要《かなめ》だ。そこで農水省は、この事業を「洪水対策プロジェクト」として進めることにした。もっとも、諫早で最後に洪水が起きたのは一九五七年のことで、専門家によれば一〇〇年に一度のめずらしい災害である。

一九八〇年代後半には長い準備期間も終わった。大規模プロジェクトの例にもれず、この時期にはいわゆる「補償」交渉が行われていた。漁業組合や農業組合といった既得権益集団を相手に、その金額をめぐって話し合いがもたれた。総額数億円にのぼる大盤振る舞いを、諫早の漁民や農民はとても断りきれなかった。

補償金を受け取るのは、魂を悪魔に売り渡すのと同じことだ。いったん受け取ったら二度と返せない。ダムや原子力発電所や埋め立て計画を見直すと自治体が決めた時には、すでに住民は多額の補償金を受け取っており、残念ながら返せないという場合が多いのである。

一九八〇年代の後半には、諫早でも環境保護団体の反対運動が始まった。反対の気運は高まったが、干潟を海から遮断する堤防の建設は着々と進んでいた。

ここで環境庁（現・環境省）の登場だ。国が土建中毒になったため、政府の構造そのものはしだいにゆがみ、省庁はだんだんと怪物に変形していった。その変形進化は環境庁のあり様を見ればよくわかる。片方のはさみが異常に巨大化し、もういっぽうは退化したカニのようだ。建設省（現・国土交通省）河川局は最初は小さな部署だったが、次第に一大帝国となり、ある国の国家予算をもしのぐ額を獲得して、どこでも思いのままにダムを造り、コンクリートで覆う絶大な権力を持つようになった。その一方で、環境庁は小さく無力になっていった。予算は乏しく、法律で認められた牙も抜かれて、たんなるお飾りになっている。入り口に掲げられた看板はホコリをかぶり、大した仕事もなく沈滞し、強大な同輩たちのプロジェクトにゴム印を押すだけの存在に成り下がっている。

一九八八年、堤防建設が始まるわずか一年前（だが農水省の計画や補償交渉からは数十年後に）、諫早湾で環境庁の「調査」が行われ、あっという間に承認が下りた。ごくわずかな制限が課せられはしたが、干潟の死を防げるようなものではなかった。農水省が堤防を閉じた一九九七年四月に行われた環境庁の「調査」は茶番で、農水省のプロジェクトを追認するために行われただけだったことが明らかになった。マスコミの指弾を受けながら、石井道子《いしいみちこ》環境庁長官はこうコメントしただけだ。「現在の環境基準に従ってアセスを行ったら、判断も変わったのではないか……しかし、農水省に対して計画の見直しを求める考えはない」

要するに、諫早湾干拓が大きな被害を及ぼすとわかってはいるが、環境庁ではそれを止める措置はとらないということだ。なぜ止める必要があろう。日本最後の大きな干潟の抹殺を承認したところで、だれが困るわけでもない。藤本孝雄農水相が述べたように、「今の生態系は消滅するかもしれないが、自然が新しい生態系を創り出すだろう」。

そして、今はその通りになっている。のり不作という新しい生態系が生じ、マスコミにも騒がれ、ついに水門を開放する方針が論議された。が、水門を開けば、堤防の裏に溜まった泥が流れ出し海を汚染すると反対の声も強く、諫早湾問題はうやむやのうちに政治の雲に囲まれてしまった。いずれにせよ元の生態系を取り戻すことはほとんど不可能で、簡単な解決策はないだろう。

ターミネーター

次は河川の破壊が行われる仕組みを見ていこう。ダムや浸食防止用の堤防建設は、土建国家が生んだ最大の産業のひとつだ。日本は洪水防止の名のもとに、イギリスの学者フレッド・ピアスの言う「ダム建設狂」にとりつかれた。建設省は過去四〇年間に二八〇〇を超えるダムを造った。毎年二〇〇〇億円をつぎ込み造り続けた結果、一九九七年には、日本の主要な河川で人工の堰《せき》がないのはわずか三パーセントになってしまった。

しかも、この数字には、大部分の河川の両岸を覆うコンクリート壁や放水路は含まれていない。それらを総計すれば、河川工事は数万件にのぼるだろう。建設省は水不足対策を錦《にしき》の御旗《みはた》に、ダムや水路の建設を正当化している。しかし、これは周知の事実だが、水不足などという事態は起きていない。河川局の予測の基になっているのは、なんと一九五〇年代に算出された人口や産業の動態予測である。以後数十年間に水利用の構造は大きく変化したが、この動態予測は改訂されていない。当然実態から大きくずれている。

このシステムがいかに働くか、有名な例ではあるが、長良川《ながらがわ》河口堰の例を見るとよくわかる。三重・岐阜・愛知の三県で三つの水系が注ぎ込む大河だから、長良川の河口堰は巨大な施設になる。建設費用はなんと一兆五〇〇〇億円にのぼり、世界屈指の高額土木事業である。このダムの「構想」が立ち上がったのは一九六〇年で、その後の経過は、まさしく九〇年代日本の退廃を象徴する出来事と言ってよい。

水の需要はその後の数十年で完全に変わったのに、計画は変わらなかった。通産省（現・経済産業省）としては、一九六〇年にみずから立案した絶対不可侵の「構想」を、水の余剰という現実を前に変更するわけにはいかなかった。自然の状態を残す日本最後の大河をせき止めるというのだから、環境保護団体は激しく反対したが、建設は一九八〇年代に始まり、すでに中央堰は稼働している。今は、大規模な水路網と補助的な洪水予防施設を建設するため、三つの水系にまたがって作業が進んでいる。

どんな時でもまず「構想」ありきなのだ。諫早湾の事例で見たように、反対があろうと、外的状況が変化しようと、構想は変わらない。日本の官僚制を研究する場合は、まずこの単純なルールを理解しなければならない。官僚の構想はターミネーター・ロボットのようなもので、プログラムされた命令はだれにも解除できない。つまずこうが、手足を失おうがしぶとく起き上がる。使命を果たすまでは這ってでも進む。人間の力では止めることができない。

一九九八年八月、京都市は市民の反対に押されて、先斗町《ぽんとちょう》の古い通りにまったくそぐわない橋の建設計画を断念した。だが、これは事態が落ち着いてから明らかになったのだが、市は今回の設計図のみを撤回しただけで、あとで同じ場所に別のデザインの橋を造る権利は残していた。どんなに見当違いだろうと、評判が悪かろうと、いずれ先斗町に橋は架かるだろう——五年や一〇年では無理でも、二〇年もすれば。

当初の目的が数十年前に消えた後でも、大規模プロジェクトが国中に進められている。しかし、京都市の橋建設を止めたように、市民運動が活発になってきたのは少し希望がもてる。最近、金に糸目をつけなかった省庁ですら払いきれないプロジェクトが誕生し、再調査を行いキャンセルあるいは「無期延期」させる動きが出てきている。たとえば島根県は、一九六三年から中海《なかうみ》の一部を七七〇億円で埋め立て、新たな農地を造る計画を推進してきた。しかし、その農地を使う必要性はなく、今も残る数少ない農民は中海の水質悪化を理由に埋め立てに強く反対している。それでもプロジェクトは続いたが、二〇〇〇年八月に政府は、公共事業の見直しの一端としてこれを中止した。これは進歩であるが、中海近辺がきれいに残るわけではない。工事の四〇パーセントが完成し、中止のニュースが報道されるや、自治体はあわてて新たに道路や異なる埋め立てを申請した。澄田《すみた》信義《のぶよし》知事は新計画に予算がつくように頑張ると発表した。つまりは、中海の構想は名目・目的は変わっても、中止が発表されても、生き続けていくのだ。

しかし、国土をがらっと造り替えなければならない理由は、役所や自治体の金欲だけではなく、もうひとつ驚くべき現象がある。日本の川や湖は人間とその生活に害をおよぼす恐ろしい存在に変貌したことだ。平田《ひらた》篤胤《あつたね》の時代には大自然は「神ノ御生ナサレ」る「結構ナ有難イ」存在であったが、明治以降、日本の自然は見事にその本質を変え、人間の友から人間の敵に変化していったようだ。その変遷を次章でたどってみよう。

第二章　治山・治水——災害列島

Ubi solitudinem fasciunt, pacem appellant.
不毛の地にして、それを安定だと言う。

古代ローマの歴史家・タキトゥス

何もかも強欲な役人や政治家が元凶と考えられれば気は楽だが、あいにく日本の環境問題の根はもっと深いところにある。つまり、日本の現代文化そのものに潜んでいるわけだ。それには考えさせられるものがある。発展途上国が国土の開発に乗り出し、いつまで経っても「発展途上」のままで進歩しなければ、地球にはいったいどんなことが起こるだろう。
日本はその一例で、いまだに「埋める・建てる」という宿痾《しゅくあ》をわずらっている。「埋める・建てる」とは、巨大で金のかかる人工物は無条件に素晴らしいという考え方だ。自然のままの地表をならし、コンクリートで覆うのは「豊かさ」のあらわれであり、「進歩的」で

「近代的」な行為だと思われる。たとえば、（どの地方自治体にでもありうる発言だが）富山県知事・中沖豊《なかおきゆたか》の言葉に、「埋める・建てる」の本音があらわれている。一九九六年九月、造ってもなんの得もなさそうな農村地域への線路建設を進めていた時、中沖知事はこう述べた。「インフラが整えば住民は豊かさを実感できる」。つまり、生活の便利さより、線路の存在そのものが「豊かさ」ということだ。

第二次世界大戦以前の日本はまだ貧しく、工業化が進んでいたのは都市部だけだった。ところが戦争で都市が壊滅し、一九四〇年代後半以降、日本はがむしゃらに発展をめざした。「埋める・建てる」的精神が根をおろしたのはこの時だが、今となればどんな小さな村にも開発が行き渡り、進歩とは新しいピカピカしたものを建てることという考え方が文化の主流になってしまった。

アイゼンハワー大統領は、子供のころ自分の家はひどく貧しかったと語り、「しかしこれがアメリカの不思議なところだが、自分が貧乏だと感じたことは一度もない」と述べている。日本の不思議さは、これとはまったく逆のところにある。ほんとうは豊かなのに、だれも豊かに感じていない。だから、新しい線路だの、セメントで覆った土手だのをしょっちゅう与えられないと安心できない。

振り返ってみると、日本の「進歩」や「豊かさ」に対するスタンスは、だいたい一九四五年から六五年までの間に確立してきたものばかりだ。経済が空前の成長率を示し、今ある産業や銀行、官僚機構の原型が生まれてきた時期である。一九六〇年代に定まった思考回路と、二一世紀の現実とのミスマッチ——それが、現在の「文化の病」の基調になっている。どんな芸術や産業にも、そのミスマッチはさまざまな形であらわれている。四〇年前に完成した型は、現代社会にそぐわなくなっている。

落ち葉

伝統の中には、「埋める・建てる」的精神を抑え込む要素がちゃんとそろっていた。日本は秋草や紅葉に埋もれた野山を愛《め》でる国で、日本の美と聞いて思い起こすのは地味、繊細、白木、素焼きなどである。だが現代日本は、それとはまったく反対の道を突き進んでいる。「自然を愛でる心」というのは、日本を紹介する時の決まり文句である。これは決して嘘ではない。芭蕉の俳句や、京都の庭を見ればそれはわかる。だが今日の日本で目にするのは、かなり違った現象だ。名古屋大学大学院国際開発研究科の重松伸司教授がこれに気づいて驚いたのは、神社の森の調査をしていた時だった。大都市の真ん中に残るこれらの森は、神道では日本の心の真髄とされている。だが、周辺の住民は重松教授らに「この森には迷惑している。日をさえぎるし、伸びた枝から葉が落ちて道路や家の前に積もる」と不平を訴えた。落ち葉は「迷惑」だ。

こんな話を聞くと、東アジアの発展途上国の未来について考え込まざるを得ない。現代文化史を大きく三段階に分けるとすれば、前工業化時代、工業化時代、そして脱工業化時代だろう。第一段階（欧米では二〇〇年ほど前に終わり、東アジアの多くの国々ではつい二〇年前に終わったばかり）では、人々は自然と一体になって生きている。この時代の典型像は、水田に囲まれた木造の高床式住居に住む小農の一家だ。

第二の「工業化」段階で、人はいきなり叩き起こされる。冷暖房のない汚くて暗い古い民家と、光り輝く新しい都会との落差はあまりに大きい。その結果、急激な近代化の波が起きる。古いもの、自然なものはすべて汚く遅れていると否定され、ピカピカの加工品が豪華であか抜けているともてはやされる。典型像は、きちんと背広を着たサラリーマンが団地から出勤していく姿だ。

第三の「脱工業化」段階では、人々は一定水準の快適さを獲得し、だれもがトースターや車、冷蔵庫、エアコンをもつようになる。そしてこの段階で、社会は新しい「近代」像への移行を果たし、テクノロジーは自然や伝統文化と再び結びつくようになる。イメージとしては、ワシントン州の山中でソーラーシステムつきの家に住むマイクロソフトのコンピュータおたく、といったところ。第一段階では、人類と自然は家族として調和し、第二段階では離婚し、第三段階では家族が集合・再会する。

残念ながら日本の場合、「脱工業化」への準備はすべて整えてあるのに、どうもその移行が阻止されているようだ。人間と自然の離婚は決定的に承認され再会はなく、古くて自然のものは「汚い」「迷惑」、それどころか危険だと考える方へどんどん突っ走っている。

一九九六年にNHKが制作したドキュメンタリーでも、東京の住宅地で木を育てることの難しさがレポートされていた。ある住宅地に欅《けやき》の並木があって、丈高く、枝を優美に伸ばしていた。しかし、陽射しはさえぎられるし、秋には大量の落ち葉が出ると住民は苦情を言い、枝で道路標識が見えないとドライバーは不平をもらした。木立をすっかり伐り倒すのが多くの住民の希望だったが、東京都との協議の結果、一部は伐り倒し、残った木も高く張り出した枝を刈り込むということで決着した。おかげで、東京のどこにでも見られる街路樹と同じぐらいの規模に縮小された。

役所への苦情電話の種になるのは落ち葉だけではない。英字紙『ザ・デイリー・ヨミウリ』の報道によると、京都市には、周辺の田んぼにいるカエルの鳴き声がうるさいという苦情電話がたくさん寄せられているそうだ。京都市環境管理課の板倉豊課長は言う。「カエルを残らず殺してくれと言われます」

木や動物だけでなく、自然物全般に「汚い」という烙印《らくいん》が押されるようになっている。東京の店先で目撃したこととして、作家で写真家の藤原新也《ふじわらしんや》が書いているところでは、ある母親が「汚いから」と言って幼い息子を手作りの製品から引き離したという。これは、「自然素材から手で作ったものより、人の匂いのしない光沢のあるしみひとつないプラスチックのほうを、日本女性がいかに好むようになったか」のあらわれだ、と彼は指摘している。自然は汚いという考え方、山や川の無秩序な輪郭よりも、つるつるした表面やまっすぐに伸びる線のほうが美しい——伝統を考えると、こんな考え方が現代日本に根を張るとは不思議でならない。

きれい

だが、現実に根を張っているのだ。彼らはよく「きれい」という言葉を使うが、それは「美しい」と同時に「きちんとして清潔」という意味でもあり、ブルドーザーでならしたばかりの山腹や、コンクリートで改修したばかりの川岸についてもいう。すらっとした人工のものが「きれい」だというのは、一九五〇年代から六〇年代の「発展途上国」時代の後遺症である。当時、田舎の道はまだほとんど舗装されていなかった。でこぼこの泥道になめらかなアスファルトが敷かれ、朽ちかけた木の手すりが輝くスチールに替わったのを見た時、人々がどんなに喜んだか想像できる。その喜びの感覚は消えなかった。結局日本は、工業化の第二段階の目標をもったまま第三段階を迎えた国家なのだ。

第二段階の目標と第三段階の技術というコンビネーションは大変危険で、その結果は大自然の精気をなくすことになる。今、田舎を走れば、その「精気を殺す」プロセスはどこででも見られる。ダメージは海岸や岬の岩の突起を削ってなめらかなコンクリートの曲線に変えるような大工事だけでなく、小さい部分にも見られる。たとえば公園の小路でさえ舗装したり、金属のプレートを付けたりする。また、少しの段差にもピカピカしたクロームの手すりを付けなければいられない。

精気のないフラットな表面を好むのは日本人だけでなく、それを喜ぶ外国人もいる。日本の新しい風土、きちっとした仕上がりの目地《めじ》や路肩、幾何学的なコーナー、機械で磨いたつるつるした表面を見ると、何となく無意識にもそれを「現代的」と思いたがる。つまり日本人以上に外国人は「きれい」を愛することもある。何しろ、そうした機械的景色ができる以前からあった森、田んぼ、岩の神秘を経験したことがないから、想像もつかないのだ。見渡す限りのつるつるした面、ブロックや金属部品一個一個の丁寧な仕上げが現代的に見えて、ゆえに日本は超現代的だと決めつけてしまう。この点に関して、日本は「現代性」の常識をくつがえしてしまう要素がある。なぜなら、日本の「きれい」は工業モードの行き過ぎとも言え、それは自然と街に対して計りしれないダメージを与えている。自然のものをひとつもほっとけない、どの場所からも精気を殺してつるつるした表面に変えなければいられない。これは先端技術を上手に身につけている国ではなく、テクノロジーのはき違え、つまり現代技術に負けてしまった証拠かもしれない。

トータルコントロール

日本の文化危機が、「伝統社会」対「西洋技術」という単純な問題であれば、もっと簡単に解決しただろう。しかし、この危機の種は皮肉にも伝統文化の中にもある。芸術愛好者は、石庭、盆栽、生け花などを生んだ「自然を愛でる心」を称《たた》える。しかし、見過ごされていることだが、そういう日本の伝統的アプローチは自然に対する自由放任主義とは対極にある。これらの芸術は、何世紀にもわたって国を支配した武家社会の強い影響のもと、枝葉末節に至るまでのトータルコントロールを求めてきた。

トータルコントロールは日本の長所のひとつで、茶道や能を生み出したし、名高い組み立てラインの品質管理もその産物だ。欧米人には当然と思えるラフ感覚は、日本には存在する余地がない。しかし、トータルコントロールは両刃《もろは》の剣《つるぎ》だ。それが近代テクノロジーの力と結びつき、そして自然環境へ向けられた時には、無惨にして致命的な影響を及ぼすのだ。

日本についての著作では、現在の醜さと伝統的な美との落差を嘆くのが定番になっている。主に論じられるのは、現代的な価値観と伝統的な価値観との対立である。しかし二一世紀の日本が抱える不幸を見る時、いつも考えさせられるのは、伝統的価値自体が原因になって生じた問題が実は多いのではないか、ということだ。東京在住の日本学の長老ドナルド・リッチーは、「盆栽の枝をねじ曲げることと、地形をねじ曲げることとのあいだになんの違いがあるのか」と指摘する。

一九九五年、鎌倉市民は不意打ちを食わされた。市のシンボルとしても名高い桜の木々を、市が一〇〇本以上も伐採する計画を発表したのだ。斜面から石が落ちてくるという住民の苦情で、山の斜面を「地震の際に危険」とし、寺院の土地だったにもかかわらず防護壁を築くためだという。今の日本では、ほんの小さな自然の出来事でも、「鶏《にわとり》を割《さ》くに牛刀をもってする」反応をたちどころに引き起こす。台風で砂がバケツ一杯流されただけでも、山のてっぺんから石がひとつ落ちただけでも、それは行政が対処しなくてはならないのだ——それも大量のコンクリートを使って。

山腹や海岸には、隅から隅までトータルコントロールが必要だという思想は、ある強力なイデオロギーに支えられている。日本得意の「自然を愛でる心」からはほど遠く、このイデオロギーでは自然は日本の仇敵と見なされる。この国の自然は極端に厳しく、日本はどこの国よりも自然災害に苦しんでいるというのだ。その雰囲気をよく伝えていると思うので、ここで建設省河川局の出版物から一部を抜粋してみよう。

地震や火山、洪水、干ばつは、日本にたびたび悲劇をもたらした。記録に残るかぎり昔から、わが国の歴史は自然との闘いの歴史だった。……地震国として知られてはいるが、日本にとっての真の災いは、おそらく水に関連する問題だろう。日本列島では季節ごとに極端な自然現象が起きる。したがって、生き延びるには絶えず先々の備えが必要であり、水はつねに人々の関心を集めてきた。

日本の歴史が「自然との闘い」の歴史だというのは、単なる建設省のプロパガンダではない。「治山・治水」は天下の大事という、一〇〇〇年も前の伝統にまでそのルーツはさかのぼる。

歴史的に言えば、戦争や飢饉や洪水で苦しめられた度合いは、日本より中国のほうが圧倒的に大きい。そのために、中国では無数の人命が奪われ、数々の物的な遺産が破壊されている。国土は中国のほうがはるかに広大なのに、昔の木造建築や、紙や絹を材料とする芸術作品は、日本のほうがずっと数多く残っている。またイタリアも、火山の噴火や地震に苦しんできたことでは、日本よりはるかに上をいっている。だがイタリアでも中国でも、自国の歴史を「自然との闘い」とは見なしていない。なぜ日本でそうなったのかはわからないが、日本古来の理想である「和」と関係があるのかもしれない。政権交代でも、気候の変動でも、すべて突然の変化は「和」を乱す。

和魂洋才

ペリー提督が来航する前の黄金時代、日本人は自然と調和して無垢《むく》に生きていた。そこへ西洋人がやって来て、人々は初めて自然を攻撃し、征服することを学んだ——というのは、昔からある日本神話のひとつだ。多くの日本人がそう信じ、欧米人もそう思い込んでいるが、これは洋の東西を問わず、昔の美しい時代に対してロマンティックなイメージを持っているからだ。

ジャーナリストのパトリック・スミスは「日本は近代化されて（つまり西洋化されて）初めて、自然を征服しようという野心を身につけた」と書いている。彼によれば、日本は「西洋から行きすぎたコーポラティズムや物質主義を取り入れ、また日本古来の自然と親和する態度を捨てて、西洋風の自然との敵対関係を身につけたこと」を後悔しているという。

神話はともかく、現実を見よう。西洋にはもともと「自然との敵対関係」があったというが、いったいどこにそんなものがあるというのか。現代技術が世界中に大きな破壊を招いたのは確かだが、欧米では、自分たちの村や家、畑を守ろうと努力する地域住民によって破壊は抑えられた。日本で起きているようなことは欧米では少ない。イギリス、フランス、イタリア、それに工業国ドイツでさえ、丹精こめた畑、田舎家の立ち並ぶ絵のように美しい村々、ダムのない川、コンクリートで覆っていない海岸を何千平方キロも保存している。環境保護運動の先頭に立っているのは、日本ではなく、ヨーロッパやアメリカで、マレーシアやインドネシアでの熱帯雨林の伐採から流し網漁まで、そういう環境保護運動につねに必死で反対しているのは日本である。

こんな誤解の生じた理由は、「近代化されて（つまり西洋化されて）」という表現にあらわれている。一〇年ほど前から日本に関する「修正主義的」な著作が次々と出てきたが、これらが重要な貢献を果たしたことがあるとすれば、それは、日本は近代的ではあるがまったく西洋的ではないと指摘したことだろう。そもそも金融も社会も産業も、大きく異なる原理で動いている。その原理は驚くほど弾力性に富み、しかも歴史に深く根ざしている。

日本が世界に門戸を開いた時、近代化をめざす明治人のスローガンは「和魂洋才」だった。つまり「日本の精神で西洋の技術を使いこなす」という考え方である。以来、この基本的なアプローチを忠実に守ってきた。文化的アイデンティティを失わずに近代化に成功したことは世界に誇ってよい成果だが、一方まさしくこの成功の中に危険の種があった。「和魂」は必ずしも「洋才」にうまくはまらない。ときにその結合は極端に破壊的な結果をもたらした。それが第二次世界大戦を招いた軍国主義という和魂であり、今日の日本の環境破壊を招いた「トータルコントロール」という和魂でもある。洋才は手段にすぎない。動機は和魂にある。

現代技術の出現で、あらゆる国が誤りを犯した。たとえばアメリカは、フーバーダムやテネシー川流域開発公社などの巨大公共事業に乗り出した。しかし、あるところまで来てアメリカは引き返した。だが日本は引き返さなかった。川や山や海岸に対する攻撃が、西洋をはるかに超える形でますますエスカレートしていく理由は、環境破壊はよそから押しつけられたものではないからだ。原因は、伝統文化に内在している。

古い文化的要因が現代社会に危険な影響を及ぼす時、それをいかにして克服するかという課題が生じる。アメリカの「フロンティア精神」もその一例だろう。フロンティア精神に根ざした銃への執着は、憲法で国家的に承認されている。武器をもつ権利は、無防備だったフロンティア社会ではそれなりに意味があったが、現代では毎年何万という人命が銃撃事件で奪われている。これほどの大虐殺がくりかえされて、なお銃を容認する先進国はほかにない。それでもアメリカは、いまだに銃規制を法制化できないでいる。

このことからわかるように、トータルコントロールのような何百年も前に根をおろした思想は、変えようとしても簡単に変わるものではない。土建国家としてのさまざまなやり方を変えるのは難しいだろう。どの国でも手ごわい文化的問題の場合はたいていそうだが、じゅうぶんな数の人々が問題に気づき、声をあげて初めて変化は可能になる。だが残念ながら、本書を通じて見てゆくように、日本の複雑なシステムは、まさに変化を防ぐためにこそ絶大な威力を発揮する。従順な国民と自動操縦で動く役人を前にしては、今も残る美しい自然景観の未来は暗い。

災害列島

日本は自然災害に手ひどく痛めつけられ、かわいそうな国と自ら思うようになり、被害妄想的な考えが定着してきている。マスコミではそうしたテーマは日常茶飯事で、学校でも教えられる。日本では自然をそのままにしておくことは危険だという理由にもなっている。

それがよくあらわれているのが、一九九六年一二月八日付の『毎日新聞』の社説である。

この国は災害列島で、地震、台風、集中豪雨、洪水、泥流、地滑り、ときには火山噴火も起こりやすい。建設省がまとめたデータによれば、泥流の発生しやすい地域は七万ヵ所、地滑りの起きやすい地域は一万ヵ所余、危険な斜面は八万ヵ所弱ある。

「身も凍る戦慄」を感じたいのなら、最後に引用された数字をくりかえし見ればいい。これらは公式な数字であり、建設省はすでに、近い将来コンクリートで覆う地域を八万ヵ所も指定していたことになる。

災害列島のプロパガンダは国中どこにでも見られるが、とくに目立つのは「敵としての川」の報道である。このジャンルで典型的なのが、記事を装った「河川と闘った人々」というシリーズ広告だ。『新潮45』に一九九八年から九九年にかけて毎月掲載されたものである。毎回、昔の地図や絵、危険な川を治めた歴史上の人物を載せ、武田信玄のような英雄的偉人を大きく取り上げていた。川との闘いは、伝統に根ざした崇高な行為だと言いたいのである。こういうページに金を出しているのは、「河川環境管理財団」などの機関で、運営資金は建設業界から流れているし、そこのスタッフは国土交通省河川局の天下りというわけだ。しかもこうした内容の広告には疑いもなく一般文化人も手を貸している。西洋ではあらゆるメディアで「自然を保護せよ！」という声があふれている。それと対照的に日本のメディアは「自然と闘え！」が主流だ。これは世界常識から大きく逸脱している。ここで、新聞・雑誌で見なれているこうした一例を挙げてみよう。『週刊新潮』に長く連載された「日本の川を語る」シリーズ（一九九九年九月九日号・第三八回）に「建設省九州地方建設局」の広告記事として掲載されたものだ。執筆者は直木賞作家の光岡明《みつおかあきら》で、故郷熊本県白川《しらかわ》の岸辺で笑みをたたえる写真入りでこう記述している。

……そんな白川が自然の脅威となって刃を剝《む》き出しにしたのは、二十歳の大学生の時だった。昭和二十八年六月二十六日。大災害となった「6・26の大水害」である。当時、実家は川沿いの竜田口駅のそばにあり、夜八時ごろ、ドーンという大音響がしました。鉄橋が流れたんです。駅のホームに逃げ出しましたが、水位は上昇する一方。すぐ裏の立田山に避難しました。川沿いの民家から〝助けてくれ〟という叫び声が聞こえ、目の前で一軒また一軒と家が流されていく。しかし、どうすることもできなかった。

災害体験の怖さをリアルに語っている。また、白川に対する思いとして「私にとっての白川は、幼い時分にキラキラと水面が輝いていた懐かしい川と同時に、平穏な生活をひと晩にして破壊した恐ろしい存在でもある。白川には、そんな愛憎入り乱れた複雑な心境を抱いています」と結んでいる。これは非常に上手なメッセージで、やはり川に対して「愛」もあれば「憎」も感じなければならないと国民に訴えている。この自然の力を閉じ込めておかないと、川は危険性を帯び、脅威となって刃を剝き出すのだ。

このメディアキャンペーンに関しては、日本には独特の「役所慣性法」が存在している。ニュートンの慣性法では、物が動いていると、触らなければそのまま同じ方向に同じスピードで動く。ところが日本の役所慣性法では、何も触らなければますますスピードがアップする。シンガポールの元首相リー・クアンユーは、かつてこう語っている。「ズバズバものを言うある日本人が、私にこう言ったことがある。『私は同じ日本人を信用していない。日本人は極端に走る。ささいなことから始めても、最後は行き着くところまで行ってしまう』。それが日本の文化なのだと思う。なにをやるにも頂点を極める。日本刀を造るのでも、コンピュータ・チップを造るのでも。改良改良また改良で、なんでも世界一を目指そうとする。日本がまた軍隊を持てば、装備でも勇敢さでも世界一の軍隊を造ろうとするだろう。理由はともかく、日本人の体制や気質には絶対的献身が組み込まれているのだ」

絶対的献身は、日本の勤勉な労働者の基になっている。そしてそれと表裏一体なのが、極端に走り、改良の必要がないものまで「改良」する傾向だ。「災害列島」というイデオロギーを「絶対的献身」と結婚させる。縁組みに花を添える持参金は、政治家と役人のふところに入る多額の金。そして結婚式を盛り上げるのは、ダムや道路建設者への賛歌を奏でるプロパガンダ。その結果は、過剰なほどの国土への攻撃である。第二次世界大戦前の軍備増強にも似た、とめどない極端主義がここに働いている。他の東アジアでも、環境破壊はたしかに深刻な問題だが、破壊の生む利益が減少すれば速度は落ちるものだ。ところが日本はそうではなく、ダムや堤防の必要性が減ってきた時こそ、破壊に拍車がかかる。「悲劇をもたらす」自然は敵であり、とくに河川は「日本にとっての真のわざわい」である。だから、近代国家の総力を結集して、自然の脅威は根絶しなくてはならない、と。

エリートの総エネルギー

二一世紀には、人口増加、海岸の浸食、気候の変化などの理由で、各国はそれぞれの環境に適した生き方の選択を迫られる。その決断には、二つの思想とテクノロジーが影響を及ぼすだろう。適当な言葉があればよいのだが、この両極のいっぽうを「自然保護」派、もういっぽうを「埋める・建てる」派としておこう。極端な「自然保護」派に属するのは急進的な運動家で、環境を保護するためならどんな犠牲でも払うという人々だ。いっぽう「埋める・建てる」派の最も遠大な例を代表するのが、長江やメコン川の巨大ダムの立案者である。こういう人々は、巨大な人工構造物で自然を支配することによって問題を解決しようとする。

二一世紀を迎えた今、欧米は中道を行こうとして、環境保護に高い（しかし絶対的ではない）優先度を与えている。その過程で、政府は海岸線の護岸設備の撤去を命じ、今までの間違いを正すためのプロジェクトに資金を提供している。たとえば、アメリカ陸軍工兵隊は何千億円規模の計画を進めている。他の経済先進国の政府高官は、ダムが消えて自然がよみがえることに積極的に喜びを表明している。アメリカの元内務省長官ブルース・バビットは、友人たちにこう語っている。「どこかに撤去されそうなダムがあるなら、私が壊しにいくよ」。日本の国土交通大臣なら絶対に行きはしないだろう。次の巨大ダムを計画するのに忙しいからだ。今度の標的は四国の吉野川だ――この何千億円規模のプロジェクトは着々と推進されている。地元では強硬な反対運動が起きているうえに、洪水防止と言いながら、その肝心の洪水が数百年に一度しか起こらないという証拠まで出ているのに。

「自然保護」派と「埋める・建てる」派と両極を考えた時、これはぜひ指摘しておかなくてはならないが、日本の立場は徹底的な「埋める・建てる」派にある。過去の業績を見直す気などない。国内の趨勢《すうせい》は、山や海への人間の影響を減らすよりは、増やす方に向いている。一九九〇年代以降、日本は不景気に落ち込むいっぽうだったが、それでも国が公共事業につぎ込む予算は増え続けた。

一九九〇年代後半では毎年の公共事業費は一五兆円前後にのぼった。パナマ運河の建設費さえはした金に見える、アメリカの宇宙計画予算の何倍にも及ぶ額だ。つまり、ほとんど無限とも思える量のコンクリートと金属の構造物が、川や山、湿地、海岸線を埋め尽くしているのだ。おまけにそれは景気がどん底に落ち込んでいた時期であった。経済が回復し始めたら、公共事業費がどこまで伸びるか、想像するのも恐ろしい。

いっぽう、ODA（政府開発援助）を通じて、インドネシアやラオスといったアジア諸国にダムや河川工事を輸出している。そちらの政府高官は、実際に必要かどうかはお構いなく、気前のいいODAを歓迎する。それでダムを建設すれば、日本の経済が停滞していても建設会社は儲かるし、ODAの費用でアジア各国に地歩を固めることもできる。法政大学教授・五十嵐敬喜《いがらしたかよし》は、「日本国内の問題をそっくりそのまま世界に輸出している」と批判している。

国際的なフォーラムでは、日本の代表は熱心に環境保護を訴えている。個々の代表者は悲劇的なまでに真摯《しんし》に語っているが、そのスピーチや論文に惑わされて、日本が全体としてたどっている道に眼を塞《ふさ》いではならない。諫早湾の干潟を抹殺したり、長良川水系にダムを造ったり、林道工事で発破をかけたり、海岸をコンクリートで覆ったりするプロジェクトは偶然の出来事ではなく、また枝葉でもなく、現代日本の根幹とも言えるものだ。

エリート大学で教育を受けた官僚が、権威ある大学教授の助言を受けて構想を練る。優秀なエンジニアや景観デザイナーが設計し、最高の建築家が未来のための遠大な土木計画を提案し、業界最大手の企業が建設する。有力な政治家はそこから利益を得、メディアがそれを後押しする。各自治体は大プロジェクトをさらに欲しがる。公共事業や巨大建造物の建築に、日本のエリート人材は全エネルギーを注ぐ。

これはすなわち、日本の資金、技術、政治的影響力、さらには設計技師や学者や都市計画者の創造力までも、今後永く「埋める・建てる」派のために惜しげもなく注がれるということだ。世界の向かう方向を予測しようとする学者や研究所は、この単純な事実を見過ごしてきた。世界第二の経済大国にしてアジア第一の先進国の進む道は、とっくに定められているのである。

ユートピア

知的分野への影響はすでにあらわれている。干潟や森林、海岸を保護する技術は、まだ非常に初歩的なレベルにとどまっているのに、「土掘り」のほうは学術研究や設計内容に大いに影響を与えている。土留《どど》め用のコンクリート材の設計は、それだけで独立した専門分野になっている。建設省がただ単純に生コンを斜面に流していたのは、いつのことだったのだろう。今日の土木工事では、さまざまな形状のコンクリート材が使われている。厚板状あり、階段状あり、棒状、煉瓦状、管状、スパイク状、ブロック、方形や十字形、乳頭状の突起のあるもの、格子状、六角形、鉄のフェンスや金網を載せた波形の壁もある。とくに予算が潤沢な場合には、自然石をかたどったコンクリートが使われたりもする。

「土掘り」は、芸術の領域にも入り込んでいる。日本の山や海岸に敷設《ふせつ》されたコンクリートのおもしろいパターンを、モノクロ写真に写しとった写真家の柴田敏雄は国際的な名声を得ている。柴田の写真にはある災厄のドキュメントとして大きな皮肉がこめられている。だが、「日本的美学」への改宗者であり、今ここで起きている不幸を知らない外国人批評家たちには、その肝心の点が見えていない。マーガレット・ロークは『テラ』誌で熱弁をふるっている。

日本人は、台所道具や食品包装から庭園まで、手で触れるものすべてにグラフィック・デザイナーの手法を持ち込むようだ。公共事業も、洗練された秩序感覚を自然界にもたらすもうひとつのチャンスなのだ。

たしかに日本は、その洗練された秩序感覚を、想像もできない規模で自然に押しつけている。「自然を愛でる心」に献身する国で、こんなことが起こり得るはずがない。ほんとうとは思えないかもしれないが、現代の日本では、ユートピアとは季節の花々ではなく、コンクリートとアスファルトのことである。多くの企業や公的機関と同様、国土交通省にも建設省時代に作られた歌がある。「ユートピア・ソング」と題するこの歌は、一九四八年以来変わっていない。その歌詞はこう綴られている——「山も谷間もアスファルト……素敵なユートピア」。

そう遠くない未来に、日本は真のユートピアになるだろう。年間に敷設されるコンクリートの量は、アメリカ全土に敷設される量より多い。一九九四年の日本のコンクリート生産量は合計九一六〇万トンで、アメリカは七七九〇万トンだった。面積あたりで比較すると、日本のコンクリート使用量はアメリカの約三〇倍になる。

河川局はそのコンクリート技術を誇りにし、いかに早く大量に、川や湖をコンクリートで覆ってきたか誇示し、これを機関誌に「宮ヶ瀬ダムの場合、一ヵ月間に一〇万立方メートルのコンクリートを敷設することができた。この記録はダム建設史上第三位になるが、ほかの記録は週七日労働で達成されたものだ。したがって、週五日労働ではこの記録が第一位ということになる」と掲載している。コンクリートへの夢は実にファンタジーな世界にまで至っている。一九九六年六月、清水建設は月面ホテル計画を明らかにした。とくに強調されていたのは、同社が開発した月面上でコンクリートをつくる新技術である。「簡単ではないが、不可能ではない」と同社宇宙開発室室長の松本信二は言う。「月面でコンクリートをつくる場合、少量なら安くはないが、大量につくれば非常に安くつく」

コンクリート敷設の「テクノロジー」は、日本がみずから大いに誇る現代の新技術にはちがいない。多大の時間とODA予算とを費やして、山をつぶし川をなだらかにする技術を、日本は東南アジアの役人やエンジニアに教え込んでいる。また国内では、あらゆる山や谷を着々とアスファルトやコンクリートで覆い続けている。次なる目標は、東南アジアや中国に残る自然のままの土地であり、これについてはすでにODAの資金援助で、無数のダムや道路を建設することが決まっている。そして次なる狙いは月面だ。週五日労働で新記録に挑戦しよう！

第三章　環境――ステロイド漬けの開発

いかに涙を絞ろうと、片言隻句《へんげんせっく》も洗い流せはしない。
神に祈っても智略をめぐらしても
その指を戻して半行たりと取り消すことはできない。
指は進み、文字を書きつづける。書いては先へ進みゆく。

中世ペルシャの詩人・オマル・カイヤム『ルバイヤート』

今日、牙も爪も日本国土を蝕んでいる――何かがそうさせたのだが、ただただ「近代化」や「現代化」だけでは説明がつかない。今日の危機を探るには一九世紀に初めて西洋と出合ったことを顧みる必要がある。
数百年の鎖国から目覚めた時、国力は貧困で弱く、アジア諸国も次々西洋諸国の植民地としてのまれていった。自国のあまりにも危険な状態にショックを受けた明治新政府は、まず総力をあげて経済の地盤固めにとりかかる。そして次には軍事力増強に力を注ぐ。これはまず、西洋諸国に抵抗するためであったが、後には他国と競うようになってくる。当初からこの政策は産業最優先で、そのため他のことはすべて犠牲にせねばならなかった。これはいわゆる「強国・貧民」の政策の始まりだった。

第二次世界大戦の敗北は、ひとつの大きな逆行だったが、これによって産業の重要性は、いっそう国民の意識に焼きつけられた——経済力をじゅうぶんに強化すれば、二度と負けることはないだろう。だが、産業だけに力を入れてきたこのプロセスの中で、自然環境、生活の質、法律、金融、伝統文化、何もかもがねじれてしまった。「強国・貧民」政策のおかげで、日本経済は世界に対して大きな競争力をつけてきたけれども、それとは裏腹にGDPのためなら何でも犠牲にする思想から生まれる政策が、あの手この手で山や川や海を傷つけている。

日本国民は、国や大企業におとなしく従うよう訓練されている。欧米の学者は、これを工業力の源として持ち上げてきたが、このことは言い換えればブレーキ不在ということになる。いったん回りだしたが最後、政策のエンジンは歯止めのきかない戦車としてひたすら前進する。このとめどなさは、第二次世界大戦という悲劇を生んだ要因で、現代日本の環境破壊の素地にもなっている。

杉植林

「ブレーキ不在」政策のひとつとして、一九四七年に設立された林野庁は、自然林を伐採して用材杉を植える計画に乗り出した。戦後の経済成長に役立てようと、広葉樹の自然林より利益のあるものとして打ち出されたものだ。このプロジェクト（現在も継続中）には何兆円もの資金がつぎ込まれ、現在では全森林の約四五パーセントが杉と檜《ひのき》に植え替えられ、単純林に変わっている。

結果、日本の景観はがらりと変わってしまった。今ではどこへ行っても、日本特有の自然林の明るく繊細な緑は少なく、まばらに残る自然林も軍隊式に林立した杉木立に侵略されようとしている。紅葉、桜、秋草、竹林、何千年にもわたって伝統芸術や文学の主題であり続けた自然、その無傷な姿を眺めることは、もうほとんど不可能になっている。

文化的な損失は別にしても、杉の単純林は多くの野生動物を死滅させている。成長の早い用材林の落とす暗い影は下生えを枯死《こし》させ、鳥や鹿や兎や狸などの生息環境を破壊する。杉林に足を踏み入れれば、生命の気配もなく静まりかえっているのに気づく。草も低木も少なく、日本の自然林の特徴であるジャングルのような茂りもない。地被《ちひ》植物を奪われた山の保水能力は低下し、山を流れ下る川は干上がっている。杉を植林した土地は浸食が激しく、それが崖崩れや川への土砂の流入につながり、ついには恐るべき国土交通省の魔手が伸びることにもなる。

それだけではない。一九七〇年代までほとんど知られていなかった杉花粉症というアレルギー性疾患が蔓延し、全国民の一〇パーセント（現在は二六パーセント以上）が花粉症に悩んでいる。春になると、東京の通りでもマスクやゴーグルをした人を見かけるようになる。風邪のためにマスクを使用している人も中にはいるが、その他何十万という人々は杉花粉という人為的な疾病《しっぺい》から身を守るためにかけている。

最後の仕上げが、林野庁の出資する「林道」建設である。何千億円もの資金を費やして、山腹に林道を刻みつけてきた。国立公園も含めてどんな辺鄙《へんぴ》な場所も見逃されず、険しく切り立った崖にまで林道が刻まれている様は目を疑うほどだ。

これほどのダメージが、GDPのたった一パーセントにも満たない産業のために！　経済的には、植林事業は完全な失敗で、林野庁は三兆五〇〇〇億円の負債を抱え込んでいる。木材の値段は下がるいっぽうで、輸入材への依存度は三〇年前には二六パーセントだったのが、今では八〇パーセントに達している。林野庁が植林政策を推進し始めた一九四〇年代当時は、山村の住民が枝打ちや伐採に従事すると考えられていた。しかし、今では山腹での伐採作業は重労働であり、やりたがる者はいない。近年の調査によれば、深刻な過疎に見舞われていない数少ない山村は、杉植林の割合が低いところだという。日本固有の広葉樹林なら、椎茸を栽培したり炭を作ったり、薬草の採取や狩猟などで生計が立てられる。

どんな基準を当てはめてみても、杉の植林計画は大失敗である。林野庁は考え直すはずだとだれもが思うだろう。同様の植林計画が失敗した時、中国は計画の見直しを行った。一九九六年、中国政府の林業部は劇的な方向転換を行い、保存を「生産より重視」して伐採や製材を規制する新法を制定するよう国務院に要請している。

しかし、日本では計画は続行されなくてはならない。今日、自然林の伐採と杉の植林のペースはいっそう速まっている。花粉問題について追及された林野庁は、新しい「花粉の少ない杉品種」を開発すると発表した。しかし、たとえその開発が成功しても、花粉が減り始めるまでには何十年、下手をすれば何世紀もかかるだろう。人手不足を補うため、政府は巨大な「高性能林業機械」を導入しようとしている。これは材木の伐採と枝払いと積み出しをすべて行う機械で、すでに八〇〇台が稼働している。未来に待っているのは機械化された山々だ。山腹を切り裂く「林道」のコンクリートの帯を、巨大な機械が縦横無尽に行進してゆく。まるで映画『宇宙戦争』のワンシーンだ。

京都府立大学の元学長で、森林学者である四手井綱英《しでいつなひで》はこう語っている。「植林政策は失敗だった。経済の高度成長時代に、林野庁は急成長の雰囲気に引きずられ、産業面にばかり気をとられた。……森林には産業以外の役割もあるという事実を完全に無視したのだ。木は経済的な利潤のためだけに存在するのではない」。ここで四手井教授は、現代の文化危機の中心的問題をはっきり示唆している。つまり森はおろか、すべては経済利潤のために犠牲になったということだ。

有害廃棄物

日本の環境汚染問題は今に始まったことではない。すでに一九五〇年代、六〇年代に水俣《みなまた》病《びょう》とイタイイタイ病という二つの有名な事例がある。水俣病の場合、チッソ社が海に垂れ流した水銀に魚が汚染され、その魚を食べ一〇〇〇人以上が亡くなった。イタイイタイ病は富山県で、カドミウムに汚染された水田の米を食べた農民が冒された骨の疾患である。カドミウムがたまると骨がボロボロに壊れやすくなり、身体にとけてしまい、たまらない痛みに苦しめられる。

産業界と政府は四〇年も被害の真相を隠し、犠牲者に補償金を払わずにすまそうとした。水俣病訴訟が起きた時、チッソ社は暴力団を雇い、訴えを起こした被害者を襲わせている。写真家ユージン・スミス（水俣病患者の痛ましい苦悶の姿、ねじれた四肢をいち早く世界に紹介した）も巻き添えになり、目が見えなくなる損傷を受けた。調査をしていた熊本大学の医師たちの研究費も削減された。一九九三年になっても、すでに公的記録に載っているというのに、文部省（現・文部科学省）は教科書出版社に水俣病やイタイイタイ病の責任企業名を削除するよう求めている。

嫌がらせにも負けず、被害者団体は一九六七年に初の賠償請求訴訟を起こすまでにこぎつけた。そしてその裁判で、国側は最終的に勝利を収めることになったのだ。カレル・ヴァン・ウォルフレンの著書『日本／権力構造の謎』で活写されているように、日本には独立の司法制度は存在しない。警察は広範にわたる権力を握り、裁判を経ずに人を拘束し、拷問すれすれの方法で自白を引き出すことができる。裁判官を任命するのは内閣で、裁判官は政府に歯向かうような判決を下そうとはしない。なんと、国に対する訴訟の九五パーセントは原告敗訴で終わっている。ブレジネフ時代のソ連をしのぐような記録である。

政府の最強兵器は裁判の引き延ばしだ。政府が関わる場合はとくにそうだが、裁判は結審まで何十年もかかる。国や大企業を訴えても、生きて判決を聞ける可能性はかなり低い。水俣の場合もまさしくその通りだった。一九九五年になってようやく、水俣病患者二〇〇〇名の属する最大の原告団が政府との和解に合意した。初めて医師が中毒の症例を発見してから、すでに四〇年近くが過ぎていた。

大気汚染に関しては、一九九四年一〇月および九六年一二月に、別々の訴訟に判決が下っている。訴えが起こされてから一〇年以上も経っていたが、近隣住民への被害ははっきり認められた。ところが裁判所は、有害物質の排出をやめるよう責任企業に求めることはしなかった。つまり、日本で公害を引き起こした場合、ときには（何十年も経ったあとで）賠償を命じられる可能性もなくはないが、それ以上の汚染を法で禁じられることはないのである。

野放し

一九五〇年代や六〇年代のことについては、発展途上国にありがちな性急さや無知のせいだと考えられなくもない。しかし、水俣病やイタイイタイ病があれほど深刻だった――「ミナマタ」は国際的に公害の代名詞にまでなったほどだ――にもかかわらず、二〇〇〇年代に入ってもまだ、日本では有害廃棄物がほとんど野放しにされている。

アメリカでは、危険な規制物質は一〇〇〇種類ほどにものぼる。そのすべてが厳しい法のもとに置かれ、コンピュータによる監視が義務づけられているだけでなく、保管と使用の全記録に自由にアクセスできなければならない、と定められている。一方、日本では政府の規制対象になっている物質は数十種類しかない。一九九四年七月、環境庁はアメリカのような登録制度の創設を考えていると発表したが、コンピュータによる監視や記録への自由なアクセスなどはそもそも検討対象になっていない。それどころか、有害物質の廃棄をやめるよう企業に義務づけることすら行き過ぎと考えられている。単に「環境中に廃棄したこれらの化学物質の量を、環境庁に報告することが義務づけられる」というのだ。

日本の法律では、町や県が産業プロジェクトを認可する際、事前の環境調査は義務づけられていない。ＯＥＣＤ（経済協力開発機構）加盟三〇ヵ国（現在、三五ヵ国）のうち、このような厳密な環境アセスメント法を持たないのは日本だけだ。一九九五年一〇月、厚木の米軍基地は、基地近くの工場の焼却炉から発ガン性物質が放出されていると東京都に苦情を訴えた。だが、日本には発ガン性物質に関する規制がないことがわかっただけだった。「日本の法規に触れていないとすると、問題解決はむずかしい」と環境庁の役人は語っている。

一九七〇年代には、宮崎県で何百人という農民が砒素《ひそ》中毒を起こしたが、こんな深刻な事件にもかかわらず、政府は砒素の規制法を立案することができなかった。有害廃棄物を規制する法も少しはあるが、そのような数少ない法律ですら一九七七年以降ほとんど改正されていないし、新しい規制には実効性が弱い。ダイオキシンは地球上で最も毒性の強い物質のひとつだというのに、ダイオキシンに関する基準の制定がようやく始まったのも、最近になってからだ。

そもそもダイオキシン規制は、厚生省（現・厚生労働省）、環境庁が進んで動きだしたのではなく、一九九〇年代後半にショッキングなまでの量が焼却炉で検出されたことがスキャンダルになり、初めて動きだしたのだ。一九九七年八月、日本でもダイオキシンを監視するための新しい規制が承認され、九八年四月、大阪近郊の能勢町《のせちょう》では、焼却炉付近の土壌から グラムあたり八五〇〇ピコグラムのダイオキシンが検出された。その濃度は世界最高記録である。ようやく一九九九年一一月にダイオキシン規制を世界レベルに強化し、二〇〇〇年一月にダイオキシン類対策特別措置法が実施された。

なぜダイオキシン規制にこんな長い時間がかかったのだろうか。「有害物質として特定するにはデータが不足していた」というのが環境庁大気規制課課長の言である。しかしデータが不足していたどころか、ダイオキシンの毒性は二〇年前から世界でもはっきり証明され、一九八六年カリフォルニア州では、焼却炉の運営者は、その時点の最高の技術で、可能なかぎり絶対的な最低レベルに放出量を抑えるよう、法律で義務づけられたほどだ。日本でダイオキシン処理が遅れた理由は簡単だ。ダイオキシンは新しい問題であって、官僚は新問題に対応できないからだ。

また、銀行問題の章（第四・五・十二章など）でも見ていくが、不利な事実を隠すのは日本の伝統と言ってよい。つまり、有害廃棄物が国中にどれだけばらまかれているか、事実を知る手段はないということだ。政府はめったに調査をせず、ほとんど記録を残さない。調査されていない深刻な汚染の規模については、散発的にあらわれるデータからおおまかなところを想像するほかない。たとえば一九九五年一二月の環境庁の発表によれば、抽出調査の結果、全国四一都道府県で、地下水の発ガン性物質の含有量が許容値を超えていることが明らかになった。とくに深刻な例を挙げると、新潟県燕《つばめ》市で安全基準の一六〇〇倍のトリクロロエチレン（金属溶剤）が検出されている。トリクロロエチレンは発ガン性物質としてよく知られており、全国の二九三ヵ所で検出されているにもかかわらず、その時点ではそれを規制する全国レベルの法律は存在していなかった。

だれも水を飲まない

ダイオキシンなどの例を挙げてきたけれども、それらはみな製造業第一の精神の結果としてあらわれてきたものだ。しかし、国は産業の保護政策を何十年もやり続けた結果、ついに守られるはずの業界が技術面で遅れてしまう。つまり、日本がリーダーと評判の「先端技術」が先端ではなくなってしまったのだ。およそ学者が研究している先端技術は、残念ながら製造分野に限られている。一九六〇年代以降の欧米では、新しい技術の世界が生まれ、静かに成長を続けていた。それは総括的なサービスや運営と管理の新しいシステムであって、たとえば、リゾートや病院のマネージメント、そして道路造りから動物園に至るまで非常に広範囲にわたり研究され実行されている。「先進国日本」というイメージには矛盾するが、数々の先端分野では日本は初歩的なレベルでもたついており、欧米から何十年も遅れている。

一九八七年から八九年まで、私は米トラメル・クロー社（アメリカの不動産開発会社）と住友信託銀行（現・三井住友信託銀行）の共同開発プロジェクトに関わった。神戸にファッション・マートを建設する計画だったが、ビルの廊下にアスベストを含有するプラスチックタイルを敷くことになっていた。驚いているアメリカの設計者に対して、プランナーはこう言った。「アスベストの床材使用を禁じる法律はない。このタイルはごく一般的なもので、日本ではほとんどのビルに使われている」

アスベスト材を使い続けた結果が、一九九五年の阪神・淡路大震災の直後に明らかになった。何万というビルが倒壊し、アスベストその他の発ガン性物質が放出された。ゴミ処理業者は密封など環境保護処置をほとんどせず、その処理をしてしまった。しかも、瓦礫《がれき》処理費用の大半を出していながら、国も神戸市もほとんどなんのガイダンスも提示しなかった。神戸市職員は、一日に一〇〇〇件のゴミ処理契約を結んだと語っている。「とにかく急いでいたから。早く片づければ、それだけ早く再建ができると思った」

二年近く続いた片づけの期間、大気中のアスベスト濃度は通常の五〇倍にのぼった。同時に、ダイオキシンが、被災地の土壌および大気中に二〇〇グラム以上も放出された。地質汚染調査団は、神戸の調査地点一九四件のうち五五件で発ガン性物質を検出した。「この結果には仰天した。状況はきわめて深刻だ」と調査団団長の鈴木《すずき》喜計《よしかず》は語っている。

一方、兵庫県が行った公式調査では、発ガン性物質が検出されたのはわずか六件だった。この数値の大きな開きは、兵庫県側調査員の専門知識の不足のためだと鈴木は言う。環境庁水質保全局土壌農薬課の川村和彦は、土壌に有害物質が浸透するという鈴木の懸念を否定して、こう語っている。「かりに化学物質で汚染されたとしても、神戸には地下水を飲む人はほとんどいない」

「日本経済は不法投棄でもっている」

東京を拠点にする廃棄物処分場問題全国ネットワークの事務局長・大橋光雄は、都会の産業廃棄物が何十年も前から地方に投棄されてきたと指摘し、「これが続けば、田舎は大都市のゴミ捨て場に変わってしまうだろう」と語っている。

有名なところでは、豊島《てしま》総合観光開発株式会社が、瀬戸内海の豊島に有害廃棄物を五一万トン投棄したという例がある。島には一五メートルもの高さのゴミの山――ダイオキシン、鉛その他の有毒物質に満ち満ちたゴミ――が残されたが、この会社に科せられた罰金はたったの五〇万円ほどである。おなじみのパターンと言うべきか、香川県はみずからの責任を認めず、廃棄物の処理をしばらくは拒否していたが、二〇〇〇年にやっと、しぶしぶ処理を考え始めた。全国産業廃棄物連合会の鈴木勇吉顧問は言う。「処理業者はほとんどが零細。企業には適正な処理の費用を引き受ける気がない。消費者がゴミ処理のコストを払う覚悟がなければ業者は育たない」

言うまでもなく、責められるべきは消費者ではない。日本の消費者は国の製造業政策にはほとんど口出しできない。問題は、なにを犠牲にしてもまず産業を優遇しようとする政府の政策にある。有害物質を排出する企業に対しても、またその有害物質の処理業者に対しても、政府は規制を課そうとはせず、調査も行わず、厳しい法的措置もとろうとしない。有害廃棄物が見つかっても、処理の資金を出そうともしない。「ゴミを不法に投棄しているのは政府の認可を受けた業者だし、政府はそれを黙認しているとしか思えない。それなのに、なぜ不法投棄された廃棄物処理の費用をわれわれが肩代わりしなくてはならないのか」と経団連参与の太田元《おおたはじめ》は言う。「日本経済は不法投棄でもっている」と、ある処分業者は言いきっている。

「製造業優先」政策を守るために、政府も地方自治体も一貫して、有害廃棄物の本格的なアセスメントを拒んでいる。先にも述べたが、兵庫県が地震後の神戸で本格的にアスベストの調査を行わなかったのもその一例だ。典型例が宇都宮近郊の那須町《なすまち》だろう（有害でないとされる廃棄物処分場が九四ヵ所ある）。那須で野生動物が死に始めた時、住民は調査を求めたが、政府は水質に問題はないの一点張りだった。のちに民間調査会社の調査によって、水から高濃度の水銀、カドミウム、鉛が検出されている。

所沢市では、一九九七年九月、地元の焼却施設からのダイオキシンの排出量について、市と県とが共謀して、九二年から九四年にかけて、ダイオキシン濃度が基準値の一五〇倍以上に達していたことを隠していたことが明るみに出た。また、東京郊外の多摩地域二七自治体で構成する公的機関・谷戸沢処分場組合は、裁判所から公開を命じられたにもかかわらず、水の電気伝導度（汚染の尺度）のデータを今も隠し続けている。こういう茶番が国中で演じられている。

蓄積するゴミ、それに対処する専門知識の欠如。こんな問題が生じたのは、日本がゴミ処理を産業の計算式から除外していたからだ。環境を汚染しても、法的にも金銭的にもほとんどコストはかからず、企業はゴミ処理技術を開発する必要性を感じていなかった。しかし、この問題を見過ごしたのは日本企業だけではない。外国の学者たちも、日本の「効率的な経済」を賞賛するばかりで、煙突から何が出ているのか、工場は汚泥をどこに埋めているのか、わざわざ尋ねてみようとはしなかった。ゴミ処理は産業の効率と密接な関わりがあると考えてもよかったはずで、こうした経済構造を「ステロイド漬けの開発」と呼んでいる。有害廃棄物を規制せずに高いＧＤＰを達成したのと、厳しく管理して達成したＧＤＰとは根本的に質が異なっている。

国内ではどこからも疑いの声は出ず、外国からは賞賛を受け、通産省と環境庁の官僚たちはのうのうと気楽に過ごしていた。これらの省庁の役人たちは何十年にもわたって事実を隠し、他の先進国では常識になっている、有害廃棄物を試験・規制するための多くの技術を学んでこなかった。いわゆるグリーンテクノロジーは、二一世紀の最も重要な成長分野のひとつだが、この分野では日本はかなり立ち遅れている。神戸の地震のあと、廃棄物があれほどでたらめに処分されたのは、担当機関がどうしてよいかまったくわからなかったからである。ゴミ焼却に関するさまざまな新しい技術を知らず、シールド技術についても、有害排出物のモニター法についても知らなかった。

現行の規則は一九七七年以来改定されておらず、九〇年代に産出される化学物質は規制対象にほとんど入っていない。一九九四年九月、環境庁は産業廃棄物処分場の取り締まりを強化すると発表した。しかし、処分場は地面に掘った穴にすぎず、防護施設などほとんどない。シールド処理もされていなければ、浸出水を処理する装置もなく、廃油や発ガン性物質が周辺地域を汚染するのに任せている。報告されている防護施設のないこういう処分場は一四〇〇ヵ所、日本の産業廃棄物処分場の半数以上にのぼる。そのうえに、報告されていない処分場が何万とあるのだ。環境庁の「厳しい取り締まり」とは？　数年かけて二〇ヵ所を調査するという意味だった。

真のテクノロジー

日本が環境技術を持っていないことが浮き彫りにされたのは、一九九七年一月二日、ロシアのタンカー、ナホトカ号が転覆し、積んでいた重油一三万三〇〇〇バレルの半分が石川県沖に流出した時だった。一九八〇年代以降、他の国々ではバイオレメディエーション（微生物を使って油を水と二酸化炭素に分解する手法）が標準的に使用されているのに、日本ではまだその使用が認可されていない。そのため、環境庁は三〇〇〇メートルにおよぶ油膜に対して微生物製剤を使用できず、海洋生物に計りしれない被害が及んだ。ついには漁民たちがみずから対策に乗り出し、アメリカ製の少量の微生物製剤を「試験的に」使用したのだ。

バイオレメディエーションのほかに、海面上の重油に対しては飛行機や船から界面活性剤（表面張力を低下させ、油を乳化・分散させる）を散布する、あるいは燃やすという方法が一般的にとられている。だが、日本はそのどちらの技術も持っていなかった。この海域は正規のタンカー航路になっているのに、災害対策計画もなければ、日本海側には大型の重油回収船も配置されていない。太平洋側からぐるりとまわってこなくてはならず、そのため何日もの遅れが出た。日本の流出重油対策が時代遅れなのを見かねて、俳優のケヴィン・コスナーは汚染地域に約七〇〇〇万円のハイテク装置を寄付した。結局のところ、海岸の油を片づけたのはひしゃくを持った漁村の女性たちだった。

テクノロジー大国日本で、流出重油をどうやって除去しているか。ひしゃくとポリバケツである。これは「先端技術とは何か」を提起している。経済アナリストはおおむね狭い見方をとっていて、一国の技術力を評価するのに、工業の製造能力、物理学や数学の学問的能力ばかりに目を向けている。しかし、「テクノロジー」の名に値するほどに、高度な水準に達している分野はほかにいくらでもある。

経済にしぼって言えば、日本は将来にわたる環境浄化のコストを計算に入れてこなかったため、次世代は何十兆円もの未払いの請求書を突きつけられることになるだろう。いや、そうはならないかもしれない。産業界は、この請求書に目をつぶっていられるかもしれない。国が環境被害を隠し通すつもりでいるから、無理に浄化のコストを計算する必要はないだろう。

しかし、さすが「産業第一」を一直線に目指してきた政府当局は、廃棄物の処分・管理は将来性のある新しい産業だと気づき始めたため、規制強化が最近行われるようになった。問題は、この新しい産業のコストをいったいだれが払うのかということ。何十年にもわたって実態をごまかし続けたあげく、担当省庁は廃棄物処分場がどこにあるのかも知らないありさまで、これではどこから計画に着手してよいか見当のつけようもない。産業界の国際競争力の強さは、ひとつには有害廃棄物と環境破壊に対処する費用をまったく無視してきたおかげである。経済は失速、低迷し、輸出産業はアジア諸国からの脅威に直面している今、産業界にそのコストを支払えと急に言っても無理な相談だ。こういう事情があるから、環境アセスメントを義務づけるにもためらいが生じ、一九七六年から八回も法案が提出されているのに、成立したのは九七年になってからだった。

土壌汚染については、環境庁は一九九二年に非公開の懇談会を設置し、アメリカの有害産業廃棄物除去基金（スーパーファンド）法に類似した制度を設けてはどうかという方向で検討を始めた。スーパーファンド法とは、廃棄物処分場の浄化費用を産業界が負担するよう義務づけた法律だ。だが、負担が重すぎると言って産業界の有力なリーダーや官僚が反対にまわると、環境庁はすごすごとこのアイデアを引っ込めてしまった。一九九九年までこの懇談会は存続していたが、なんの結論も出せなかった。懇談会のメンバーのひとりはこう語っている。「廃棄物処分場を掘り返せば、汚染されているのはすぐにわかる。しかし、すべての処分場に安全対策を施せば莫大な資金が必要になる。まったく現実的とは言えない」

ダムに格好の土地

とめどない汚染の洪水は、学校教育の副産物と見なしてよいだろう。日本の子供たちは、他国とは比較にならないほど膨大な暗記学習を通し、従順で勤勉な労働者になることを学んでいる。日本に関する著書の中でもこのシステムは羨望《せんぼう》の的になってきた。しかし、こういう著作では教育のバランスシートのいっぽうのコラム、つまり資産の部分だけを見て、負債の部分は無視してきた。

負債には恐ろしいものがある。産業に比べて優先順位の低い項目、たとえば環境意識などは学校のカリキュラムに入り込む余地がない。そのよい例がゴミ問題だ。"*Kyoto City Guide*"の著者、京都在住のメースン・フローレンスは言う。「私の育ったアメリカでは、『ちょっとゴミのぽい捨ては見逃してはもらえない。窓から煙草の箱や空き缶を捨てれば、『ちょっと、あんた!』と叱られる」。だが、日本は違う。田舎の道路際はゴミだらけで、空きビン、古い冷蔵庫、エアコン、自動車、がらくたの詰まったビニール袋など、さまざまなゴミが捨ててある。海岸にはペットボトルが散乱している。メースンは言う。「京都の北山をドライブすれば、道端には必ずゴミが落ちている。コロラドなどでは考えられないことだ」。コロラドだけではない。ヨーロッパのほとんどの国でも、シンガポールやマレーシアでもそれは同じである。

要するに、企業が廃棄物を捨てるのは、人々がどこにでもゴミを捨てているからなのだ。

従順な工場労働者の育成に努力している学校は、環境を大切にする心を育ててこなかった。日本は今そのツケを払わされている。

学校が教えないことがもうひとつある。それは社会奉仕だ。日本の市民団体は、会員数も予算も情けないほど少ない。世界野生生物基金の会員は、アメリカやヨーロッパには何百万といるのに対して、日本は二万人に満たない。東北大学の長谷川公一教授が言うには、「欧米とは違って、日本の自然保護団体には政策立案過程に影響を及ぼすほどの力がない」。

一方、杉の植林やダム建設などの計画を支援するため、政府機関は盛んにプロパガンダ攻勢をかけている。一九九六年一〇月の新聞報道によると、建設省河川局は、所管の一〇の財団法人から四七〇〇万円を集めて、広報活動の費用に充てていた。「一九九七年から始まる国の治水五ヵ年計画に関連して、大雨や洪水の危険を広く訴える」ための新聞広告、日本の近代治水一〇〇年を記念する一連の行事、水資源と洪水管理についての二つの国際シンポジウムの開催の費用だった。

政府が国民に提供するプロパガンダがどういうものか、電源開発株式会社の広告を見よう。これは一九九五年一二月、『週刊新潮』に掲載されたフルカラーの広告だ。大きな水力発電ダムの前に、和歌山の山地を旅するフリーアナウンサーの青山佳世が立っている。本文で青山はこう語っている。「なーんてきれいなスギ林でしょう。よく手入れされ、枝打ちされたスギ林がまっすぐに伸び、どこまでも続きます。そして水の豊かなことはさすが雨の多い地域、まさに水力発電に格好の土地です」

だが、その先にはさらに素晴らしいことが待っていた。目的地の池原ダムに着くと、「でも、そのダムの下に川がない！　水はどこへ流れるかというとダムの反対側、つまり蛇行する川をショートカットしたことになります。かつての川、今のダムの下は、スポーツ公園として人々の憩いの場になっています」と青山は嬉しそうに言う。その「憩いの場」のひとつがゴルフ場で、電力会社がダムを造ったときに村に寄付したものだ。「わかっていれば、一日早く来たものを！」と彼女は締めくくっている。こういう文章が、何の疑問もなく一般に受け入れられていることからも、環境意識がいかに低いかがうかがわれる。

日本の学校は、ダムはすべて輝かしく、道路はすべて幸福な未来への飛躍であるという考え方を教え込んでいる。要するに、教育システムが日本を永遠に「発展途上国」モードに封じ込めているわけだ。メーン州のエドワーズ・ダム（一〇〇年以上も川をせき止めていた）の撤去が命じられた時、教会は鐘を鳴らし、川が自由を取り戻したのを見て何千もの人々が喝采した。日本ではそんな反応は考えられない。むしろ、地方自治体は旗を振り太鼓を叩いて、最新の土木建築のモニュメントを宣伝し続けている。たとえば、私の地元亀岡に『丹の街』というタウン誌があった。表紙には「日吉ダムへようこそ！」の文字が躍り、表紙をめくれば、コンクリートで平らにならされた山腹の写真が載っている。解説によれば、日吉ダムは「多目的ダム」であり、単なる洪水防止の施設ではなく、学びと遊びの観光センターでもあるのだそうだ。「地元日吉町はもちろんのこと、それに連なる周辺地域の活性化と文化の向上をはかる上で大きな役割をはたすものと思われる」と記事は興奮気味に締めくくられている。

このようなダムは、まさしく日本の子供たちが学びと遊びのために出かける場所であり、たしかに文化に寄与してもいる——それどころか、文化そのものになりつつある。産業界と学校と裁判所、そのすべてが結びつき、国家は圧倒的な武器を手にしている。水俣病やイタイイタイ病の訴訟で四〇年にわたって国家と闘ってきた市民団体などは、まさに英雄と称するにふさわしい。

電線と工場を見ない

もちろん日本には、新しいダムやテトラポッドを見てはしゃぐ人しかいないわけではない。何百万という人が、周囲から美しいものがどんどん消えていくのを悲しんでいる。一〇年前に日本について書き始めた時から、わが家の郵便受けには手紙が次々に舞い込むようになった。自分の故郷の町が醜く変貌したとか、帰郷してみたら大好きだった滝がコンクリート詰めにされていた、などと嘆く手紙だ。そんな手紙にはしばしばこう書かれている——「私も同じように感じているのですが、これまではそれを声に出して言う勇気がありませんでした」。人はまわりにある美しいものは、いずれなくなるという不安を抱いている。日本各地の風景や庶民の素朴な生活を描き続ける、画家の原田泰治《はらだたいじ》は「逃げる風景じゃないんだけど、何か早く撮らないと消えちゃうというか、自分が見つけたすごいところをだれかに持っていかれちゃうんじゃないかってね」と『日本経済新聞』夕刊で語っている。

近年、国内旅行が停滞し、海外旅行が爆発的に成長している。このことは、国民が日本の風土・景色をあきらめている証拠で、心の中にどことなく寂しさとむなしさを感じている。だが感じていても、それを意識化するのはむずかしい。大きな政治問題にならないのは、伝統的なものの見方にも関連している。建築家の竹山聖《たけやませい》によれば、日本人は細部に焦点を絞って見るために、身のまわりの醜さに気づかないのだという。旅行に出れば、巨大な送電線が延々のびているのを見ずに山を眺めることができ、隣にそびえる工場を気にせずに水田の景色を楽しむことができる。

人間ならばつまらないものを視野から排除できるけれども、カメラではそうはいかない。カメラマンや映画制作者は、美しい自然という幻想を守るため、どのようにフレームを決めるか苦労して計算しなくてはならない。それでもカメラマンはその仕事をやり遂げ、本やポスターの写真は自然を慎重にトリミングしたものばかりになっている。ほとんどが細部のクローズアップだ。古い寺院の境内に続く道、山の清水に浮かぶ落ち葉などの写真に、自然を愛でる日本の心、四季の移ろいなどを称えるスローガンがかぶさっている。山や川を切り刻むのを仕事としているまさにその機関が、金を払ってそんな広告を作らせている。

言葉や写真が、ここは美しい国だと日々教え込んでいる。また、庭園、花々、現代建築、京都に関する本を買う外国人に対して、どこの国よりも日本人は繊細な「四季を愛でる心」に恵まれているという印象を与えている。日本のように国土を見境なく破壊している国はほとんどないが、自然を賛美するシンボルや文学の遺産をこれほど豊かに持っている国もほかにないだろう。レストランやバーの看板には「楓」「蛍」「秋草」などと書かれ、かつては太陽神戸三井銀行と呼ばれていた銀行もその名を「さくら銀行（現・三井住友銀行）」に変えていた。東大寺二月堂に春の水を納める「御水取り」などの行事が、日本全国にさまざまな形で残っていて、伝統文化を今に伝えている。これらの行事を自宅や社寺で実際に行う人も多いし、テレビをつければほとんど毎日のようにそんな行事のあれこれが紹介されている。

皇居での天皇による田植えから秋の月見にいたるまで、移ろう季節に人々は盛んにお祭りを行っている。商店街のアーケードには、春には桜が、秋には紅葉がつるされる。季節ごとのシンボルの豊かさは日本での生活の特徴であり、伝統文化の素晴らしい遺産だ。だが同時に、このシンボルは現実の荒廃を覆い隠している。「楓」「桜」「蛍」などの看板が本物の代用になっているのだ。自然を祝う伝統行事が多いだけに、林野庁が楓や桜の木をすべて切り倒して杉の木を植えていることも、コンクリートの川岸にもう蛍は飛ばないことも見逃してしまう。外国人でさえ、伝統的なシンボルの魔力に魅入られて、自分を取り巻く環境をありのままに見る能力を失う。

四季の移ろい、自然を愛でる伝統的な日本の心は、ありとあらゆる機会にあの手この手で宣伝されている。日本で暮らしていると、紙やビニールやプラスチックやネオンなどの形で自然のシンボルが氾濫しているから、秋の紅葉、春の花、川の流れ、浜の松原を思い出さずには一日も過ごすことができない。そのいっぽうで、自然そのものは、何ヵ月でも何年でも見ないですごせる。

松竹梅の美しい幕が裏の悲劇を隠し、プロパガンダは太鼓を鳴らし、大衆はもの言わず、役所は自動操縦にゆだね、戦車の列は進み続ける。川や海岸をコンクリートで埋め、森の木を植え替え、有害廃棄物を投棄し、すべてが永遠に終わることなく極限まで推し進められるだろう。オマル・カイヤムの詩の「指」のように、官僚はその「構想」を容赦なく大地に刻みつける。神に祈っても智略をめぐらしても、その指を戻して半行たりと取り消すことはできず、いかに涙を絞ろうと、片言隻句も洗い流すことはできない。

第四章　バブル——よき日々の追憶

Naturam expelles furca, tamen usque recurret.
三叉《みつまた》で追い払っても、自然はすぐに戻ってくる。

古代ローマの詩人・ホラティウス

日本の山や川の現状を見れば、自動操縦で動くシステムがどれだけ危険かつ極端な状況をもたらすかよくわかる。これを踏まえて、一九九〇年代から長びいている金融不振について見ていこう。いわゆるバブル崩壊である。

株価と地価の暴落でなんと一〇〇〇兆円もの資産が無に帰し、市場がこのまま低迷すればさらに三〇〇兆円が消えることになる。これほどの資産が消え失せるというのは、経済成長の途中で一時的につまずいたというような、そんなささいな問題ではない。世界の歴史を見てもこれほどの例は少なく、戦争や帝国の滅亡の際にしか起きないような損失である。いったいどうして、日本はこんな信じがたい状況に陥ってしまったのか。それを理解するために、経済が絶頂を迎えた一九八〇年代後半を振り返ってみよう。

尾上縫の物語

一九八七年末頃、大阪の料亭のおかみの尾上縫《おのうえぬい》邸前に、午後になると黒いリムジンが並ぶ様を、近所の人々は気にもとめなかった。車から出てくるのはブリーフケースを持ったダークスーツの男たちで、邸内に姿を消し、ときには深夜二時三時まで出てこないこともあった。訪問客の目的は珍味佳肴《かこう》ではなかったのだが、それを近所の人々が知るのは後のことだった。スーツ姿の男たちは、尾上家に住む謎の存在に敬意を表するために来ていたのだ。一九八〇年代日本の株式市場を動かした最大の黒幕だったその存在、それは縫が大切にしていた信楽焼《しがらきやき》のガマの置物だった。

ガマは霊力を持つ生き物と考えられ、タヌキやキツネと同じように妖術、とくに金銭に関わる術を使うとされている。妖姫《ようき》に変身することができ、中国やインドの古代の魔法に通じていると考えられている。

日本興業銀行と言えば、一流の金融機関だったが、縫のガマをとくに祀《まつ》っていたのがこの興銀だった。興銀東京本社の部課長は、わざわざ新幹線で大阪へ出向き、ガマを祀る儀式に参列していたほどだ。縫の家で、山一證券などエリート証券マンとともに深夜の勤行《ごんぎょう》に参加していた。

儀式ではまずガマの頭をなで、次に庭に並ぶさまざまな仏像の前で祈りを唱える。最後に縫がガマの前に座り、トランス状態に入って、どの株を買い、どの株を売るかお告げを下す。東京の株式市場はこの託宣《たくせん》に震え上がった。その絶頂期だった一九九〇年、縫のガマは金融商品の形で一兆円以上を動かしており、縫は世界最大の個人投資家になっていた。

そしてまた、銀行から受けている融資の額も個人としては世界最高だった。「ガマ口には金が入る」と縫は言っており、どうやら中国やインドの妖術を盛んに使ったと見えて、一九八六年に受けたわずかな融資を振り出しに、またたくまに巨大な金融帝国を築きあげている。これほどの短期間にこれほどの巨富を築いた人間は、歴史を見渡しても少ない。一九九一年には、二四〇〇億円を貸し付けて興銀債券を買わせていた興銀のほか、二九の銀行や金融機関が縫に融資を行い、その金額は延べ二兆八〇〇〇億円近くに達していた。ちなみに、産油国の支配者で世界最大の富豪であるブルネイ国王でも、当時の総資産はおよそ三兆五〇〇〇億円だったと聞けば、縫の負債の規模がいかに膨大だったかわかるだろう。

尾上縫は一九八〇年代のいわゆる「バブル」景気に乗った口だが、この時期、日本の株価と地価は途方もない高値に押し上げられていた。経済の規模はアメリカの半分ほどだというのに、一九九〇年には東京証券取引所の時価総額はニューヨーク証券取引所をしのいでいた。不動産で言えば、皇居の土地の値段はカリフォルニア全体よりも高いと言われていた。一〇年近くずっと上がり続けてきた東京証券取引所の日経平均株価は、一九八九年冬にはついに三万九〇〇〇円台に乗った。この段階で、株価収益率は八〇倍に達していた（当時、アメリカ、イギリス、香港では二五〜三〇倍である）が、平均株価はまもなく六万ないし八万円に上がると大蔵省は予測していた。日本のユニークな金融システム――外国の金融システムは一般にキャッシュフローに基づいているが、日本の場合は資産評価額に基づいている――の勝利だと国中が浮かれていた。

暴落が始まるや、アッという間だった。一九九〇年一月に入ると株価は下がりだし、それから二年間で六〇パーセントも下落した。下げ幅が大きかっただけでなく、その後もなかなか回復しなかった。それから一一年、株価は回復せず、一万円台をうろうろしている。銀行員の努力とガマのご利益《りやく》にもかかわらず、尾上縫の帝国は崩壊した。一九九一年八月には逮捕され、初期の借り入れの担保になった預金証書は、愛想のよい銀行支店長らが偽造したものだったことが警察の捜査で明らかになった。縫の破産は、債権者に二七〇〇億円近くの損失をもたらし、日本興業銀行の会長を辞任に追い込み、ふたつの銀行の倒産を引き起こし、興銀自体もその後、別の銀行に吸収されなければ生き残ることができなかった。マスコミに「バブルの女王」とあだ名された尾上縫は、銀行関係者らとともに獄につながれたのだ。

株価の暴落とともに地価も下落した。一九九一年以来年々下がり続け、今ではバブル期のおよそ五分の一になっている。土地以外の投機資産も下がってしまったが、なかでもはなはだしいのがゴルフ場会員権だ。最盛期には一億円以上もの値がついたものだが、今日ではバブル期の一〇パーセント以下で売られており、何兆円という預託金を会員に償還しなくてはならないから、多くのゴルフ場開発業者に破産の影が忍び寄っている。

そんな馬鹿な

株や土地を買いあさる尾上縫のような相場師に多額の融資を重ねた結果、銀行は不良債権の重圧に喘《あえ》いでいた。大蔵省は何年間も、不良債権の総額は三五兆円であると主張し続けていたが、一九九九年になってようやく、七七兆円を超えるとしぶしぶ認めた。それでもなお、たいていのアナリストはこの数字はもっと大きいと考えており、二〇〇二年には約一五〇兆円になると思われている。一九八〇年代アメリカの貯蓄貸付組合による危機など、これに比べれば物の数ではない。貯蓄貸付組合の損失はおよそ一六兆円、当時のアメリカのGDPのおよそ二・七パーセントだった。日本では、銀行の救済に要するコストはGDPのおよそ二三パーセントに達すると言われており、パーセントで比較すれば、その負担の重さはアメリカのおよそ九倍にもなる。銀行支援のために一〇年にわたって金利は最低レベルに抑えられ、一九九九年には七兆四五〇〇億円もの大規模な資本注入が行われたが、金融機関の過剰融資の償却はごく一部、おそらくは二〇パーセント程度しか進んでいない。

一九九七年のアジア通貨危機で最も大きな打撃を受けたのはインドネシアだが、マサチューセッツ工科大学の経済学者ルディ・ドーンブッシュによれば、今の日本の経済状況はそのインドネシアに劣らず深刻である。「そんな馬鹿な、と日本人は思うだろう。国民は勤勉に働き、どこの国より教育水準も高く、高度な技術を持ち、世界中に融資をしている。そんな日本がどうして破産することがあろうかと。しかし、一九二九年当時、それとまったく同じ好条件がアメリカにもそろっていた――にもかかわらず、フーヴァー大統領と連邦準備銀行が誤った政策をあくまでも推し進めたために、アメリカは世界を巻き込む大恐慌を引き起こした」

その「誤った政策」とは何だったのだろうか。いわゆる成熟した株式市場が、経済の実態からまったくはずれたのはなぜだったのか。エリートであるはずの興銀の銀行員が、どうして縫のガマの置物に頼るほど理性を失ってしまったのだろうか。答えは単純そのものだ。経済だけでなく、ソフトウェアから医療まで、現代日本のほとんどのシステムにこれは当てはまるのだが、日本の金融界は実際の価値ではなく、官僚の命令によって動いていた。その意味では、統制市場が現実を無視するとどんなことが起こるか、日本の現状は興味深いテストケースであると言える。ソ連邦よりもその点では適しているほどだ。

ルールが違う

一九九〇年代初めまで、日本の「ユニークな資本主義形態」を新しいパラダイムとして持ち上げ、欧米の資本主義に対する大胆な挑戦として語るのが流行《はや》っていた。日本の資本主義が異なるルールに基づいていることは事実だ。なにしろ、最強の政府機関である大蔵省は五〇年にわたって株価や債券や利率の基準を定めてきたが、それに逆らう者はいなかった。

日本の金融システムは、安価な資本を提供して製造業を強化することを目的にしており、戦後数十年にわたってその目的を立派に果たしてきた。信じがたいほど低い利率（一九八〇年代後半、日本の資本コストはおよそ〇・五パーセントだった）で、大企業へ預貯金から資金が流れ込んでいた。いっぽう欧米の企業は、最低でも五パーセント、最高では二〇パーセントを超す利息を払っている。他の国々では、投資家も預貯金者も見返りや配当を期待するものだが、日本はそうではない。

大蔵省のマジックショーの最大の目玉は、配当ゼロの株式である。欧米では、もっぱら利益を求める投資家の要求に応えるため、ウォール街が設備投資などよりすぐに株主に配当できる収益を優先しがちであるとエコノミストたちは嘆いていた。日本では、強欲な株主に配当金を払わずにすむので、企業は収益のほとんどを設備投資にまわすことができる。配当金こそつかなかったが、株価は一九七〇年代から八〇年代にかけて上がり続けていた。このことが、日本の株は外国の株とは違うという神話を生み出した。日本の株は絶対に下がることはない。一九九〇年、モルガン・スタンレー社がレポートを発行し始め、そのなかで日本の売るべき危ない株を指摘したが、大蔵省はこれを、日本の株式市場の道義的伝統にそぐわない、信義にもとる行為と見なしていたほどである。

真の価値を計算する

こうなると「本当の価値」をどう計ればよいのか。株式市場は巨大な賭博場と考えられがちだが、株式の価値を評価する明確かつ科学的な方法はいくつか存在している。そのうち最も重要なのは「株価収益率」だ。これは投資額の何パーセントを、企業が収益として上げられるかを示す値である。株価収益率が二〇だとすると、その会社は株価の二〇分の一、つまり五パーセントを収益として稼ぎだすということになる。その収益の一部または全部が配当金として支払われ、それが株主の投資に対する見返りになる。

その会社の収益が将来劇的に上昇すると見込まれる場合、株の真の価値を計算するのはむずかしくなる。だから何も利益が上がらなくても、あるいは損失を被《こうむ》っても、投資家はアメリカのインターネット株に先を争って飛びついていた。だがこの場合でも、一般原則はそのまま生きているから、投資家がアメリカでインターネットビジネスの利益が少ないとわかるやいなや、一気にナスダックが暴落した。

ところが、日本ではそうではなかった。収益にかかわらず株はつねに上がり続けるというのが常識になっていた。その結果、株価収益率は、ほかの国では夢にも見られないレベルに達した。たいていの国では、株価収益率はせいぜい一五から二五である。一九九九年七月にアメリカ株式市場が最も膨張したときでも、株価収益率はおよそ三〇だった。この時点で、アナリストはダウは過熱していると警鐘を鳴らしたものだ。対照的に、日本の平均株価収益率はグラフを突き抜けて伸び続け、一九八九年には七〇、九六年四月には三〇〇を超えた。一〇年間足踏みしていたにもかかわらず、一九九九年夏の株価収益率は一〇六・五、アメリカの三倍以上という高みにあった。株価収益率が一〇六・五ということは、日本の上場企業の一株あたりの平均収益は実質ゼロに近いということになる。二〇〇二年一月には株価収益率はやっと四六・一まで下がった。それは一万円台という非常に低いレベルに株価が落ちたためであった。世界標準まで近寄っていこうと思えば、株価はさらに八〇〇〇円台まで下がらないといけない。

産業界にとっては天国のような状況だ。市場からほとんどただで資金を集められるのと同じことだからだ。しかし、これでは投資家は投資する意味がない。意味があるとすれば、収益はゼロでも株価が魔法のように上がり続ける場合のみである。言い換えれば、いつでも熱心な株の買い手が存在するのでなければ、このような状況は持続しない。

大蔵省はまさにそのようなシステムを組み立て、現代の奇跡を成し遂げた。その成功の理由のひとつには、企業の株式持ち合いを奨励し、それによって投資家への株の供給を絞っていた。大蔵省の政策の多くがそうだが、その目的は経済効率ではなく権力や産業グループを守るためで、西洋の学者が日本の経済システムを理解するのに苦しんでいるのはそのせいでもある。株の供給を抑えると、M&A（吸収合併）がやりにくくなる。企業の経営者としては収益率が少ないと株が下がり、そのことでM&Aによって会社乗っ取りの恐れがあるから、常時収益率を出すよう上手に会社の資産を運営しなければならない。けれども政府はM&Aによって収益優先が生まれては困る。なぜなら、明治以来、政治のポリシーは収益に関係なく、とにかく工業拡大であったからだ。

株の供給を制限するため、大蔵省は新規上場に高い障壁を設けてきた。古い会社でなければ、東京証券取引所に上場を検討することさえできない。アメリカのナスダックに相当する店頭市場ですら、この「大きくて古いほどよい」という方針に従っている。何百という新規企業に資金を提供しているナスダックとは対照的に、日本の店頭市場はハイテクベンチャー企業が資金を集めるのにあまり適していない。なにしろ、店頭市場に上場するにも、その審査期間だけでも平均して五年以上かかり、上場する会社はたいてい数十年の経歴はあり、設立数年あるいは数ヵ月の会社を育成するナスダックとは対照的だ。

一〇年近くも停滞が続いていたところに、一九九九年のインターネットブームの影響で、店頭市場にやっと活気がもどり、一年間で総資産が四倍になった。それでも店頭市場は基本的に機能せず、日本の新しい起業家が必要とする、ITフレンドリー市場になれないから、ソフトバンク社長の孫正義《そんまさよし》は、一九九九年六月、ナスダックの日本版「ナスダック・ジャパン」を設立すると発表した。同時に東京証券取引所がナスダック・ジャパンに対抗して「マザーズ」を設立した。株式投資の革命が始まる地盤ができた。が、東京証券取引所では従来のシステムは変わっておらず、株の利回りは依然として微々たるものだ。マザーズやナスダック・ジャパンが、ちゃんと収益がでる株を提供することができるかどうか、またもうひとつのバブルが起こるか否《いな》か、これから明らかになってくる。

資産の魔術

供給は限られているし、経済は成長しているし、外資との競争もほとんどなく、外国への流出経路もない。こうして資金は東証に流れ込み、株価は上昇を続けた。安定株主と、系列内でのぬるま湯的銀行取引のおかげで、企業は利益を上げる必要がなく、損失が出てもさして心配する必要がなかった。主要な「安定」株主は株を決して売らず、銀行は決して負債の返済を迫らない。

この温室で何十年も過ごすうちに、大蔵省と日本の金融機関は「資産の魔術」を信じるようになった。つまり、利益を生む生まないにかかわらず、資産価値はつねに上がり続けるということだ。ここから「含み益」という考え方が生まれた。標準的な日本の会計手続き、いわゆる「簿価会計」では株式や不動産は売却するまで購入価格で処理されることになっており、買値と時価との差額を「含み益」という。含み損という考え方は存在しなかった。バブルが弾けてから一〇年以上かかったが、簿価会計があまりにも世界常識からかけ離れていたため、二〇〇一年から時価で計上するよう切り替え始めた。

当時、投資家は配当金は無視して、もっぱら「資産価値」だけを見てきた。株だけでなく不動産もそうだった。不動産の利回りは二パーセント以下、マイナスのほうが多かった。不動産の暴落は株より激しく、賃貸料は一九八八年の半分から三分の一に落ちている。


何より重要なのは、借金してもなんの不都合もないということだ。銀行は系列内の企業に対して厳しく借金を取り立てることはないから、外国では絶対に不可能なほど巨額の借金を抱えても案じる必要はない。その結果、日本企業は安易に借金に頼るようになり、現在その負債額は平均して純資産額の四倍になっている（ちなみにアメリカは一・五倍である）。

企業にとっては、資金を借りられるだけ借り、買えるだけ固定資産を買い、それを絶対に売らないのが最も得策だった。土地などの資産を担保に資金を借り、その資金を株式市場に再投資する。市場は値上がりし、企業はそれによって「含み益」を手に入れ、それを担保にまた借金をし、それでまた土地を買う。これを延々くりかえしていたわけだ。

バブル時代に日本を襲った狂気の背景には、この資産—借金—資産というサイクルがあった。このシステムは、欧米の常識とは正反対のものだが、戦後数十年間めざましい成功を収めてきた。資本コストは低く抑えられ、資産価値は膨張し、自由市場経済で安全とされるレベルを超えて、企業はその何倍もの借金をすることができた。要するに日本は、文字どおり自分の靴紐を引っ張って自分を持ち上げていた。

ウォルフレンはこれを「資金供給システム」と名付けた。それが融資であれ、株や債券であれ、資金をどこに出せるか、どこに流せるか、上限はいくら、といったものを国家レベルで格付けするものだ。収益性、返済能力、国内需要と別の次元で——つまり国家の工業拡大対策を基準にしてやり通した。

戦後数十年は大成功を収め、日本を経済工業大国に造りかえた。たとえば、戦後間もなく自動車産業の「返済能力」だけを基準にして行っていれば、成長はずっと遅れただろう。「資金供給システム」はその意味で発展途上国にとって大きなメリットがあるから、韓国も大なり小なり香港などのアジアタイガーをまねている。

大蔵省は、この市場を支えるために非常に繊細かつ奇妙な「仕掛け箱」を造りあげた。株は配当を生まず、不動産開発はキャッシュフローを生み出さず、企業の借金は返す必要がなく、バランスシートでは損失や負債を合法的に隠すことができる。そのおかげで企業には失敗する恐れがまったくなく、先進国の羨望の的だった。

まさしくパワーハウスだったが、同時に一種のねずみ講でもあった。ねずみ講は、金が流れ込み続けるかぎりはうまく回転するが、流れが止まったり滞ったりするとたちまちトラブルが発生する。一九八〇年代後半まで続いた高度成長では、日本の金融システムは無敵に見えた。四〜六パーセントという経済成長率があまりに長く続いたため、これが永久に続くとだれもが思い込んでいた。だが一九九〇年代前半、日本のGDP成長率が一パーセント以下に低迷するようになった時、「仕掛け箱」のバネが飛び出した。

意外性排除の法則

「市場には混乱は許されない」――何十年にもわたり、役人はこの聖なる呪文をくりかえしてきた。大蔵省が金融界のために作り上げた仕掛けは、和と均衡を保つことだった。銀行は決してつぶれず、株に投資した者が損をすることはない。伝統的な日本文化においては、「和」が保たれること、つまり意外な事件が起きないことが非常に尊ばれるので、この「意外性排除の法則」は私なりの「日本一〇ヵ条」の第一にあげている。

従業員はめったに会社を変わらないし、小さな新興企業は大企業に楯突いたりしない。川岸や海岸をコンクリートで固めるのも、怖い自然からの不意打ちを防ぐためである。

意外な出来事をきらう社会では、損失が出るということは大変な恥で、認めにくい。たとえば、一九九五年、取引の損失一一〇〇億円を大和銀行が当局に隠していたことが、米連邦準備制度理事会の検査で発覚した。また一九九六年、住友商事では、イギリス駐在の銅トレーダーが二八〇〇億円もの損失をひた隠しにしていた。どちらも、何年間にもわたる（大和銀行の場合は一〇年以上に及んでいた）取引失敗の悪循環の結果だった。トレーダーもその親会社も、破滅的な取引を早期に打ち切ることができなかったのだ。

「和」の一語は、日本の究極の理想であり、日本の代名詞になっているほどだ。聖徳太子制定の憲法十七条の第一条に「和《やわらか》なるを以《もち》て貴しとし、忤《さか》ふること無きを宗《むね》とせよ」とあるが、現代的に「忤ふること（さからうこと）」を「自由市場」に置き換えればピッタリだ。企業や役所の指導者は、平和な黄金時代への憧れがある。だれもが分をわきまえ、人間関係がルール通りだった時代、言い換えれば封建時代の調和の世界だ。井原西鶴《いはらさいかく》の言葉を借りれば、日本は平和の国であり、「春の風しづかにして、四海に立波もない」。

　春の風を静めること——つまり、時間を止め、社会を現状のまま永遠に凍結したいと望むこと、それには危険が伴う。結局いくら仕掛けても、意外な出来事や変化がたえず起こる宇宙だ。この世が変化すれば、硬直したシステムはしだいに現実から遊離していく。大和銀行、山一證券、住友商事が身をもって体験したように、小さな損失も積もり積もれば巨額の赤字になる。立派な証券取引所があって、株価が必ず上がり続けるように幾千もの精巧な操作で操ってきた。その結果が年金基金の破綻であり、かつて例のない銀行の破産である。

　ブレジネフ時代のロシア、官僚支配下の日本、どちらの社会も、完成の域に達したと信じていた。中央の政策立案者がすべてを統制下に置き、変化は起こり得ず、変化がもたらす社会的混乱もすべて過去のものと信じた。だが残念ながら、変化を完全に排除することはできない。中世イタリアの鋭い政略家マキャベリが書いているように、「忍耐強く用心深く行動する人は、時と状況がそのような態度を求めている場合には成功するだろう。しかし、時と状況が変われば破滅する。そのような人は自分のやり方を変えないからだ。……このように、用心深くふるまう者は、即決即断が必要な時には責任を果たせず、したがって嘆くことになる」。

国際市場からの撤退

バブルから得られた多くの教訓のうち、最も驚くべきことは、大蔵省と日本の銀行そして証券会社が、外国の金融市場で用いられているテクノロジーを習得しなかったことだ。一般には、日本はハイテク国家と世界で賞賛されているが、金融界では明らかにローテクである。借金を返済する必要がなく、株に配当がつかないのなら、価値をどんな物差しで測ればよいのだろう。尾上縫のガマ以外にちゃんとした物差しはなかった。一九八〇年代にウォール街のブローカーに複雑なコンピュータ・トレーディングを可能にした、今日市場を支配している新しい金融商品を可能にした数学的なツールを、野村證券を筆頭とする証券会社は学んでいなかった。一九九一年以降、彼らは縮小の一途をたどり、野村證券は一貫して損失を出し続け、あるいはアメリカやイギリスではかつかつの状態で営業していた。一九九九年大和証券は海外支店を三〇から一八に減らし、日興證券も野村證券も多くの海外支店を閉鎖している。一九九八年には、日本の証券会社は世界の証券会社の上位一〇社から完全に滑り落ちていた。

一九九七年末には、東証の売買の四〇パーセント近くを外国の証券会社が扱うまでになった。一九九七年秋には、二〇〇〇億円を超す海外での簿外債務が発覚し、四大証券のひとつ山一證券が自主廃業に追い込まれ、四大証券が三大証券になってしまった。

しかし、大蔵省の金融マシンには最後にひとつ使命が残っていた。自殺的な使命ではあったが。一九九〇年代初め、大蔵省は日本の守備範囲と思っているアジアに進出すべきだと決断した。タイ、マレーシア、インドネシアの地価は何十年も上がり続けており、バブル時代の仕掛けがそのまま通用しそうに見えた。

要するに、日本はバブルをアジアに輸出した。一九八〇年代に東京や大阪でやったように、高層オフィスビルやショッピングセンターやホテルの建設に、見境なく融資するようになった。「われわれは単なる資産食らいだ」と、東京三菱銀行ソウル支店主任支店長代理・真田幸光は言う。「欧米人は収益性を考えて資産を管理する。利益が出なければ銀行は手を引く。しかし、邦銀は収益があまりよくなくても融資する」

インドネシアのスハルト、マレーシアのマハティールといった強力な指導者のもとで、政府が価値を定め、投資家に何を買うべきか命じ、そしてだれもがそれに従った。大蔵省の観点から言えば、東南アジアは「キャッシュフロー」といった危険な猛獣にまだ荒らされていないない、最後のエデンの園だった。一九九四年以降、日本の銀行から東南アジアへの融資は二倍三倍に膨れあがった。その融資の大半は、韓国、マレーシア、インドネシア、タイに流れ込んだ。とくにタイでは、海外からの融資の半分以上を邦銀が占めていた。

古いユダヤのジョークにこういうのがある――問い：「氷の上で滑って転んでも、復讐の天使はやはり追いついてくる」という謎の意味は？　答え：「伊達《だて》に復讐の天使と呼ばれてない！」。大蔵省も気の毒なことだ。一九九七年秋には、復讐の天使が「真の価値」という炎の剣を振りかざして東南アジアに上陸した。韓国、タイ、マレーシア、インドネシアの通貨が一夜にして崩壊した。スハルトとマハティールは、長く従順だった市場が勝手に値崩れを起こすのを、どうするすべもないまま怒り狂って見守っていた。一九九〇年代、日本では七年かけてゆっくり進んだ大規模な金融崩壊が、ほんの数ヵ月で起こってしまった。

官僚の含み笑い

ところで、取引市場の規模はどうなったのだろうか。一九八九年、ニューヨークと東京の株式市場は、時価総額ではほとんど並んでいた（東証のほうが少し大きかった）。一二年間を早送りして、二〇〇二年三月の状況を見ると、東証はニューヨークの四分の一強にすぎない。さらに情けないことに、新しい株式のための店頭市場が失速していたのに、ナスダックはそれ自体が巨人に成長している。ナスダックの時価総額は、東京証券取引所に迫る驚くべき勢いで、東証が二〇〇〇年初めに落ち込んだ時は、逆転すらしていた。合計すると、ナスダックとニューヨークの一ヵ月あたりの出来高は東京の一〇倍を超えている。つまるところ、大蔵省のシステムには致命的欠陥があった。しかし、バブル崩壊後奇妙なことに、市場の機能不全が明らかなのに、改革には乗り気でなかった。

問題は、銀行や証券会社が、非現実的な価値にその存在基盤を置いているということだ。日本の村々がダム建設の中毒になっているように、銀行もまた麻薬のとりこになっている。急にシステムが変わると激しい禁断症状が起きるからやめられない、したがって、日本版ビッグバンの一環として行われる規制緩和は、抜本的な変革にはなっていない。

一九九六年、改革というテーマで話をした大蔵省国際金融局長の榊原英資《さかきばらえいすけ》は、「われわれ官僚は権力をすべて手放す」と宣言した。『ウォール・ストリート・ジャーナル』によれば、その後にビッグバン構想によって自由市場がいかにオープンになるかについて簡単な説明があった。だがそこで、榊原は但し書きをつけた。含み笑いを漏らしながら、「もちろん市場の混乱を許すことはできない」と。

ここでバブルが弾けた後のさまざまな結果の中に、身動きがとれなくなった「麻痺」現象を見よう。大蔵省は真のビッグバンを実行させることはあり得ない。なぜなら、魔法の砦《とりで》に合理性を入れてしまえば、すべてが崩れるおそれがあるからだ。バブルの損失はほとんど紙の上でのものだから、それほど心配ではないと指摘する人もいるが、日本の場合こそ、紙の上での損失は大問題だ。金融界の仕掛けの一番巧妙な業績は、紙の上での資産をふくらませることだった。したがって、砦の城壁にヒビが入り始めた頃に、大蔵省は慎重に慎重に歩き、物音をたてなかった。

「簿価会計」は大蔵省お気に入りのテクニックであった。それは、証券や不動産を時価で計算せず買った時の価格そのままでずっと計上するやり方だ。たとえば、四〇で買った株が、今一〇〇の価値になっても帳簿上では四〇の価値しかないことになる。儲かってるのに、儲かっていないという完全なフィクションであり、「含み益」という別のフィクションを生み出す。日本の金融界に、簿価会計ほど大きなダメージをもたらしたものはほかにない。「含み益」というコンセプトは、「含み損」という形で跳ね返ってきた。不動産会社が倒れるにつれて、これらの土地が債権者の問題になってきた。時価に基づいて損失を年々計上していくかわりに、銀行はこれらの不動産を購入価格で帳簿に記載し続けてきた。それを売った瞬間に、銀行は突如として莫大な損失を計上しなくてはならない。

このシステムは不動産市場を麻痺させている。銀行は現金不足に陥っていながら、値の下がった土地を売ろうとしない。売却すれば損失を計上しなくてはならないからだ。このため市場は停止状態に近づいている。銀行は「含み損」のため売らず、投資家にとって利益が出るほど地価が下がらないので、だれも買おうとしない。

株式市場も麻痺している。一九八九年の新規株発行の総額は五兆八〇〇〇億円で、九二年にはたった四〇億円に落ちた。つまり三年前の約〇・〇七パーセントになってしまった。一九九八年には二八四〇億円まであがったが、一〇年前の五パーセントにすぎない。もう一つ大事な統計は、上場企業の数である。東証では一九九〇年代に横ばいだったのが、ニューヨークでは四五パーセントも増えた。

相対的に計算すると、一九九五〜九九年の間に東証と大証の両方が新たに得た資金は、上場、増資も含めて一兆五〇〇〇億円だった。一方同時期、ニューヨークとナスダック両方で六〇兆円を上回る資金を獲得した。株式市場の本来の目的は、資金を得る場を企業に提供することだ。その面から見れば、東証は一九九〇年代前半に閉鎖されたようなものだ。

モグラ叩き

一九九〇年代後半には、日本の金融システムも変わろうとしてきた。「簿価会計」は徐々に時価会計に移り、また不動産評価を収益性を踏まえた上で算定する方法を導入したりし始めた。しかし、そうした改革は（日本のほとんどの分野でそうだが）スローで、徹底して行われていないため、金融市場の仕組みはいまだに根本的に昔と変わっていない。二一世紀を迎えた今、アメリカやイギリスで一般的に考えられている普遍的な経済規則に対しほんの少しうなずいた程度だ。銀行や不動産会社は土地物件を市場にあわない価格でバランスシートにのせ、収益率で計算すると株式市場は不自然に高いレベルで守られ、大企業はシステムに素直にしたがい波立てない。どうも一種の完全犯罪みたいなもので、日本は首尾よくやり通したように見える。物理・科学のような、普遍的な金融規則を信じている西洋経済理論家は唖然としている。

「金《かね》」というものは、社会や価値観に大きく左右されるものだ。単純な経済理論では倒産した銀行は当然閉鎖されるものだが、政治的理由でこうした銀行を生かし続けるならば、やはりつぶれた会社でも日常業務はやっていける。非現実的な土地と証券の価格が一般に素直に受け入れられれば、それはそれで生きていける。

このようにいろいろな分野で作られた価格は、お互いに支え合っているので、結果は「麻痺」である。もうひとつ忘れてはいけないことは、バブル崩壊は非常にゆっくり起こったことだ。資産デフレが始まった頃、大蔵省はあらゆる手をつくして崩壊状態をコントロールしようとした。このコントロールはたしかにそれなりに上手であったので、日本は傷が小さくすんだように見える。

戦後の日本の成功を見ると、金融法則が決して普遍的なものではないとわかる。「資金供給システム」のようなものによって、こうした法則に合わない金融制度でもちゃんと機能する。しかし、バブル崩壊後の麻痺状態では、やはりそうした法則違反を極端なまでに実践すると反動がかえってくる。面白いことに、痛みは思いがけないところにあらわれてくる。日本は表面では金融システムを守った——倒産した銀行はいつもの通り営業し、株式市場も安定したように見える。だがトラブルは地下にもぐって別のところに噴き出した。

以前にゲームセンターで「モグラ叩き」が流行った。ゲームが進むにつれて、モグラの動きは次第に速くなる。こちらのモグラを叩けば、あちらのモグラが飛び出してくる。金融界の最も忙しいモグラ叩きには、「BIS」という名がついている。BIS、すなわち国際決済銀行は世界的な協議機関で、融資に対して銀行は最低八パーセントの「自己資本比率」を維持しなくてはならないと定めている。これはすなわち、一〇〇円を貸すためには、それを支える資本として自分のお金を少なくとも八円は持っていなくてはならないということだ。銀行の資本があまり少なくなると、国際的な融資能力に制限がつくことになる。

一九八〇年代に世界の銀行がBISにそろって合意した時、日本の銀行は特例を求めた。株式は浮き沈みが激しいので、外国では、株式を自己資本に算入することが認められていない。アメリカなど、銀行が株を持つことさえできない国もある。しかし日本では、「安定株主」制度の一環として、銀行が膨大な株を所有している。そのため、BIS規制を定めた会議において、世界でただ日本の銀行だけは、株式を自己資本に算入することが認められた。

一九九〇年代初め、株価が下落し始めた時、モグラ叩きが始まった。銀行は、自己資本比率が八パーセントの限界以下に下がりつつあることに気がついた。大蔵省は銀行救済に乗り出し、証券会社と年金基金に命じて株を買わせた。東証の株価は一九八九年の三万九〇〇〇円という最高値から二〇〇二年春には一万円台に落ち込んだが、本来なら株価収益率の観点から見れば、八〇〇〇円以下にまで下がらなくてはおかしい。日本の株式の不振を自由市場的に解決すれば、まさにそうなるはずだ。しかし、BISの問題があるから、大蔵省はそれを許すことができない。

BISというモグラを穴の中へ叩き戻したが、今度は別のモグラが飛び出してきた。保険会社と年金基金の崩壊である。利回りの低い株式に何年も投資して、利回りがほとんどゼロ、あるいはマイナスにすらなっている。それで銀行というモグラだけでなく、年金と保険という新種のモグラすべてに対処しなくてはならない。株式市場を浮上させようとすれば、年金基金と保険会社が破綻・倒産する。それを救済すれば、銀行は国際融資を削減しなくてはならない。二〇〇一年には、政府は銀行救済のため、株式買収機構を設立することを検討した。その機構は銀行の持ち株を買い占めることによって、株を市場原理から守り、暴落を防ぐための処置だ。このようにして、モグラ叩きはいよいよ激しさを増しつつ続くのだ。

大脱走

バブルはいろいろな結果を残したが、日本の金融界が先進国からかけ離れていたのもそのひとつだ。障壁はきわめて高かったので、崩壊が起こった時、柱が崩れ、ガラスの割れる音は壁の外にも聞こえたが、海外の経済にはほとんど影響を及ぼさなかった。バブルが弾けた時、日本市場の破滅的な損失にもかかわらず、一九九〇年代のロンドンとニューヨークの証券取引所はかつてない繁栄を謳歌していた。

国境、とりわけ日本の国境は、絶対的な壁であると大蔵省は信じていた。しかし、今では、利率が一〇分の一パーセントでも変動したと伝えられれば、マネーは国から国へ瞬時に移動するようになっている。このように国の壁が低くなると、かつての市場管理がきかなくなる。

日本の金融界が世界と無関係になってきたことは、東証外国部の崩壊にうかがえる。この部門は、東京を国際的な資本市場にしようというもくろみで一九七〇年代後半に設けられたものだ。一九九〇年のピークには、東証外国部には一二五もの企業が上場していた。しかし、厳しい規制に取り囲まれていたし、手数料負担も重くなりすぎたため、脱走が始まった。

二〇〇一年には、企業数は三分の二近くも減って四〇社程度になった。早々に撤退した企業のなかには、バンク・オブ・アメリカ、ウォルト・ディズニー、ヒューレット・パッカード、フォード、ゼネラル・エレクトリック、ベル・アトランティック、イーストマン・コダック、チェース・マンハッタン、E・I・デュポンなどがある。平均的な売買高はほとんどゼロに近くなり、ある週には残った四三企業のうち、一日に少しでも売買のあった企業は半分以下だった。国際金融の時代に、このような外国部は失敗を通り越し茶番である。

いっぽう、ロンドンに上場する外国企業の数はウナギのぼりだった。二〇〇〇年四月時点で、ロンドン取引所には五二二の外国企業が上場しており、ニューヨークとナスダック、アメリカ証券取引所を合わせると、外国企業数は八九五社に増加し、全売買に占める外国株の割合は一〇パーセントほどにのぼっている。オーストラリア（六〇社）もシンガポール（六八社）も東証を追い越している。

東証は情けない成績に恥を感じ、一九九五年に規制を一部ゆるめてコストを引き下げたが、それでも撤退を食い止めることはできなかった。東証上場管理室長の長友英資はこう語っている。「荷物をまとめて出ていくのは無責任というものではないか。上場の経費を抑えるために、こちらはできることはすべてやってきた。市場が上向いたら戻ってきてよいかと尋ねるずうずうしい企業もあったが、残念ながらドアは開かれないだろうと言わざるをえない」

バーチャル円

日本の金融界が世界と無関係になりつつある中、世界に大きな影響を与える要素が一つ残っている。それは、数十年にわたり輸出で儲かったドルを、円に換えずに海外でキープしていることだ。経済学者タガート・マーフィと、日本初の格付け機関創設者・三國陽夫《みくにあきお》はこの問題を研究した。その結論はこうだ。一九九八年では海外に保有しているドルは一三〇兆円にものぼるが、すべて日本に戻せば円高になり、輸入は増大し、輸出は減る結果をまねく。

しかし、政府の狙いは輸入を抑え、輸出を促進することだった。だから国と大企業は稼いだドルを使って外国国債などを買って海外に置いていた。すると、国内では何らかの手段で資金を作らなければならない。一九八〇年代の過剰融資は国内の通貨供給量をまかなう手段のひとつであった。一九九〇年代に政府は別の方法を試み、増大する国債をもって公共事業に金を注いだ。その借金によって得た架空の資金、いわゆる「バーチャル円」でバランスをとった。

このシステムは長くスムーズに動いたが、九〇年代後半には持ちこたえにくくなってきた。今さら日本が膨大なドルを円に換えれば、ドルは石のように転げ落ちる。アメリカはこれではインフレを起こし、利子が上がり長く続いた経済成長に終わりを告げることになる。同時に円高によって日本の輸出はガクッと減る。アメリカにとって日本は怖い存在だが、日本もアメリカが怖い。マーフィ曰《いわ》く、「日本とアメリカは、金融の分野では冷戦時の核兵器バランスみたいなものに行き着いている」、「どちらがアクションを起こしても、双方絶滅する」。

やはり非現実的な金融制度に頼るのは日本だけではない。アメリカもずっと他の国が蓄積してきたドルの山を無視してきた。それは、アメリカの「涙のない貿易赤字」と言われている。当分外国人は貿易で稼いだ金をアメリカに投資し続けるが、遅かれ早かれそのドルを自国に戻す時がやって来れば、アメリカは大打撃をこうむる。

あるいは、そうはならない。日本が急にドルを売り払えばアメリカ経済は痛むが、日本はもっとダメージを受ける。また、なにも日本だけがドルを保有しているのではなく、アメリカのあらゆる貿易相手国は皆ドルを持ち、その中でも中国が一番大きな貿易黒字を出し、その総計は近く日本を超すだろう。将来にドルの運命を決定づけるのは日本ではないかもしれない。海外に出回っているドルの存在自体は、アメリカの強みのひとつでもある。ドルが実質的な世界通貨になれば、外国は自国の通貨に交換する必要はなくなってくる。最終的にひょっとすれば、アメリカも金融マジックを行い完全犯罪を成功させるかもしれない。

バブルの教訓

総括的に言うと、かつて「技術大国」と言われた日本は、一九九〇年代には時代から取り残された。メリルリンチやゴールドマンサックスが、市場の未来予測のために精妙なコンピュータ計算式を開発している時に、野村證券の社員はあいかわらずそろばんを使っていた。しかも、ただひとつの演算しか知らなかった——足し算である。

日本が西洋の常識から離れたことがいけないと言うわけではない。日本流資金供給システムは大成功を収め、それを使いアジア諸国は工業ベースを促進することができた。アメリカの類のない赤字が経済を支えていると同様に、ある意味で日本の金融システムは社会にメリットを与えている。しかし、この両方のシステムは基本的に金の法則を曲げているので、ある線を越えれば非常な危険性を伴ってくる。

アメリカにとって外国の保有ドルは確実に脅威の存在だが、その怖さは絶対的なものではない。市場原理はアメリカ経済の大部分を支配しているので、全体の構造はしっかりしている。一方、日本では非現実の資産、バーチャル円、架空の決算がすべてを支配し、経済構造がもろい。問題はバランスである。土建も同じだが、日本の金融界は極端に走り続け、「資金供給システム」の限界を超えてしまった。

ガマの託宣に従った日本興業銀行は褒めていいのではないだろうか。二〇世紀末の日本の金融界というおとぎの国にあって、古代中国から伝わるガマの魔術は、当時としては最もすぐれた市場の予言法だった。ガマはときには買いを、ときには売りを命じ、尾上縫は結局たった二七〇〇億円を失っただけだ。融資額は総計約二兆七〇〇〇億円だから、一〇パーセントというそうひどくない損失である。いっぽう大蔵省と野村證券は、投資家に対して買いのアドバイスしか出さず、売れとはまったく言わず、その結果、一九八九年から二〇〇一年まで、市場にとどまった人々は投資額の五〇～六〇パーセントを失っている。財務省は今も、年金基金や保険会社に買えと命じ続けている。銀行が縫のガマのお告げに耳を傾け続けていたら、今日の日本はもっとましな状態だったかもしれない。

第五章　情報——現実の異なる見方

あしき事は身に覚へて、博奕《ばくち》打《うち》まけてもだまり、傾城《けいせい》買《かひ》取りあげられてかしこ顔《がほ》するものなり。喧嘩《けんくわ》し、ひけとる分《ぶん》かくし、買置《かひおき》の商人《あきんど》損をつつみ、これ皆、闇《くら》がりの犬の糞《くそ》なるべし。

井原西鶴『好色五人女』一六八六年

世界にまれなる美しい国土は荒らされ、最も金持ちと評された国が借金王。いったい、なぜこうなったのだろう。これを理解するには、ある奇妙な要素を知る必要がある。日本について書こうとする者は、これに直面するとペンを置き顔をそむけてしまう。その要素とは、情報不信である。あらゆる分野の情報が巧みに操作されているため、日本は嘘か真か、つかみようのない世界になっている。

今の日本は「トワイライトゾーン」とも言える。理由もなくダムや道路が景観を切り裂き、どこからともなくやって来た金がどこへともなく消えていく。エッシャーかカフカなら気に入った世界だろう。しかし、官僚たちはまさにその空気を吸っているため、この非現実の空気を軽視することはできない。銀行の負債、企業のバランスシート、産業廃棄物、医療や医薬品、その他無数の実態が巧妙に隠されているわけだ。

これは、単に学者にとって不便なだけではない。実際のデータがわからないというのは、日本と欧米の民主主義の最大の相違点だ。しかし、情報操作の問題をジャパノロジストたちはおおむね無視してきた。西洋の専門家はみな、日頃よく出くわす「本音」と「建て前」の違いについて知ってはいても、それをただの交渉での駆け引きと考えがちであって、情報に対する考え方が、欧米の基本とまったく違っているとは思いつきもしない。だがそれはやはり大きく違っている。

富士真景

伝統的に日本では「真実」は神聖不可侵ではないし、「事実」も本当のことである必要はない。ここに、東西の大きな文化的相違のひとつがある。一九九五年の大和銀行スキャンダルに、このアプローチが衝突した。大和が大蔵省と結託して一〇〇〇億円を超える損失を隠していたことを知って、米連邦準備制度理事会は大和銀行ニューヨーク支店に業務停止を命じた。この時、大蔵省はこの措置に憤慨し、日米の銀行経営の「文化的相違」を理解していないとコメントしている。

文化的相違ははるか昔にさかのぼり、現実よりも、理想の形が「真実」となる。江戸時代の絵描きが「富士真景」と題する屏風を残しているが、その「真景」は、現実の富士山によく似ているということではなく、心に抱く富士という理想をうまく描いたのだ。この考え方は広範に及んでおり、日常生活にある本音と建て前のベースになっている。建て前にあからさまに反する現実に直面しても、何とかして建て前を守ろうとする。和を保つには、本音を隠し続けることが重要だと考えるからだ。

建て前には遠慮という要素も含まれている。建て前は言葉によらないコミュニケーションから生まれ、欧米、とくにアメリカの真似をして、すべてについてあけすけにものを言う必要はないという考え方に基づいている。対人関係においては、建て前には多くの美点がある。建て前を守ることで「和」という花が咲き、まとまりのある社会を造るのに役立っている。欧米が苦しんでいる暴力、家庭崩壊、そして過度の訴訟などは、日本では比較的少ない。

建て前、遠慮、慎み深さは、日本人の真にすぐれた特質のひとつであり、人間のぶつかり合いに慣れている欧米では見られない、気前のよさと穏やかさが社会に醸《かも》し出されている。しかし、人間関係という範囲を超えて、建て前が科学や金融の統計などに及ぶとトラブルになる。ここで明治以来近代化のスローガンであった「和魂洋才」が再び登場してくる。建て前は和魂の名残《なごり》で、「トータルコントロール」という和魂と同様、現代のシステムに下手に混用してしまうと思わぬ事故を引き起こす。客が茶室で粗相《そそう》をした時は見ないふりをしたほうがよいという意味ならば、建て前は好ましい態度だ。だが、これを企業のバランスシートや原発の安全報告にまで適用すると、危険で予測のつかない結果をもたらす。

帳簿操作

まず、金融界の「飛ばし」を見てゆこう。「飛ばし」とは損が発覚しないよう帳簿の上で問題事項を入れ替えること。たとえば、支払い能力のない借り手や子会社に融資して、負債の利子を払い続けることができるようにし、それによって帳簿から不良債権を「飛ばす」ことである。また、問題のある土地を子会社に売却し、その土地を買うための資金を融資するという手口で一件落着する。日本興業銀行にはこんな子会社が一〇〇社以上あり、二兆円の損害が隠されていた。

国土庁（現・国土交通省）は「飛ばし」の不動産取引を実際の取引として処理しており、それによって地価統計をゆがめている。地価がピーク時より五〇パーセント下落と国土庁が発表しているのに、競売の結果が示す実際の下落幅は八〇パーセントを超える。これがゆがんだ統計値の典型例である。

「飛ばし」は「粉飾決算」の手口の一例にすぎない。粉飾決算で好んで使われるのが「簿価会計」で、時価ははるかに低くなっているにもかかわらず、銀行などはその資産を購入価格で評価する。これで含み損が膨大な額になることを隠せる。粉飾法は他にもあるが、たとえば、年金基金の不足について、日本の企業は最近まで報告の義務がなかった。そのため、基金不足という事実が隠れ、深刻な損失の危機に直面している。年金の赤字額が年間収益以上にのぼっている企業もある。

ほかに手がなくなると、帳簿の改竄《かいざん》が始まる。しかも、大蔵省や通産省がそれをそそのかしているのだ。一九九六年の住専スキャンダルを見ればよくわかる。住宅金融専門会社（住専）七社が八兆円の不良債権を抱えて倒産した時、七社のうち六社の経営にあたっていたのは元大蔵省の天下り役人だった。彼らが融資を拡大させたあげく、会社によって異なるが、融資の九〇〜九八・五パーセントを焦げ付かせるという、驚くべき事態を引き起こした。

損失の金額があまりにも巧みに操作されたため、一九九二年の大蔵省の報告では住専は「危険な状態にはなっていない」と結論している。この時問題を先送りにしたつけが九六年に回ってきて、尻ぬぐいのために国民は数千億円余分に負担しなくてはならなくなった。

「羊が来た」

「飛ばし」や「粉飾決算」は慢性的で、日本産業の特徴だと言ってよい。公表される数字と現実とのギャップは非常に大きい。次々と隠蔽《いんぺい》が暴露されるのは恥ずかしいことだが、それでも「飛ばし」や「粉飾決算」に依存し、銀行などは中毒になっている。隠蔽工作をしなければ、銀行はＢＩＳ（国際決済銀行）の適正自己資本比率を維持できず、国際業務を行うことができない。

そうしたやりくりをくりかえし、金融危機の緊急性を軽視してきた。一九九九年二月、大蔵省財務官の榊原英資は、危機は「一〜二週間で」去ると公言していた。狼が戸口まで迫っているのに、政府は「羊が来た」と叫び続けていたわけだ。不良債権の総額は政府が言っている額の二〜三倍にはなると専門家がはじくのも、実質的な国の負債額は国債として公表されている額の三倍にのぼると言われるのも、「羊が来た」と叫び続けてきたからだ。第一勧銀総合研究所の石澤卓志《いしざわたかし》主任はこう語る。「たとえ本当のことを言っても、隠しているに違いないと思われる。だから、実際の数字はもっと大きいと思われることを見越して、わざと低い数字を出すことになる」

とはいえ、「飛ばし」にはよい点もないわけではない。このおかげで日本の銀行は実際には持っていない何十兆円という金を持っているふりができ、国際社会もこのフィクションに調子を合わせていける。他の国なら破産してつぶれるような金融機関が機能し続ける。それがなぜいけないのか。とのつまり、金は一種のフィクションだ。世界中の銀行がこぞって日本にそれだけの金があると信じ同意すれば、ほんとうにあるのと同じことになる。

大学時代のこと、経済学を勉強している友人が、経済について簡単に説明してくれた。彼はこう言った。「つまりこういうことだよ。僕が一ドル、君も一ドル持っているとすると、世界にお金は二ドルある。そこできみがその一ドルを僕に貸すと、世界のお金は三ドルに増えるんだ」。借りた金は、人がその存在を信じるかぎり実在する。このように考えれば、「飛ばし」ほど成功した金融操作はない。だが、この経済の魔術には思わぬ落とし穴がある。借金は、いつか私の友人が新しい価値を生み出して、借りた一ドルを返すことができなければうまく働かない。結局返済できなかったら、私はなけなしの一ドルを失って、当てにできるものが何もないといつか気づかされる。

知らぬ存ぜぬ

いずれにしても日本の省庁は、いつでも頼れる強い武器をもっている。すなわち「否定」だ。どんな質問に対しても「知らぬ存ぜぬ」が標準的な対応なのだ。HIV汚染血液製剤によって一四〇〇人を超える人々が感染した、いわゆるエイズ・スキャンダルの際にも、厚生省はそれに関する資料はないと七年間も否定してきたのに、一九九六年一月、資料を探すよう菅直人《かんなおと》厚生大臣が命じたところ、三日のうちに出てきた。

社会評論家の猪瀬直樹《いのせなおき》は、水資源開発公団の職員と会った時のことを書いている。水資源開発公団とは、ダムの建設や維持管理を行う特殊法人だ。猪瀬は、「水の友」という会社について質問した。水の友の受注の九割は水資源開発公団からで、同社の株のほとんどを水資源開発公団の元役員が所有している。にもかかわらず、公団職員は次のように語った。「仕事の発注は全国の支社単位で行っているので水の友へどのくらい出ているか、当方では把握しておらず、お答えできかねる」。「しかし、水資源開発公団から水の友へは、たくさんの職員が転職しているのは事実ではないか」と猪瀬が尋ねると、「転職は、職員個人の問題だ。公団で個人が培った優れた能力や見識を生かして転職されるのは個人の判断だ。公団はそういう個人の意思について何も言うことはない」という答えだった。

公団は「お答えできかねる」し、「何も言うことはない」。これでは追及のしようがない。会計検査院は一九八五年から九四年までの一〇年間、政府関係機関の検査報告の公開を求める要請の九〇パーセントを却下している。市民団体があまり騒ぐと、資料はきれいさっぱり消えてしまう。一九九二年、長野市が国際オリンピック委員会のご機嫌取りに使った費用（二八億〜六〇億円）について、その記録の閲覧を市民が求めた時もそうだった。市職員が、九〇冊の帳簿を大箱一〇個に詰めて、郊外へ運び出して焼却した。招致委員会事務局次長だった山口純一《やまぐちじゅんいち》によれば、焼却したのは帳簿の保管場所がなかったためで、それに記載されていたのは「だれがどこでＩＯＣ委員と会食したか」といった「公にする必要のない」情報だったという。税務署も市当局もとがめることなく、これで落着となった。特殊法人で巨額の無駄遣いや債務隠しが行われる理由のひとつは、帳簿を公開する法的義務がないという単純な事実にある。猪瀬がインタビューをしても無駄だった水資源開発公団では、バランスシートを公表していない。これは新東京国際空港公団でも、何十とあるその他の巨大特殊法人でも同じで、いずれもほぼ完璧に秘密主義を通している。

こう見てくると、大蔵省による住専の業務停止がなぜ遅れたのか、その決定的な要因が見えてくる。住専の債務隠しがあまりにも巧妙なので、だれもがだまされたのである。大蔵省高官は、「当時は、状況の規模を把握することは不可能だった」と認めている。今日、財務省はみずから造り出した迷宮の出口を見つけられずにいる。銀行や証券会社をそそのかして、帳簿の改竄、監督官庁への贈賄、総会屋との馴れ合いといった慣行を生み出したことが、この迷宮の発端なのだ。そのため、一般国民やメディアだけでなく、監督者ですら実態を知ることはできなくなった。

ミラーハウス

臨床心理学者の河合《かわい》隼雄《はやお》は、「日本では、嘘が集団のためになると思っている限りは、嘘をついたことにならない」と言っている。『タイム』誌の東京支局長、フランク・ギブニー・ジュニアも「偽りの文化」と述べている。ここで「ミラーハウス」めぐりに出かけることにしよう。

紳士淑女のみなさま、まずは東京郊外町田市の中学校へ足をお運びください。一九九五年のこと、この中学校の校庭に大きな亀裂が生じたため、教育委員会は調査を委託した。地下に盛り土がされていたので、地盤が沈下しているのではないかと住民が心配していたからだ。調査の結果は問題なし――教育委員会は、報告書の書き換えを指示していた。「調査段階ではまだ沈下が継続している可能性も否定できない」となっていた部分が「盛り土部の沈下は沈静化しているものと想定される」と改められた。そしてそれを証明するために、調査会社ははるか山梨県の学校に地盤傾斜計を取り付け、何の傾斜もないように目盛りを操作し、報告書にその計器の写真を添付した。実際の亀裂は長さ一二〇メートル、幅一〇〜二〇センチ、深さ三メートルに達し、まだ拡大しつつあったにもかかわらず、こうして土地の沈下は魔法のように止まってしまった。これを気にする者がだれもいなかった証拠に、報告書の書き換えが明らかになった直後、教育委員会は同じ調査会社にまた新たな契約を与えている。調査会社は「誤解を避け、わかりやすい表現にした」としている。

次に立ち寄るのは、福井県の水晶浜だ。絵のように美しい海岸だが、残念ながら海岸線沿いの原子力発電所がその美しさを損ねている。そこで、この地域の観光ポスターを作製した美浜町《みはまちょう》は、エアブラシをかけて写真から発電所を消してしまった。「人工物を消せば、自然のままの海の美しさを強調できると思って」と役場では言っている。

やらせ

これから見るのは、「ミラーハウス」のマスコミ棟でも一番楽しい部屋である。ここはテレビ・プロデューサーがいかさまドキュメンタリーを制作するところで、やらせ番組のスタジオだ。罪のないものでは、田舎の人々にふだんは絶対着ないような衣服を着せ、何十年も前にすたれた祭りを演じさせるといったものがある。だが、アッと言わせるために、プロデューサーはもっと極端なこともする。たとえば、少女たちが売春をしたと涙ながらに認めるという報道番組があったが、これは金をもらって演技していたことがのちに判明した。一九九九年にフジテレビが六ヵ月にわたり、AV嬢などに出演料三万円を払い、「愛する二人別れる二人」という番組ににせ妻として、所属事務所社長もにせ夫として出演させていた。「やらせ」はテレビに限ったことではない。一九八九年、朝日新聞社のカメラマンが、自らサンゴ礁に傷をつけ、一般ダイバーがサンゴ礁を傷つけていると、にせ記事を書いた。このことが発覚し、朝日新聞社社長は辞任した。

最も手の込んだ「やらせ」は、海外の現地取材番組によく見られる。一九九二年にチベット・ヒマラヤの苛酷な生活をとりあげたNHKのドキュメンタリーで、流砂や、三ヵ月続いた干魃《かんばつ》が終わることを祈る僧の映像、僧の馬が脱水により死んだという説明が呼び物になった。あとになってNHKは、取材班のメンバーがわざと流砂を起こしたこと、撮影中に二度雨が降ったこと、例の僧は金を払って雇われていたこと、さらに死んだ馬は僧の所有ではなかったことを認めた。

アメリカに関する報道では、下層の生活や暴力は欠かせないもので、熟練したプロデューサーなら、どこへ行ってもそうしたシーンを用意することができる。一九九四年、ＮＨＫはモンタナ州ミズーラ市を題材に特別番組を放送した。ミズーラは自然の美しさと国立公園で名高い町だ。しかし、番組の大半はうらぶれたバーの場面で、それがＮＨＫの考えるアメリカにぴったりの雰囲気だったようだ。以下は、番組がどんなふうに進行したか、ミズーラ市民のＲ・サムナーが述べたものである。

「カメラのレンズはドアに焦点を合わせ、男が入ってくるのを待っている。男はそわそわした様子で、涙を絞り出している。カウンターに近づいてきて腰をおろし、そこでカメラは男の涙を大写しにする。男は顔をあげ、今ひったくりにあったと話しだす。……いよいよ怪しいのは、男が殴られたと言っていることだ。顔を数発殴られたというのに、なんのあとも残っていない。顔は赤ん坊の尻のようにきれいだ。その後、男が金や衣服、アムトラック（旅客鉄道）の乗車券を盗《と》られたことがわかるが、彼はきれいな新しい鞄を持っているのに、それはどうやら盗られなかったらしい。それにアムトラックはミズーラを通っていない。ミズーラ近辺にも来ていない」

海外ドキュメンタリーの「やらせ」に共通する特徴にお気づきだろうか。チベットの生活がいかに乾き、貧しく、みじめで、厳しいかを見せ、アメリカの生活がどんなに暗い、暴力的なものであるかを見せることだ。要するに、日本の生活がいかに素晴らしいか伝えている。

やらせくらいは可愛いが、「ミラーハウス」で最後に訪ねるのは「動燃」と呼ばれる不気味な部屋だ。ここでは隠蔽と虚偽が「文化の違い」というレベルを超えて、ほんとうに恐ろしいものになっている。動燃（動力炉・核燃料開発事業団の略称。現在は「日本原子力研究開発機構」に統合）は、日本の原子力計画を管理する機関である。

プルト君に会う

まずは敦賀《つるが》近郊にある高速増殖炉「もんじゅ」から始めよう。一九九五年、冷却装置から大量の液体ナトリウムが漏れるという事故が起きた。当初、漏出は「ごく微量」だったと動燃職員は述べていた。だが、実際には漏出量は三トンを超えており、この種の事故としては世界最大級だった。しかし、沈下中の土地に建つ町田市の学校の場合と同様、役人は証拠を隠すことで簡単にトラブルを解決しようとした。動燃職員は現場を撮影したビデオテープを編集し、問題のない五分間だけを公開し、漏出部分の配管の温度計や、つらら状になった漏出ナトリウムなど、深刻な被害状況が映っている一〇分間はカットしてしまった。事故当時動燃のとった態度を見れば、官僚の資質がよくわかる。つねに否定の壁で身を守るのを当然のことと考えている。事故の翌日、敦賀市議会議長が施設を訪ねたが、動燃職員は立ち入りを許可しなかった。

「もんじゅ」（今も運転は再開されていない）に対して怒りや懸念の声があがったにもかか

わらず、一九九七年三月には再び同じシナリオがくりかえされた。今度は環境への影響が深刻な放射能漏れである。東海村の施設で放射性廃棄物を詰めたドラム缶が発火し、爆発を起こした。それに先立つ一九九四年五月、粉末状のプルトニウム七〇キログラムが東海事業所の工場の配管やコンベヤーのなかにたまっていることを新聞がすっぱ抜いた。動燃は回収できないプルトニウム——核爆弾二〇個が作れる量——のことは承知していたが、国際原子力機関（ＩＡＥＡ）から報告を命じられるまでは、何の手も打たなかった。今に至るまで、機器内に残留しているプルトニウムを、どうすれば除去できるのかわからないままだ。

東海事業所内に核爆弾数十個分のプルトニウムが残留しているというので、火災に対する深刻な懸念が広がった。動燃の最初の報告は「放射能漏れがあった」とあり、別の報告では「放射能漏れはなかった」とされている。また、午前中に作業員が鎮火を確認したことになっていたが、そうでないことが判明した。作り話をせよと、上から圧力がかかったのだ。結局、漏出した放射性物質の量は、動燃が発表した数字の二〇倍に及ぶと訂正された。とても信じがたいことだが、事故当日の午前九時半から午後四時までに、理工系の学生や海外からの実習生を含む六四名が同施設を見学し、事故現場から一〇〇メートルしか離れていない建物にまで入っている。もちろん事故のことは知らされていなかった。

しかし、改良は実施された。その実施内容とは動燃は閉鎖され、核燃料サイクル開発機構と名称変更されたことだ。要は表向きの名前が変わっただけで中身は以前のまま。一方、監督法人で隠蔽や情報操作が長年続いた結果、ついに下請け企業でも原子力の安全対策は遅れてしまった。一九九九年九月三〇日午前一〇時三五分に東海事業所の一連の問題よりもっと大きな事故が起こった。株式会社ＪＣＯという核燃料を扱う民間企業の作業員が大量のウランを沈澱槽に注ぎ、とめどない臨界反応を起こした。これは日本最悪の事故で――チェルノブイリ以降世界で最悪――近隣住民三五万人が避難ならびに外出禁止になった。四九人の作業員は放射能を浴び、二人の死亡者が出た。彼らにとっては悲劇だったが、事故自体は、操作まちがいや、情報混乱の喜劇でもあった。東海事業所は一七年間も安全装置を直していなかったし、ＪＣＯは作業過程を楽にするための違法な手順書を作っていたことがわかった。つまり、「溶解塔」や「貯塔」という機械をバイパスし、ウランと硝酸の混合を手作業でステンレス容器で行っていた。危機管理に関しても国として驚くほど技術の遅れがあり、さまざまな放射能を測る機器は設置していなかった。

そうした技術の遅れは、やはり運営がフィクションを基としているということから生じている。フィクションが原子力管理をどれほど支配しているか、一九九三年から九七年までの動燃の工場改修予算運用を見ればわかる。問題の始まりは、東海事業所に保管されている、低放射性廃棄物を入れた二〇〇〇個のドラム缶だった。貯蔵ピットに雨水が溜まって腐食し始めた。記録によれば、この問題は一九七〇年代までさかのぼるが、動燃がようやく動き出したのは九三年になってからだ。貯蔵ピットからドラム缶を撤去し、仮貯蔵庫を建設するための予算を動燃は要求した。そこまではよかった。それから四年が経ち、一〇億円の予算を得ても、動燃はピットからドラム缶を撤去していないし、仮貯蔵庫も建てていない。金の行方はだれも知らない——動燃のような機関は、決算を公開する義務がないのだが——放射能漏れの実態を隠すため、その予算を使ってつぎ当てのような防水処置をピットに施したのではないかと疑われている。表向きには何の問題もない。なぜなら、「水の深さが減っていないことから放射性物質は外部に漏れていない」と動燃は言っているからだ。

これで安心だ。ところが、役所の「ミラーハウス」では、予算に組まれた仮貯蔵庫は、建てたことにしなければならない。動燃は引き続き一九九八年にもさらに予算を要求した。ピットの老朽化対策は順調に進んでいるとし、建ててもいない仮貯蔵庫の撤去費用に七一〇〇万円を要求したのだ。それには、元の貯蔵ピットの内壁をどのように補強したかを示す図面まで添付されていたが、実のところピット内はいまだに水浸しのままだ。環境技術開発推進本部の山本純太業務課長はこう述べた。「全体の事業として、ピットを補強することには違いないので、実態と異なる説明でも許されると考えた」

建ててもいない仮貯蔵庫を撤去したり、排水もしていないピットの壁を強化したりするための予算を受け取る——これはまぎれもなくエッシャーやカフカの世界だ。このシュールな話の最後の仕上げとして、動燃が一九九四年一月に制作したアニメビデオを見ていただくことにしよう。これは子供向けビデオで、原発反対派が言うほどプルトニウムは危険なものではないと説明するのが目的だ。『毎日デイリーニューズ』のエリック・ジョンストン記者の記事によれば、ビデオの内容はこうだ。

テレビの『宇宙家族』にちょい役で出てきそうな、プルト君という小さなキャラクターが、友人にプルトニウム水のコップを差し出し、飲んでも大丈夫だよと言う。友人は言われるままに六杯も飲んだあげく、「おいしかった！」と言う。

プルト君から学ぶべきものがある。真実を隠し続けると、最後には現実を見失ってしまうということだ。金融の実態をつかめなくなった大蔵省でもそうだったし、外国ではふつうに行われているプラントの管理技術を知らない動燃でもそのとおりだった。役人が一筆書いただけで火災は収まり、水漏れも止まるというのに、どうして技術向上の必要があろうか。プルト君の言うように、プルトニウムを飲んでも安心なら、何のために安全対策を考えなければならないのか。東海事業所の動燃職員たちは太平楽で、火災の当日には「建設工務管理室」の職員七人がゴルフに出かけていたし、事故の翌日にも、もうワンラウンド回っていた。

HAL

日本は映画『2001年宇宙の旅』に登場する宇宙船のようなものだ。コンピュータのHAL《ハル》が、やさしく船内のあらゆる生命システムを運用し、マイクを通してあくまでも平静に、そして快活に搭乗員に話しかける。のちに異常をきたし人を殺し始めてからも、HALは無気味に明るい声で平然とクルーに「よい一日を」と挨拶し続ける。そして日本では、役人は川や湖をセメントで塗り固めつつ、いっぽうで雑誌に金を出して自然環境は美しいという記事を書かせる。動燃は、プルトニウムは飲んでも安全だと子供たちに教えている。いたる所で、「心配はいらない」となだめすかすHALの声が響きわたっている。景気後退が深刻化していたにもかかわらず、一九九三年以来、政府は景気は回復すると毎年言い続けてきた。一九九九年二月には、国から銀行に七兆五〇〇〇億円を投入することになり、さらに大型の緊急援助も予定される中で、金融再生委員会の柳沢伯夫委員長は、「三月末までに不良債権は完全に清算され、日本は国内外で信頼がもどるようになるだろう」と発表した。問題はなくなった、よい一日を、というわけだ。

ＢＳＥ（牛海綿状脳症）の場合も同様だ。一九九六年にＥＵがＢＳＥ発生リスクについての評価結果リストを作成した。その中で、日本はレベル三とされており、これはＢＳＥ発生の可能性ありというものだ。しかし、農水省がこれに抗議をしたため、ＥＵは結果の公表を中止した。現在までに四九ヵ国が同様のリスク評価を受けているが、結果の公表の拒否を行ったのは日本が初めてだ。

技術大国日本という常識に反して、原子力分野の安全管理技術が大きく遅れていることに疑問の余地はない。東海事業所で起きたことを振り返ってみよう。一九九七年の時、作業員はちゃんとした監視装置を使用せず、窓越しに火災の様子を調べただけで再チェックも行わなかった。訓練を受けていない地元の消防士一人を含む三人のチームが、防護服も着用せずに建物に入り、密閉作業にとりかかった——なんとダクトテープを使って。その間、何十人という作業員が、防毒マスクもつけずに現場内とその近辺に出入りして、放射能を含んだ煙を吸い込んでいる。一九九九年の時も消防団は防護服やマスクをつけていないし、被害者のための医療施設も放射能を測る計器も東海村近辺には設置していない。そして、国レベルでも原子力事故の危機管理はなかった。

先端技術どころか、マニュアルにあるのはダクトテープだ。いつか出会った場面を連想させる——たとえば流出原油の処理（ひしゃくをもった女性たちが除去）、震災後の神戸でのゴミ処理（密閉その他の安全措置はなにもとられなかった）、ダイオキシン（データなし）、産業廃棄物処分場からの浸出水（遮水措置なし）。またBSEしかり。牛が陽性であったにもかかわらず焼却処理の確認もしなかった。「ミラーハウス」で道に迷い、やさしいHALの声で催眠術にかかった日本の官僚は、何十年も隠蔽してきた問題をどう解決したらいいのかわからなくなった——その重大さすら認識していない。

一九七〇年代から「日本の品質管理」は決まり文句となり、日本企業独特の「改善」方式が海外の本にずいぶんと取り上げられている。改善とは社内で管理職も従業員も効率を上げるアイデアを提案し、皆の協議でそれを取り入れ、品質を上げることだ。これは素晴らしいことだが、日本の産業界は西洋にないユートピアだと信じるジャパノロジストたちは改善を褒め尽くしながらも、ひとつの弱点を見逃した。

一九七〇年代にはまだ小さなウイルス程度だったのが、時がたつにつれ、それは日本技術全体を蝕む病気になってしまった。改善システムはあくまでも前向きの提案に重点を置き、批判や間違いや欠点をさらけ出す道がない。その結果は、情報の重大欠落だ。やり方が間違いとわかっていても、会社にとって恥となるからだれも口にしない。そのまま解決せずに問題は引きずられていく。京都大学の加藤尚武《かとうひさたけ》元教授は、東海村臨界事故の原因は、一〇年以上にわたり関係者が違法な手順とわかっていながら、何も言わなかったことと指摘する。

この問題は日本の産業界全体に蔓延している。加藤教授は東京でさまざまな企業にアンケートをとった。会社で悪いことを見つければ、暴露するかという質問に対し、九九パーセントが「しない」と答えた。

二〇〇〇年七月に隠蔽工作の一大傑作が発覚した。三菱自動車は顧客の苦情や欠陥に関する資料の大半を三〇年間にわたり、国の調査員に隠し続けてきた。最初は書類をロッカーに押し込んでいた。そして、一九九二年からは調査員用と社内用の二つにコンピュータ化し管理していた。これが表面化した後、初めて三菱は欠陥の処理に取りかかり、ブレーキ、クラッチ、燃料漏れなどの処理のため七〇万台のリコールを行った。同様のスキャンダルが二〇〇〇年六月に雪印の牛乳工場で起こり、数十年にさかのぼる衛生管理の怠慢さから、一万四〇〇〇人もの中毒事件を起こしてしまった。

東海村の原子力施設も、三菱自動車も、雪印も、何年にもわたり数十、数百人が知っていた不手際や隠蔽をだれ一人告発しなかった。と同時に役所は企業からの情報を鵜呑《うの》みにし、まともな調査を怠っていた。このような事象×日本の全企業数を計算してみると、恐ろしい件数となり、あらゆる分野で機能不全が蔓延していることが想像できる。外から一見すると改善という機械はピカピカに磨かれ美しく見え、内では不良情報がホコリ、ヘドロとなりこびり付き、ギヤが鳥もちに侵されたようになっている。

統計

一九九六年二月一七日、『毎日デイリーニューズ』は「防衛庁長官は閣僚一の資産家」という見出しで、閣僚の資産一覧を掲載した。記事を見ると、その資産の評価は時価に基づくものではないこと、閣僚は虚偽の報告をしても罰せられないこと、資産に会社の株式は含まれないことがわかる。言い換えれば、公表された数字の信憑性《しんぴょうせい》はゼロに近いということだ。それでも新聞はせっせと順位を算定し、平均値を出す。

このことからわかるのは、信用できない情報が少しずつ積み重なってゆくと、人を惑わす大きな統計の山ができあがるということだ。

たとえば、失業率の統計を見てみよう。一九九〇年代日本の失業率は三〜四パーセント、アメリカは五〜六パーセントで、日本は低いように見える。しかし、本当にそうだったのだろうか。日本はアメリカと異なった方法で失業率を算出している。アメリカでは一ヵ月、日本は月末一週間に仕事がないのを失業者とする。経済学者によってそれぞれ少し差はあるが、アメリカ式で日本の失業率を計算すれば二〜四パーセント上回ることが判明する。雇用に関するデータが、企業のバランスシートと同程度にあいまいだと当局も認めている。一九九九年初め、甘利明《あまりあきら》労働大臣は失業の実態を明らかにするよう迫られた時、「それは私の企業秘密だから」と答えた。にもかかわらず、ジャーナリストは依然として日米間の公式失業率を比較論争し、オレンジとリンゴを比較しているようなものだとは説明していない。ウォルフレンは、組織的に情報を曲げることは政府のポリシーツールだと言っている。うぶな外国経済学者は何の疑いもなく鵜呑みにする。最近、学会の流行のひとつに、文化の違いに関係なく、各国の経済は等しく物理科学的な法則によって動く、という理論があり、定説になりつつある。日本の真の数値はこうした正当論に合わず、大変困ったものになるので、国が外国向けに上手に操作した情報がむしろ学者には歓迎される。

一二〇倍の水増し

一九九七年一二月に京都で開催された気候変動枠組条約第三回締約国会議（地球温暖化防止京都会議）を見学してみよう。環境庁の報告で、日本が地球温暖化防止プロジェクトのために総額一一兆円を費やしたと聞けば、それは素晴らしいと思うだろう。だがその報告をもう少しよく読んでみると、「二酸化炭素排出量削減法調査費」という名目の九兆三〇〇〇億円のうち、八兆三五〇〇億円は道路の建設保全に充てられ、四〇〇〇億円は資源エネルギー庁が原子力の推進に使った分だということがわかる。また、「森林の保全育成」という名目の一兆二〇〇〇億円を見ると、自然林を伐採して杉の単純林を植えるための人件費、杉植林計画の失敗による林野庁の累積債務の返済に、その半分ほどは充てられている。太陽発電や風力発電に費やされるのはたった九〇〇億円にすぎない。環境庁の役人は、「現状を反映しているかと問われれば、この報告はたしかに理想的とは言えない」と認めている。

たしかに、理想的ではない。実際の数字が約一二〇倍に水増しされているのだから。統計の歪曲《わいきょく》はあらゆる分野にはびこっており、その食い違いは時にはなはだしいものになる。国が発表した不良債権の総額は、一九九〇年代初めには二七兆円だったが、九六年には三五兆円、九七年には六〇兆円、九九年には七七兆円へと膨らんでいった。だがこれでも、実際の数字——アナリストによればほぼ一二〇兆円——からはかけ離れている。毎年春になると国の新年度予算が報道されるが、実はこれですべてではない。財政投融資計画（財投）という名の「第二の予算」があって、大蔵省はこのなかから、国会の監督を受けずに独自に資金を分配している。財投については新聞でもあまり報道されず、聞いたこともないという人が多いのだが、その額は正式な予算の六〇パーセントにも達する。

医療の分野では、日本の医療費はアメリカよりずっと低く見える。それは、患者が慣例として医師に裏で手渡す、一〇万とか二〇万とかの金子《きんす》が統計に含まれないからだ。こういう「袖の下」を計算に入れれば、日本の医療費がどれほどになるか見当もつかない。とくに医療界の統計は「不思議の国のアリス」で、数字はほとんど喜劇にも思える。薬の試験に関しては、厚生省は科学的な実施要項を実質的に義務づけたことはなく、製薬会社から医師へのキックバックが常識になり、結果として日本が発信する医学発表は世界で通用しないものが多い。

日本のどの技術的・学問的分野においても、確信できる事実基盤がないと言っても過言ではない。二〇〇〇年一一月、『毎日新聞』は考古学の第一人者藤村新一《ふじむらしんいち》が、発掘現場に石器を埋めているところを目撃したと報じた。藤村の捏造《ねつぞう》作業はいったん石器を現場に埋めておき、後でそれを掘り出し「発見」するという方法だった。そうした発見によって二〇年間にわたり、日本での旧石器人の生存時代が四万年前から次々とさかのぼり、最終的に七〇万年前まで行き着いた。藤村は全国一八〇ヵ所の発掘に関与し、当時学会のチェックもほとんどなく、捏造が発覚したことによって、日本の石器考古学は一気に覆されてしまった。この混乱状態をどう整理したらよいのかだれもわからず、ひょっとすれば日本の旧石器人研究は永遠に迷宮入りかもしれない。

要するに、どこを見ても情報はあてにできない。私も内心恐怖に苦しんでいる。本書は統計データだらけなのに、どれくらい正確か判断できないからだ。そのあたりは、大目に見ていただきたいが、絶対に信頼できる数字はひとつもないとしても、その規模の大きさ——たとえば建設費や国家債務など——から、イメージをつかむことはできるのではないかと思っている。

海外からの情報

テレビ、新聞、雑誌、インターネット、それに何百万という海外旅行者や留学者を通して、海外から大量のニュースが流入しているにもかかわらず、やはり日本は「情報鎖国」と言えるかもしれない。これは政府の規制のためではなく、マスコミや社会体制がボトルネックになっているためである。ニュースが日本に届いても、港の船積みのバナナのように、ドックで腐っていく。製造業ばかりに重点をおいてきた日本では、産業界なら欧米の最新技術を取り入れるが、それ以外のテクニックは浸透しにくい。

外国の新しいコンセプトが実行に移されるためには、三つの条件が必要だ。そのひとつは、外国人の積極的な関与である。一六世紀末に新たな陶芸技術を持ち込んだ時、豊臣秀吉は朝鮮から職人を村ごと連れてきて九州に住まわせた。また明治初期には数千人もの「お雇い外国人」を招聘《しょうへい》し、鉄道や工場、学校、病院を建設し、数万人の学生を教育した。なぜ外国人が必要かと言えば、医療施設や新しい図書館など、何でも写真に撮ることはできても、それをつくる理論や目的は経験を積んだ人でなければ教えられないからだ。

明治になって開国したとはいえ、鎖国の伝統は滅びなかった。「お雇い外国人」も、目的を果たした後はほとんどが政府からお払い箱にされた。一九〇〇年代初期以降、日本社会では外国人が大きな影響力をもつことは許されていないから、その意味で「鎖国」は今日でも続いている。たとえば一九九〇年代、文部省は国立大学に対して、日本に長く滞在している外国人教師を解雇し、新たに短期契約の外国人を雇うように指導している。一〇年以上も日本に住めば、言葉も話せるようになり、地元の問題にもくわしくなるから、学生たちに危険な知識を吹き込む恐れがある。文部省のこの方針は、今も厳密に守られている。それでも、医師や弁護士などの専門職に比べれば、学者の世界はまだ開かれているほうだ。たとえば建築の分野では、I・M・ペイのような外国生まれの才能ある建築家は一人として日本に住んでいない。一〇〇年前の「お雇い外国人」と同じように、海外建築家は短期契約で日本にやって来て、超高層ビルや美術館を建ててはまた去っていく。しかし、現代テクノロジーの核をなしているのは、サービスや設計に対する微妙で洗練されたアプローチであり、今のようなやり方では伝わらない。日本に残されるのは建築のアイデアの抜け殻、つまりソフトウェアのないハードウェアだ。

情報を生かす第二の必要条件は、受容の態勢が整っていることだ。古代中国の『易経《えききょう》』の六四卦《け》のうち、「孚《ふ》」という卦がある。「孚」の字の形が教育のシンボルとなり、「子」（ひな）が内側から卵をつつくのと同時に、親鳥は外から「爪」でコッコッと叩く。日本では、ひなはつつかない。甘いHALの声になだめられているせいで、情報が必要だという自覚がなかったら、企業にしても政府機関にしても情報を求める気にはならない。

第三の条件は、確固とした統計的基礎である。きちんとした情報に照らしてみなければ、新しいデータがいくらあっても意味がない。たとえば外国のダイオキシン研究は、環境省がちゃんと宿題をして、さらに自国のどの地域がどの程度汚染されているのかわかっていなければ何の役にも立たない。根本的に外国の情報に対して、日本では需要が少ない。企業の財務報告書の数字がほとんど絵空事であれば、ニューヨークの証券会社で発達した数値計算法は、何の役にも立たない。

インターネット

情報に対する伝統的な態度は、インターネットの活用を阻む障壁になっている。エール大学やハーバード大学のホームページにアクセスすると、財務報告からマイノリティな苦情まで、大学生活のあらゆる側面について豊富な情報が得られる。その規模は数百ページに及んでいる。いっぽう、東京大学や慶應義塾大学のホームページは、せいぜい数十ページどまり、しかも質量ともに貧弱で、主に「独立自尊」などのスローガンや必修単位の説明、試験日程などである。残りのページはほとんどが学生サークルの告知で埋まっている。東大の予算とか慶應の資産、教授陣の顔ぶれ、典型的な学生像といった重要なデータについては、なんの手がかりも得られない。このような情報はほとんど秘密で公開されず、どんな媒体でも入手できない。学問を教える中枢の大学でさえ、情報隠しが常識となっているのでは、日本の情報障害病はなかなか治らないだろう。

二〇〇〇年夏現在では、東証、大証の両ウェブサイトには、新規上場や増資発行額などの有益な情報はひとつもなく、日経平均株価や東証株価指数を示す数値もない。それと対照的に、シンガポールの株式市場サイトは東証、大証より数光年進んでいる。

インターネットが日本に情報開示をもたらさなければ、将来に大きな影を落とすだろう。たとえば、企業秘密という概念を考えてみよう。古い産業形態では、企業は技術発明に対して特許を取得するより、金庫に保管し外部の眼から絶対的に隠すことが有利だった。そして、日本はその秘密を守ることに優れていた。あるジャーナリストは、日本の機密を守る姿勢を褒め「特許は一時的なもので機密は永遠だ」と書いた。だが、永遠が大問題となる。ニューエコノミーでは、永遠を待つ人はいない。時の流れが早く、今日の秘密は明日の紙屑。シリコンバレーから、噴水のように湧き出ている新しいソフトウェアとインターネット技術は無数の人々の共同作業でできている。若いエンジニアは友人に電話し、「俺はパズルのこの部分を持っているけど、あの部分はまだつかんでいない、どう思う」と。すると友人は欠けているパズルの一片を教える。これによって相互メリットが生まれる。日本では自由なギブ・アンド・テイクは考えられない。秘密に足をしばられ、日本での新発想は非常にゆっくりとしか生まれない。だが、ニューエコノミーでは「ゆっくり」は大禁物だ。

今日本は、近代国家という概念そのものに挑戦状を突きつけられている。情報、その処理や分析、収集、配布は、二一世紀の新しい社会の核となっている。

しかし、日本はそうでないほうに大きく賭けている。大量の正確なデータとそれを分析できる能力があれば、銀行や投資信託会社は成功し、原子力発電所は安全に作動し、大学生たちは学習方向を決定でき、医師は適切に病院の運営ができ、国民は政治で責任を果たすことができる、というのが二一世紀の常識になっている。このような観点に立つなら、情報欠如、あいまいな情報増大には、当然不都合が生じるはずだ。

羊に何本の脚があるか

正しい情報の重要性とは、コモンセンスであり、日本人は伝統的に現実より理想を重んじてきたとはいえ、江戸時代の鋭い商人は、正確に帳簿をつける意味をよく理解していた。井原西鶴《いはらさいかく》はこう書いている。「万《よろづ》の事に付て帳面そこそこにして算用こまかにせぬ人、立身出世するといふ事ひとりもなし」。事実を軽んじる官僚の態度は古い社会観念というものよりも、ある意味でまったく新しいことである。伝統文化のある一面だけを極端に推し進めたと言える。官僚が事実を無視しても困らないという仕組みは、きわめて単純な原因から生まれたのかもしれない。西鶴の時代には、ずさんな経理をすれば商人はすぐトラブルに巻き込まれた。だが今日の日本では、官僚は無制限の予算を持ち、国民に対する説明義務もなく、何十年でも失敗を隠し通すことができる。

にもかかわらず、東アジアの指導者は、好んで現代日本を発展の手本にしている。国家の利益のために官僚が情報を操作することで、国民が政策に口出しすることを防げる。そこに彼らは利点を見いだし、情報の自由は無秩序のもとであり、情報管理こそ効率化の鍵と考えている。

今まで情報の自由性については、民主主義や人権レベルでよく論じられてきたが、そのことは少し脇におくとして、情報操作がほんとうに行政と企業を効率的にするかどうか考えてみよう。行政による操作に賛同する人たちは、一般国民が暗闇に立っていながら、全知全能の官僚が上手に国を導いていると信じている。日本の場合その結果が今あらわれ、全知全能どころか官僚は管轄下の活動を把握できなくなってしまった。むしろ混乱、怠慢、時代遅ればかりが目につき、原子力発電所、食料、医学、年金基金、あらゆる分野の管理に信じられないミスを犯している。

一〇年前までは、日本では何かがおかしいと気づく者は少なかった。むしろ、「効率のよさ」ばかりが強調されていた。だが、しっかりした情報を無視して、効率を追求する国家がどうなるか、今になって見えるようになってきた。日本は一九九〇年代の一〇年間、GDPを押し上げるために膨大な金と努力を注ぎ込んできた。工業製品をどんどん輸出できれば、すべての問題は自動的に消えると信じられていた。

情報産業を進める中で、日本は欧米に追いつこうと多額の支出をし、コメンテイターは百万言を費やしている。しかし、情報そのものに根本的な問題があることに気づいた人はほとんどいない。情報をうまく管理できないのは、伝統社会と現代文明がうまくマッチしていないためであって、この問題はしばらく課題となるだろう。そのため、今後数十年先までも、海外からの新情報や発明は消化不良を起こし、国内の複雑かつ煩雑なシステムの運営をますますむずかしくしていくだろう。日本はずっと長く腹痛で悩むだろう。

だが当面は、官僚も外国の学者も、この厄介な状況をつま先立ちで歩いてゆく。まさに「闇《くら》がりの犬の糞」で、これは責任者にとってはありがたいことだ。差し迫った日本の問題を大急ぎで解決しなくてもすむ。魔術で不都合を煙《けむ》に巻けるのだから、銀行の負債、失業率、国家債務、行方不明のプルトニウム、田舎の廃棄物投棄、傾いた校庭、醜悪な海岸、地球温暖化、ＢＳＥのリスク、車の欠陥、牛乳による食中毒――こういう問題を心配する必要はない。

ただ、このアプローチにはひとつだけ問題がある。かつてアメリカのエイブラハム・リンカーン大統領は、その問題を指摘したことがある。陳情団がホワイトハウスにやってきて、無理なことをせよと迫った時のことだ。「しっぽを脚と呼ぶとしたら、羊には何本の脚があるか」とリンカーンが尋ねると、陳情団は「五本です」と答えた。するとリンカーンは「それは間違いだ。いくら脚と呼んだところで、しっぽが脚になるわけがない」。

第六章　官僚制——特別扱い

然《しか》して聡明な君主は、民はどの時も、どの場合も
君主の権力に依存する仕組みをつくること、
そうすれば、民はいつまでも君主に忠実である。

マキャヴェリ『君主論』一五三二年

荒廃した自然環境、当てにならない情報、正常な一般社会はこんなものを望んでいない。間違いなく現代日本は間違った方向に進んでいる。ここで、国を統制する官僚制をじっくりと見てみよう。

官僚制については、欧米の学者の間でも盛んに研究され、そのきわめて巧妙なコントロールには目をみはる。コントロールの手は、下は産業界から上は政界まで伸び、日本の官僚制は世界で最も洗練されている。他の国々に比べると、進化のはしごを数段上っていることに

疑問の余地はない。欧米の官僚は、政治家、地元団体、情報公開の義務、金品の受け取りを禁ずる法律などによって束縛されている。中国などの共産主義国では官僚は腐敗しているかもしれないが、最終的には党の支配下にある。共産党政治局の気まぐれなペン一本で、官僚の最も精巧な計画が一瞬にして覆ることもある。

日本は違う。第二次世界大戦以来行われている官僚機構は、社会に対して細部にわたるまでコントロール権を握り、各省庁は秘密裏に動いている。外国の圧力から保護されているだけでなく、日本国内の政治体制からもほぼ独立している。学校は、子供たちに黙って従うよう教えており、そのため反対運動はまれで、警察は腐敗を深く追及せず、法廷は罰しない。それどころか、官僚と産業界との馴れ合いで内密のギブ・アンド・テイクは制度化されている。株価からスーパーのトマト、教科書の内容まで、生活のあらゆる側面を公務員がコントロールしていると言っても言い過ぎではない。こうして見ると、日本は官僚支配国家がどうなるか「テストケース」を提供していると言える。

官僚制は最近盛んにメディアに取り上げられ、読者の皆さんも知り尽くしているだろう。しかし、この機会に外国人になったつもりで、日本の状況を今一度見つめ直していただければと思う。まず日本の官僚制と他の先進国との一番の違いは、自分の管轄下の事業から官僚自身が利益を得られる構造になっていることだ。たとえば、天下りや、各省庁の組合が下請け企業の株を持ったりすることだ。

特殊法人

官僚の権力の道具は多種多様だが、「天下り」ほど強力なものはない。退職後、官僚はその省庁がコントロールしていた業界と外郭団体に職を得る。財務官僚は銀行の役員に、国土交通官僚は建設会社の重役席へ、元警官はパチンコ業界の役員、といった具合である。その役得は大きく、退職した天下り官僚は二〇〇〇万円もの正規の年収を得るほか、非公式に三〇〇〇万円、六年後には二〇〇〇万円の退職金を受け取る。合計すると六年で三億二〇〇〇万円にもなる。

各省庁は、天下りを規制しようとする試みに抵抗してきた。「再就職が保証されているから民間より安い給料で長年働ける」と農水官僚は言う。その結果、企業が元官僚を雇用し、見返りに官僚の愛顧を得るというシステムが生まれた。

民間へ天下ったことがよく報じられるが、最も幸運な官僚は、補助金が下りていく半官半民組織の網の目のどこかに職を得て、利益を手におさめる。そのような組織のうち大きな力があるのが特殊法人（その理事の四四パーセントは天下り）で、またそこを退職した後は第二群の公益法人の役員になる。これらの組織には、公的な調査がほとんど入ることがなく、監督官庁に保護されている。彼らは、自分の番が来たときの天下りの役得を楽しみにしている。

特殊法人のひとつにＪＡＦ（日本自動車連盟）がある。元来、ＪＡＦは日本のドライバーにロードサービスを提供するためのものだが、年間四八〇億円の予算のうち、ロードサービスに使われているのはわずか一〇パーセントで、残りのほとんどを国土交通省および警察庁からの天下り官僚に吸い上げられる。彼らはＪＡＦとその子会社のペーパーカンパニーから二重に報酬を得ている。一方、ＪＡＦは税金逃れをしており、一九九六年には七〇億円もの申告漏れがあった。ＪＡＦの資金の大半がどこに行くのか誰も知らず、これは特殊法人の帳簿操作マジックの典型例だ。

特殊法人は官僚国家の要であり、これまた土建業とほとんど同規模の中毒症状のあらわれで、多くは時代遅れで削減または廃止するという掛け声だけは盛んだが、特殊法人とその子会社は五八万の労働者を雇用しており、扶養家族を加えれば二〇〇万を超す人々を養っている。これほど大勢の労働力がこれらの法人を通じて政府の施しに依存しているから、政府が建設予算を削減できないのと同じく、特殊法人を急激に縮小することはできない。特殊法人はどう論じられようとも政府の金を各方面に配る蛇口のようなもので、大きな利権が生まれるのでやすやすとは廃止しない。二〇〇一年の小泉政権の一大目標になっている特殊法人改革は、超大手の道路公団はおろか、住宅金融公庫のような組織でさえも、猛烈な反対圧力がかかり思うようには改革は進んでいない。

黄金のパラシュートを背負った天下り官僚のもうひとつの軟着陸地点が、政府の諮問機関および協会だ。「電気通信端末機器審査協会」や「無線設備検査検定協会」といった団体が、基準を管理し、新しい基準を推奨する――そして協会を運営するのが天下り官僚なのだ。『日経ウイークリー』でロバート・オールが書いているように、「ある規制を廃止しようとすると、たちまち石の壁が立ちふさがる。規制の廃止は、官僚の楽な再就職先の破壊につながるからだ」。これが日本の各種基準設定がいつも世界より遅れる原因のひとつである。

官僚は権力を下に振るうだけでなく、上の方、つまり政界とパイプを作り強い影響を与えている。政治家は、ある省庁と組む。これを「族議員」と呼び、たとえば橋本元首相の場合、主な影響力分野は厚生省であったので「厚生族」の一員である。関連企業は族議員に莫大な献金をし、議員は関連省庁を通じて契約を確保してやる。これらのうち、頂点に座すのが建設族で、金丸信が六〇億円をため込んだことでもそのことはわかる。

エアロビクスの規制

毛沢東は言った。「力は銃口から飛び出す」。中国ではその通りかもしれないが、毛沢東が夢見たよりも大きな力が、日本では許認可から飛び出してくる。規制は多岐にわたり、ありとあらゆる分野に存在するが、そのほとんどは公表されない「行政指導」の形で存在する。その規制をくぐり抜けるには、「接待」という慣習を通じて官僚との密接な結びつきを維持するしかない。接待はたいてい、豪華な食事を官僚にふるまうことでなされるが、さらに一歩進んで、ワイロとも言える灰色の領域に踏み込む場合もある。ゴルフクラブの会員権、社用車の使用、そして金品の授受。

小魚が少し大きな魚に食われ、またその魚がより大きな魚に食われるように、この食物連鎖の下部にある部門は、上のご機嫌をとらねばならず、そのため官僚同士も接待しあうことが必要になる。政府機関は他の機関の役人を接待するのに毎年何十億円も使っている。このふんだんな金の流れから、官僚は黄金を拾い上げる方法を見つけている。水増し請求のほか、カラ出張や架空の行事の経費を請求することだ。二〇〇一年に発覚した一連の外務省機密費流用事件は、延べ数十億円を着服した顕著な例だ。そのようなスキャンダルは数えれば枚挙にいとまがない。たとえば福岡県の職員は、一九九二年から九五年までにカラ出張で二六億円を使っていた。また群馬県では、一九九五年だけでカラ出張の回数は二万一九〇〇回に及び、そのために支払われた金額は三億六七〇〇万円にのぼっている。

許認可を与える権力は官僚のみが握っており、以下に挙げるスポーツクラブの例でわかるように、許認可の値段は安くない。一九八〇年代に、厚生省と文部省はスポーツクラブに目をつけた。強制的な講習会、施設使用許可、証明書やスポーツクラブのインストラクターの「等級」を定めるといった伝家の宝刀で、みずからの懐《ふところ》を温める手段を発見した。そして天下りの経営する組織が、講習会や許認可を管理する。

猪瀬直樹は『日本国の研究』で、これがどのように働くか述べている。複雑なからくりだが、我慢して読んでほしい。以下のパラグラフを読めば、官僚機構の雰囲気がよくわかる。

まず、厚生省は「財団法人健康・体力づくり事業財団」を造る。この財団はふたつの職種に資格を与える。「健康運動指導士」と「健康運動実践指導者」である。厚生省と文部省は次に、「財団法人日本健康スポーツ連盟」に合同で出資し、この連盟が第一の職種の認定を行い、いっぽうで厚生省は独自に「社団法人日本エアロビックフィットネス協会」を設立し、後者に認定証を出す。負けじと文部省は「財団法人日本体育協会」を設立し、こちらはスポーツプログラマー1種、2種という二種類の資格を創り出した。エアロビクスのインストラクターが第1種の資格をとろうとすれば九万円、第2種なら五〇万円を払わなくてはならない。さらに、「認可法人中央労働災害防止協会」は、「ヘルスケアトレーナー」および「ヘルスケアリーダー」という二種類の資格をとるために二〇日間の研修——一七万円かかる——を義務づけている。

要するに、エアロビクスクラブのインストラクターになろうと思えば、五つの団体の、六種類の認定を受けるためにお金を払わなくてはならない。それらを明示的に定めた法律はないが、少なくともいくつかの資格を持たずに仕事をしようという者はいない。これらの資格認定の料金は国庫に入ることはなく、まっすぐ許認可団体のポケットに収まるのである。

規制でこれほどの額が官僚の懐に入るのだから、世界一の規制国になったのも不思議はない。細川護熙《ほそかわもりひろ》元首相は、熊本県知事だった時、東京の許可を得ずには電信柱の一本も動かせなかったと語っている。しかし、規制という問題には、現代日本の抱える最も奇妙なパラドックスのひとつがあらわれている。それは、規制には理由も目的もなく、規制そのものが絶大な存在になり、必ずしも企業を効率的に、商品を安全に、あるいは日常生活を快適にするためのものではないということだ。最近ではこのパラドックスが問題になり、「バーチャル規制」などと言われている。

このパラドックスを理解する鍵は、「コントロール」対「実質規制」である。これは真の意味で、日本の産業はおおむね何の規制も受けていないと言える。致命的な副作用のある医薬品を販売したり、有害廃棄物を捨てたり、歴史的景観のなかに目障りな建造物を建てたり、投資家に嘘のバランスシートを提供したりするのを止める者はいない。そのいっぽうで、ただラーメン屋を経営するだけで、何種類もの三枚重ねの書類に記入して印鑑を押さなくてはならない。つまり、国民の利益のために規制するのではなく、官僚によるコントロールを確保するのである。産業を通い慣れたいつものコースに縛りつけて、その過程で市場が安定し、役所のお馴染みの企業が確保され、最後に役人が利益を得ようという試みだ。

不良商品の賠償基準も、融資責任を定める法も、企業に財務状況に関する情報を開示するよう義務づける法律もなく、インサイダー取引やその他の市場操作を禁じる規則はほとんどなく、新薬について厳しい試験もなされない。また、政府機関による巨大な建築計画について費用便益分析もなされない。銀行と証券会社は大蔵省の指導で日常的に財務情報を偽っている。一九九七年後半、山一證券が転覆した時、調査の結果わかったのは、海外口座での二〇〇〇億円を超す損失を隠すよう大蔵省が指導していたということだった。いかがわしい商品取引で住友商事に二八〇〇億円の損失を与えたトレーダーの浜中泰男は、日本の法にはまったく触れていない。家を建てる場合も、建設会社の利益を守るために定められた規制に対処しなくてはならないが、都市計画に規制は皆無である。その結果、日本の都市は電線やネオンサインや醜い建物のごちゃ混ぜで、建築的にも環境的にもなんの一貫性もない。

コントロールと実質規制のパラドックスのため、規制の世界は「アリスの鏡の国」のような性格を帯びている。酒類販売許可を得てから三年経たないと国産ビールを売ることはできないのに、自動販売機はどこにでもあり、子供でも自由にビールを買うことができる。スーパーマーケットのダイエーは、同一店舗でも別々の区画で販売する場合はハンバーガーとホットドッグを売るのにそれぞれ別個にライセンスを申請しなくてはならない。しかし、食品メーカーの食肉処理基準は一九〇四年以来変わっていない。スーパーマーケットでアスピリンを売ろうとすれば、薬剤師がいて手近に医療器具がなくてはいけないが、先進国では唯一、日本の病院は直に薬品を投与でき、その結果、どこの国民よりも薬品をはるかに多く消費している。

「アリスの鏡の国」的性質はあらゆるところに及んでおり、一個一万円のメロンや一杯一〇〇〇円のコーヒーといった途方もない値段の理由にもなっている。たとえば、オフィスビルの単位面積あたりのコストが東京はシカゴの三倍だとか、道路建設のコストがアメリカの九倍だといったことを示す推計は山のようにある。

途方もない値段、わけのわからない規制、奇怪で説明のつかない公共事業、すべてマンガのような鏡の国の要素だが、存在する理由は単純である。官僚が自分の管轄下の事業から利益を得ているからだ。

水戸黄門

ウォルフレンが指摘したように、メディアに官僚スキャンダルがよく取り上げられるが、それは桁外れな取りすぎを正すものであって、慢性的にカネをとる制度そのものは非難されない。それは鬼（派手で表面だけ）の対処になり犬（根本的な）の改革は行われていないため、腐敗のシステムはそのまま残る。本格的改革をしようとすればシステムを改める必要がある。たとえば、税務署は、企業の経費として「使途不明金」（すなわち政治家や官僚への賄賂）を認めている。ちなみに建設業界では、使途不明金の額は年間何百億円にものぼっている。使途不明金の枠を大幅に縮めることによって、税務署が政党への金流しに手を貸せなくする。また、特殊法人、公益法人の活動や決算を全面公開する義務付けをし、ついでに外務省と他の省庁の「機密費」も縮小すれば、一気に改善されるだろう。今のところでは、そうしたベーシックなシステム改善よりも、特殊法人などの数だけを減らそうとする段階にとどまっている。

江戸時代を舞台にした人気テレビ番組『水戸黄門』では、将軍の親戚である光圀《みつくに》公がお忍びで国中を遍歴し悪を正していく。一話ごとに舞台は変わるが、どの話でも例外なく、悪役は腐敗した代官であり、屋敷の高価な軸を掛けた床の間の前に座り、不正によって得た小判を数えている。犠牲者には彼を訴える権利はない。各エピソードのクライマックスになってようやく、水戸黄門が葵《あおい》の紋を掲げ、そこで代官は地面にひれ伏すのだ。

江戸時代と現代日本との違いは、水戸黄門がいないということだ。慢性的な物価高や諸制度に国民は苦しんでいるが、官僚と政治家は計りしれないほど儲けている。とくに建設は官僚にとって一番うまみの大きい分野だ。大手の建設会社では、副社長、専務、常務数人、取締役数人、そして法定監査役が天下りになっているケースはめずらしくない。日本には五〇万を超す建設会社があるから、官僚OBが職に困ることはないだろう。

これほどの個人的な収入がかかっているとあって、国土交通省の官僚は、日本の建設業界に蔓延する談合を支持・促進している。推計によれば、水増し契約金は建設業界の利益の一六〜三三パーセントを占め、年に五兆〜一〇兆円になるという。この影響で、日本の公共事業費は三〇〜五〇パーセントも膨れ上がっている。

ノーベル賞候補

一九三〇年代にアメリカ人左翼の文化人がソ連の「プロレタリアート独裁」という理想と恋に落ち、スターリンの冷酷な現実を認めようとしなかったように、欧米の日本専門家は日本の官僚制と長い情事を続けている。一九九七年、ハーバード大の教授エズラ・ヴォーゲル（『ジャパン・アズ・ナンバーワン』の著者）は、日本の「エリート官僚制」を日本特有の強みのひとつとして挙げている。「世界に並ぶものはない」と。

「日本の官僚には、モラルの水準が高いという貴重な利点がある」と、経済ジャーナリストのエーモン・フィングルトンは、その影響力の大きい一九九五年の“*Blindside*”（邦題『見えない繁栄システム』）で書いている。この著書のねらいは、「日本が二〇〇〇年までにアメリカを追い越す理由」を明らかにすることだ。

彼らの行動は、それが国全体の利益にいかに役立つかという点でのみ判断される。その目的は最大の幸福を実現することだ。また、日本の官僚はきわめて長期的な視野を持ち、今日の日本の利益だけでなく将来の世代の利益の責任を担おうとする。

一九八〇年代、外国の学者のお気に入りは通産省だったが、九〇年代では大蔵省だ。「大蔵官僚は真にノーベル賞の価値がある」とフィングルトンは熱愛をこめて絶賛する。大蔵官僚は「天才的で創造力豊かで忍耐強く、公徳心がある」。彼らには「根性と専門知識だけでなく、人間とそのニーズを読む非凡な感覚がある」。「貪欲を善とする」欧米と違って、「今日の大蔵省は、高級官僚が『頭と心を一致させ正義をめざす』生きた証拠である」。そして「ある特殊な（そして男性的な）生き方に対する誇り、同僚から高い評価を得たいという関心、キャリアの成功としてシンボリックな役職名などだけで満足する」。

フィングルトンの描くこのバラ色の肖像は、魅力的で、他国でも真似をする価値が大いにあるだろう。にもかかわらず、水戸黄門シリーズに出てくる、金襴緞子《きんらんどんす》の着物を着て美しい金蒔絵《きんまきえ》の器で食事をする強欲な代官は、官僚の実態を赤裸々に体現している。すなわち腐敗である。しかし、毛並みのいい滑らかな、制度化された腐敗であるため、構造の一部だと言われるくらい常識的になり「腐敗」だとは思わない。だが、官僚は、やはり、カラ出張で経費を水増しするところから、機密費流用、企業または暴力団から賄賂を受け取って便宜を図るまで、いかがわしい金によって繁栄している。

官僚にどれだけ腐敗が浸透していったか、一九九六年の一大スキャンダルでわかる。大阪の石油卸商で日本の石油業界の「フィクサー」である泉井純一《いずいじゅんいち》が、官僚の接待に七五〇〇万円以上を使っていたというのだ。うち四二〇〇万は通産官僚、三〇〇〇万は大蔵官僚に渡り、接待の対象は当時通産事務次官の牧野力《まきのつとむ》および大蔵事務次官の小川是《おがわただし》にまで及んでいた。

　報道で激しく叩かれた通産省は、一三八人の役人を調査し、高官六人を処分した。元運輸事務次官の服部経治《はっとりつねはる》（関西国際空港会社の社長に天下っていた）は、泉井から現金四九〇万円、商品券、金塊、高価な絵画を受け取っていた。絵画は、隠しやすく評価がむずかしいので、賄賂に適している。大蔵省の場合、『日刊ゲンダイ』によれば、泉井が価値のある絵画を大蔵官房長の涌井《わくい》洋治《ようじ》に贈った。その見返りとして、涌井が国税局に、泉井の税務調査に手心を加えるよう圧力をかけた疑いがある。

ノーパンしゃぶしゃぶ

　大蔵省の模範的な「男性的生き方」のひとつに、銀行の交際費で落とされるバーなどでのお楽しみがある。一九九四年九月、第一勧業銀行は金融検査部管理課金融証券検査官の宮川《みやがわ》宏一《こういち》を、腰から下がヌードのウェイトレスを呼び物にする「ノーパンしゃぶしゃぶ」でもてなした。宮川はたいへん喜び、翌日行われることになっていた抜き打ち検査について銀行に情報を漏らした。『AERA』にはこんな画が掲載されていた——地獄の門の前でひとりの悪魔が手帳を調べながら「日本の大蔵官僚はヤキトリやノーパンしゃぶしゃぶで魂を売るだって……そりゃチープだな」と言っているのだ。

　これらのスキャンダルは官僚制全体に蔓延する病魔のあらわれであって、何も例外的に起きたことではない。そのことは、関与している官僚の多さを見ればわかる。一九九七年、新聞は野村證券が隠していた「VIP口座」リストを入手した。これは、公開間際の転換社債や株式についての秘密情報を提供するなど、野村が特別優遇していた顧客のリストである。一九九〇年のリストには、大蔵省、外務省、法務省、厚生省、郵政省（現・総務省／郵政事業庁）の現役およびOBの高官二〇〇名が含まれていた。腐敗の深刻さは、最近のスキャンダルで名前の挙がる官僚の地位の高さにもあらわれている。各省庁においては、大臣という地位はおおむね形式的なもので、真の権力を握っているのは事務次官、その省で最高のキャリア官僚である。近年の接待と贈収賄スキャンダルでは、建設省、通産省、大蔵省、厚生省の事務次官が関わっている。

事務次官を頂点に、賄賂は額を減じながら下へと配られる。たとえば、厚生事務次官の岡《おか》光序治《みつのぶはる》は、厚生省が補助金を出している特別養護老人ホームの建設・運営業者、小山博史から、金品や便宜の形で一億円以上を受け取っていたかどで、一九九六年に逮捕されている。同時に、厚生審議官というやや地位の下がる和田勝《わだまさる》は小山から一〇〇〇万円を受け取っているし、これらを筆頭に下々の官僚まで程度はさまざまながら接待を受けている。

ヨーロッパやアメリカ、マレーシア、シンガポールなどの国々の近代史において、一億円もの賄賂は、政治家にあったとしても、厚生事務次官の岡光あるいは大蔵省主計局次長の中《なか》島義雄《じまよしお》のように、官僚に支払われるのはとても珍しいことだ。これが、「モラルの水準が高いという貴重な利点」をもち、「頭と心を一致させ正義をめざす」と言われた人々の実態なのである。

特別扱い

官僚構造が時代に合わなくなって、軌道から外れた——一言で総括しようと思えば、現代日本の「文化の病」がこれに集約されるかもしれない。しかし、賄賂を受け取った役人の道徳心に焦点を絞って怒るのは問題の中核ではない。道徳・倫理を口にするのは古くからの西洋の表現だが、日本をはじめとして東アジアでは、官僚はカネを着服することは大きな悪ではなく小悪としか見ない。なぜなら、そうした役人は効率的かつ広い視野をもって国を指導していくことを期待されている。

「クローニーキャピタリズム」という表現があるが、「クローニー」とは馴れ合いの友人のことである。「クローニーキャピタリズム」は官僚と政治家が企業と手を結び利益を分かち合う仕組みで、それを是《ぜ》とする人は、役人が公の場でうるさい政策論争に煩わされることなく、お気に入りの業界やプロジェクトに容易に資金を提供できることが利点だと言う。しかし、その容易さに危険が潜んでいる。

一〇〇年前に、アメリカの都会での政治腐敗を書いた先駆的な著者、リンカーン・ステファンズは、腐敗の中心的問題を「特別扱い」と定義した。というのは、官僚や政治家がある企業から利益を得ると、その企業は特別扱いになり、公的資金はそちらの方に流れる。いっぽう役所と組んでいない団体は、市場のニーズがあるにもかかわらず、資金や仕事など何ももらえない。結局そうした「特別扱い」によって国の資源（資金、エリートの知力、国家政策などを含める）は曲がったところにいってしまう。

そこに現代日本のミスマネージの鍵がある。公の資金はほんとうに必要なところに施されているのでなく、官僚にメリットを与える方面に注がれる。天下りを期待して、役所は時代遅れの産業を過度なまでに拡大させた。同時にサービスやインターネットなどの新しい産業をおろそかにした。元警察官はパチンコ業界に天下り、またプリペイドカードの利益の一部が警察関連組織に流れるから、全国にパチンコ店がはびこってしまった。建設省河川局の役人は儲かるから数百となくダムを造る。無用なモニュメントがあちこちに建ち、海岸がセメントで埋め立てられるのは、建設会社が政府機関から特別扱いをされているためだ。官僚の財布に流れ込むカネは、日本の国土のあり様さえ変えてしまった。

第七章　モニュメント――大根空港

Aujourd'hui Rien
本日、特記なし

バスティーユ監獄が陥落した日のルイ一六世の日記

情報は信用できず、海外の新しい技術の知識は少なく、世論を聞かず、何十年も前のマニュアルが政策を支配する――この薄暗いたそがれの世界で、役人は現実との接点を失いつつある。政府機関はなんとかしようと思っても、何が根本問題なのか、どう対処すればよいかわからない。が、何かしなければと必死になり、ついモニュメントの建造に力を注ぐ。

日本を旅すると、「多目的文化ホール」、博物館がやたらと目につく。ごく小さい村々にもこういう施設があり、植林、山川のコンクリートと同じく、はっきりした目的もなく建設が進められる。何十億、何百億円もするホールやセンターが全国で一日三棟も建つという。

前にも述べたが、古代中国の哲学書『韓非子』に、皇帝が絵師に「描くに最も難しいものの、最もやさしいものは何か」と尋ねたところ、絵師が答えて「犬馬は難く、鬼魅《きみ》は易《やす》し」と答えたという。つまり、そのあたりにいくらでもいる単純でありふれたもの――犬や馬など――をきちんと描くのはむずかしいが、奇怪な想像物ならだれにでも描けるという意味である。どの分野を見ても、官僚は「犬」――長期的・根本的な問題――に取り組まず、「鬼」――豪華なモニュメント――ばかり考えだす。

真の伝統工芸は瀕死の状態でも、新たにできた贅沢な文化工芸ホールが点在する。荒廃した開発の波が本物の郷土史をほとんど消し去っているというのに、郷土史博物館は麗々しく建っている。

海外にある図書館の日本専門コーナーでは、京都の庭園、禅、若者文化などの本が何百巻と棚にぎっしり詰まっている。しかし、現代日本の「土建国家」を見れば、社会のエネルギーが注がれているのはそういう分野ではない。真の日本の姿は多くのモニュメントにこそあらわれているのだ。そこで、本邦初公開の「モニュメント」パックツアーを企画してみた。これから旅に出かけよう。

モニュメントめぐり

まず出発は東京だ。ここにはウォーターフロント建設プロジェクトのひとつ、テレポートタウン（臨海副都心）がある。海に面する日本の都市では、必ずこのようなプロジェクトのひとつやふたつは大々的に打ち出していて、なかには途方もない規模のものもある。これらのプロジェクトは「ハイテク未来都市」「ユートピア」などのスローガンを掲げ、自治体のご自慢だ。多額の資金を投入して海岸を埋め立て、美術館やホールや超高価な「インテリジェントビル」が建設される。その費用は天文学的で、東京も大阪も他の自治体も破産に追い込まれるほどである。

テレポートタウンは、東京湾を埋め立てた人工島に建設された街で、最先端のインフラストラクチャーを備えている。「インテリジェントビル」のひとつ「タイム24ビル」は、光ファイバーケーブルその他の施設を誇り、この島を輝く新しい電車が走りぬける。問題は、テレポートタウンにニーズがないということだ。タイム24ビル（計画されたビルのうち完成した数少ないビルのひとつ）はがらがらで、電車も同じである。テナントがあまりにも少ないため、タイム24では一九九六年二月に水産庁に水槽を入れるためのフロアをリースしようとしたが、魚相手の契約さえ取れなかった。テレポートタウンの赤字は、今後三〇年間で五兆円に達する見込みだ。

次は千葉県が建てた手賀沼の噴水を見よう。この噴水が噴き上げている水は、日本で最も汚染された池から引いた水で、これは「水質浄化を願うシンボル」として造られたものだ。

その水があまりに汚染されているため、風速毎秒七メートルを超えた時や、有害なアオコが大量に発生した時は噴水の水は止められている。ある地元の男性は新聞のインタビューに、「この噴水は無気味に思う」と言っている。

次は西の岐阜県へ向かおう。テレポートタウンは今進行中のモニュメントであり、手賀沼の噴水は末期段階のモニュメントだが、岐阜県では誕生間もないモニュメントに出会うことができる。

岐阜市には、Tシャツなどの衣料品を作っている、何千という小さな衣料工場が集まっている。この業界は慢性的な不況にあえいでおり、どう見ても元気の出る状況ではないが、まもなくこれは解消されることになっている。県は「日本のミラノ」になるつもりで駅近くの卸売市場を再開発した。ビルを建てることによって、アパレル産業の構造的な衰退の問題を解決しようというのである。

岐阜県北西部では、モニュメントに乗車できる。東京―金沢間を一五分間短縮するため、一三〇〇億円と二九年の歳月をかけて建造された北陸急行という支線である。そもそもニーズがなかったことに加え、近い将来JRが新幹線を延長する計画もあり、先々利用者が皆無になると思われる。さてどうするか。さらにモニュメントを建設するしかない。北陸急行の幹部はこう言っている。「表立って言う者はいないが、みんな気をもんでいる。観光名所を開発することで客を呼べるのではないかと思う」と。

最後に訪れる博多湾プロジェクトでは、福岡市沖の干潟にコンテナ埠頭を建造することになっている。四四八ヘクタールの島は、東京のテレポートタウンに次ぐ広さで、野鳥の生息地になっている入り江を破壊することになる。日本野鳥の会の福岡支部長土屋光憲によれば、そこは「博多湾に唯一残った渡り鳥の休憩所」である。福岡県は、東南アジアからの新しい需要に応えるには港の建設が必要だと主張しているが、円高、アジアや国内の他の港との競争で、その需要が実体化することはないだろう。福岡で最大量のコンテナを扱っているエバーグリーン社の課長、金子純はこう語っている。「わが社に関するかぎり、そんな島は必要ない」

福岡県は野鳥を保護し、計画を撤回して破滅的な出費を防ぐだろうか。答えは予測がつく。世界野生生物基金日本支部が国にプロジェクトの見直しを訴えたが、環境庁は計画を承認し、一九九六年四月には建設が開始された。

他にも訪れる価値のある場所はたくさんあるが、今はこの辺にしておこう。高速鉄道とコンテナ埠頭がなんの目的もなく建造される。アパレルマートを建設すれば、沈滞する地方産業が魔法のように「日本のミラノ」に生まれ変わると役人は信じている。テナントの集まらない未来都市が、東京や大阪のような大都市を破産に引きずり込む。無用の長物《ちょうぶつ》と悲劇的な環境破壊のリストは何千何万と続き、リストが尽きる時は来ないだろう。

野菜の空港

モニュメントを建設しているのは国土交通省だけではなく、どの省庁もやっている。最大の施工者のひとつは農林水産省で、公共事業予算の二〇パーセントを受け取っているが、これは同省の本来の目的をはるかに超えている。にもかかわらず、一度ついた予算は使い切らなくてはならない。農林水産省は、だれも通らない林道や船の来ない漁港を建造して、使えるだけの金を使っているが、それでもまだ予算が余る。なんとか使ってしまおうと、野菜専用の空港というほんとうに楽しい計画を作りあげた。

野菜専用空港は九ヵ所建設されており、今後の補修費用も含めると、そのコスト総額は何百億円にも達する。その目的は、地方から大都市への野菜の輸送を高速化し、農業の生産性を高めることだった。この点で、野菜専用空港は典型的な「犬と鬼」プロジェクトである。というのは、日本の農業問題は輸送とはほとんど関係がないからだ。慢性的な米余りなど、真に解決すべき問題は他にある。しかし、農水省はそういう問題には手をつけたがらない。

野菜の空輸にはトラック輸送の六〜七倍のコストがかかる。たとえば、岡山県笠岡市の笠岡空港からは岡山市へ野菜が空輸されているが、わずか数十キロしか離れておらず、陸路で輸送しても時間はほとんど変わらない。いずれにしても市場へはトラックで運ばなくてはならず、空港で積み替える作業の手間もいる。農業評論家、土門剛《どもんたけし》は言う。「馬鹿げている。絵に描いたような愚劣な農業補助金の実例だ」

建設省の光家康夫は、高い公共事業費を弁明してこう述べている。「日本は西欧やアメリカに比べればまだ発展途上国だ」。建設省が真のインフラを怠ったことを自白したようなので、ヨーロッパとアメリカを合わせたよりも多額の建設予算を何十年も使い続けてきたにもかかわらず、日本のインフラは相変わらずお粗末なままだ。

おそらく唯一の例外は公共鉄道網だろう。規模も効率も日本の鉄道は世界のトップクラスである。それにしても、鉄道建設は本来の目的を大きくはみ出した、「止めようのない戦車」のひとつになった。一九六〇年代以前からある鉄道建設は一人歩きしてしまい、経済的なニーズや環境への影響など無視し、国中に巨大な新しい鉄道が次々に計画されている。野村総合研究所の首席研究員リチャード・クーは言う。「よいプロジェクトは贅沢品であり、経済回復は必須課題である。金をどう使うかは重要ではない。金を使うことが重要なのだ」

多額の資金が使われながら、生活向上にあまり役立たないということは、現代の開発の理解に苦しむ点である。送電線や電話線の埋設（ほとんど存在しない）、下水道の敷設（日本では総世帯の三〇パーセント以上がまだ実現していない）、高品質の公立病院や教育機関の設備（欧米の基準で言えば、快適さも最新設備も不足している）、安価で効率的な航空輸送の開発（国内航空運賃は世界で最も高く、東京の成田空港は利用者によるアンケートでは、世界の四三の国際空港のうち四二位にランクされている）——これらはすべて火急の優先事項である。

防水の廃棄物処理場を建設するという課題もあれば、アスベストをほとんどの建物に使用した、建設省の誤りを正すための大修復、解体は言うまでもない。しかし、このような方面には資金が流れていかない。流れの行き先は美術品のない美術館であり、旅客のいない鉄道であり、コンテナの着かない埠頭であり、山中をあてもなく延びる道路であり、テナントの入らない新都市であり、野菜専用の空港なのである。ここ数十年間に建設につぎ込まれた何百兆円もの金は、間違った方向へ使われている。

ジャングル探検

日本に二日もいれば、だれでもモニュメント狂という流行り病に気がつく。これがどのようにして起こり、モニュメント建設が止まらないのはなぜか、この点を理解するには官僚の資金源をよく調べてみる必要がある。というわけで、しばし未知の官僚ジャングルへ探検旅行してみよう。

ジャングルに入ると、目の前に広大な沼地が広がっている。沼の名は通称「財投」（財政投融資）だ。これは第二の予算であり、別名「影の予算」とも呼ばれる。この財投を通じて、大蔵省資金運用部は郵便貯金という莫大なプールから資金を引き出し、さまざまな機関や事業に融通する——国会の監視をほとんど受けない財投は官僚の秘密の貯金箱なのだ。

財投の仕組みはこうだ。政府は郵便貯金に対して税の免除その他優遇措置を与え、その結果郵便貯金の利子は民間よりつねに高い。この高い利率と、郵便局で貯金ができるという便利さで、国民は郵便貯金にお金を預けるようになり、今では日本の預貯金総額の三五パーセントを占めるまでになっている。

何百兆円という巨額な資金は、郵政省を通じて大蔵省資金運用部の管理に任される。郵便貯金、年金基金、その他の特別会計からの資金を合わせると、資金運用部は事実上、世界最大の政府銀行になる。大蔵省はその資金の多くを国債に投資している。一九九〇年代の大半を通じて利率がわずか一〜二パーセントだったのに、国債に買い手がつく理由はこれで説明がつく。巨大な買い手が一人いるだけであり、それも政府自身が買っているわけだ。

自由に使えるこんなお金があれば、蜜壺に手を突っ込みたいという誘惑には勝てない。一九五五年、進駐軍が引き上げた三年後、大蔵省は資金運用部から多少の資金を借り、国家予算で割り当てのなかった予算項目に融通したことによって、国会での正式な予算承認の手続きを回避することができた。

これがあまりにうまく行った。五二兆九〇〇〇億円という一九九九年の財投は、正式な「当初予算」額八一兆八六〇〇億円の六五パーセントの規模に及んでいる。大蔵省から見れば、財投の魅力は、国民の貯金という涸れることのない資金源がバックにあり、しかも政治家もマスコミも立ち入らないことだ。

問題は、財投を管理しているのが、銀行をだめにした「天才的で創造力豊かで忍耐強く、公徳心がある」大蔵官僚だということだ。財投に支えられた七七の特殊法人をはじめとするさまざまな機関が、モニュメントに投資したり、官僚ＯＢの天下る弱小機関に資金を流したりして、負債は積もりに積もった。そして、これらの機関が借金を返済できなくなると、「飛ばし」が始まった。

「飛ばし」という言葉は、前にも出てきた銀行用語で、不良債権を子会社にまわしたりして、帳簿から「飛ばし」てしまう方法である。財投の場合は、政府機関への融資が不良化すると、大蔵省はその利息支払いを補助するためにさらに融資を行った。一九九七年には、財投の不良融資は、控えめに見積もっても六二兆円という額にのぼっている。中央省庁や地方自治体の累積債務に加えて、かつての国鉄の赤字二八兆円や、各省庁の「隠れた借金」などと合わせ、これら国の借金はさらに大きく膨れ上がっている。したがって本当の国の負債額は、アメリカの国の負債を絶対額でしのいでおり、ＧＤＰのなんと一五〇パーセントに達している。この詳細はまた後の章で見よう。

恐竜の生態学

財投の行方を知るには、沼地に足を踏み入れなくてはわからない。ここでは「特殊法人」という恐竜と出会う。特殊法人には面白い生態が見られる。まず、彼らはきわめて多産で、何万もの子や孫を生み出している。省ごとに分かれ、二〇〇一年現在、全部で七七の特殊法人があり、それぞれ公益法人という子供を産む。公益法人のうち、六八七九が中央省庁の、一万九五七〇が地方自治体の管轄下にある。そのほとんどが天下りによって経営されており、また各省庁のOBおよび職員の厚生年金基金がその株式の大半を所有している。さらに公益法人も子供を産む（所有者は同じである）が、これは立派な民間の営利企業である。これらの企業は、公開の入札に参加しなくても公共事業のかなりの部分を受注している。

さまざまな機関は、各省庁で牛から乳を搾るように特殊法人から利益を絞り出している。えさは財投の資金で、繁殖地はそれらを監督する省庁だ。天敵はいない。排泄物はモニュメントと呼ばれる巨大なフンだ。猪瀬直樹の調査に基づいて、ここで特殊法人の実例を見てみよう。リストのトップを飾るのは道路公団で、沼地の生物のなかで最も大きく、ジャングルの主だ。その仕事は高速道路の建設と管理であり、道路公団の事業資金四兆五〇〇〇億円のうち、半分は高速道路料金その他の業務収入で、残りは財投から供給されている。道路公団は事実上、財投の最大の借り手であり、年額で財投の四パーセントを借りている。

年ごとに道路公団は返済不能の底なし沼にはまり込み、その累積赤字は今では二七兆円に達している。悪名高い日本国有鉄道の負債（二八兆円）に迫る勢いであり、近くそれを超える。道路公団の絶望的な財務状態は、関西国際空港へ渡る橋の往復通行料（たった六分間）が、当初は一七〇〇円以上という法外な料金にも窺《うかが》える。

しかし、高速道路の管理には利益のあがる側面もある。すなわち高速道路沿いのサービスエリアやパーキングエリアの事業である。これに付随して飲食品の売店があり、電話やカーラジオの独占もあり、これらは官僚が自分のために金を稼ぐ手段となっている。そのからくりを説明しよう。

道路公団は、道路施設協会という特殊法人を作っている。この協会は無数のサービスエリアやパーキングエリアを所有・管理しており、年間売り上げは七三〇億円で、不動産賃貸部門としては日本で第七位の規模である。これに対して、同協会は道路公団にたった七〇億円の料金しか払っていない（収入の一〇パーセント未満）。残りは協会を運営する天下りの懐に入るのである。

道路施設協会はさらに、運営を一〇三の会社に請け負わせている。請け負い資格は、道路公団のOBや建設省職員の厚生年金基金がその株式の大半を所有していることである。これらの会社は合わせて五四五〇億円の売り上げを計上し、二万六〇〇〇人の社員を雇用する。この社員数はその祖父にあたる道路公団のほぼ三倍にのぼり、道路施設協会が稼ぎだす売り上げと、これらの子会社の売り上げとを合計すると、年間六〇〇〇億円を超える。

この数字からわかるのは、道路公団の予算のうち道路管理の儲かる部分だけをきれいに取り出して、その利益を官僚のポケットに入れているということだ。その結果、新しい高速道路が建設されるたびに同じことがくりかえされる。つまり、国民は高い料金を払わされ、財投の負債という重荷を背負わされる。その一方で、官僚は新しいサービスエリアやパーキングエリアから儲けを吸い取っているのだ。

こういうわけだから、高速道路は是が非でも建設し続けなくてはならない。道路公団は、すでに存在する六〇〇〇キロの高速道路に加えて、さらに九二〇〇キロを建設する計画を立てている。必要かどうかは問題ではない。猪瀬は次のようにまとめている。

高速道路をあと二倍の六〇〇〇キロ建設するなら、SAもPAも増えて子会社も二倍の一二〇～一三〇社になる。借金はどんどん増える。子会社に利益はたまり本体は枯れていく。寄生虫に蝕まれる。

天下りの巣

どこを見ても、財投の資金から栄養を吸いとる寄生虫の巻きひげが目につく。よく使われる方法に「丸投げ」がある。食物連鎖の中間にいる機関が、政府から請け負った契約をそのまま下請けに放ってよこすことだ。中間の機関はなんの仕事もせず、たんまり手数料を受け取るのである。

たとえば、郵政省の管轄企業、「新興機材」にそれが見られる。新しい郵便局の建設契約を受注した業者は、この会社を通して機材を発注しなくてはならない。もっとも、この新興機材の仕事は完全に丸投げである。単に、下請けのメーカーに注文をそのまま回すだけなのだ。それだけで新興機材は年間一〇〇億円の売り上げとなり、ほとんど完全な収益だ。しかし、新しい郵便局を設計する建設業者はさして気にしない。業者はたった四社しかないうえに、郵政省の職員の厚生年金基金がその株式のほとんどを所有しているからだ。郵政省は他にも何十という丸投げ先の子会社をもっていて、いずれも高い収益をあげている。たとえば日本郵便逓送は、郵便ポストから郵便物を収集し、それを郵便局に運ぶという仕事を請け負っている。そのお金は天から降ってくるわけではない。道路公団の場合、膨れ上がる借金を返済するために世界一高い高速料金を徴収しているが、郵便局もこれと同じで、日本の郵便料金は世界屈指の高さである。とくに近年急激に値上がりしたため、業者はダイレクトメールを一括して香港に送り、そこから日本へ一通一通再郵送しているぐらいだ。香港からエアメールで出したほうが、国内郵便より安上がりなのだ。

手品はなお続く。大蔵省が、財投の借金を通じて、予算のかなりの部分について国会の監視を免れる方法を見いだしたように、個々の省庁もまた自前で金を稼いで大蔵省をバイパスする方法を見つけている。よく使われる手口として、公営ギャンブル場を造ってそこから（公益法人を通じて）収益の一部を得るという方法がある。この手で、運輸省は競艇場から六六億円という自由になる資金を得ているし、通産省はオートレースと競輪で一六〇億円を稼ぎ出している。いっぽう警察は、パチンコ業界との関連で、ほかの省庁を合計しても足元にも及ばないほどの巨額の利益を得ている。

こういう資金がどこへ行くのかは謎である。公益法人ならびにその関連子会社は、資金の分配先を公表していない。表向きの理由は、通産省が特定の業界を助成しているとなれば、アメリカが世界貿易機関（ＷＴＯ）に訴えるためということになっている。ほんとうの理由は、その資金のほとんどが天下りの巣、たとえば何をしているのかだれにもわからない「産業研究所」に流れ込んでいるからだ。大蔵官僚は不機嫌にこう言っている。「レースからの収益は大蔵省のチェックが入らない、通産省のヘソクリ予算。通産省ががっちりと死守する利権の温床」

リアン

一七八九年のバスティーユ監獄襲撃の日、ルイ一六世は日記に「リアン」と書いている。「特記なし」という意味だ。王は狩りに出かけて楽しい一日を過ごした。バスティーユ陥落の報は、王にとっては大した関心事ではなかったのだ。あとから考えれば、それはルイ一六世の首を落とすことにつながる、世界史の重要な転換点だったのだが、その当日には狩りのほうが重要だった。

同様に、日本の官僚はバスティーユが陥落したことに気がついていない。銀行融資の担保（ほとんど土地）の価格が、元本すら回収できないほど下落したことを指摘された時、大蔵省銀行局の幹部は「たかが担保」と甘く見ていた。一九九九年二月、政府が銀行救済のため七兆円を投入することになった時、大蔵省が当時認めていた不良債権は四九兆円もの額で、政府投入額の七倍になるという事実にもかかわらず、金融危機は「一週間か二週間」で終息すると前出の榊原英資は発表した。

残念ながら、危機は一週間や二週間では終わらない。世界は変化しているからだ。地下水にダイオキシンが流れ込んでいても、環境庁の役人が「かりに化学物質で汚染されたとしても、神戸には地下水を飲む人はほとんどいない」と言い放った時、彼は本質的には「リアン」と答えていた。最後の広大な干潟である諫早湾の破壊については、農林水産省の大臣がこう言っている。「今の生態系は消滅するかもしれないが、自然が新しい生態系を創り出すだろう」

数十年先の日本を予測する人たちにとって、「リアン」という概念は重要だ。リアンが日本を支配している理由は簡単だ。進み続けるだけの財投資金があるということだ。地上のどんな力も官僚の前進を止めることはできない——お金がまだあるから。

魔法使いの弟子

リアンというのは今までやってきたことを、そのまま継続することだけを意味するわけではない。第二章でも書いたが、「役所慣性法」の原理では、さらに加速増長することだ。たいていの読者はデュカス作曲の『魔法使いの弟子』をご存じだろう。それを映画化したのが、ウォルト・ディズニーの有名なアニメーション映画『ファンタジア』だ。物語は、留守のあいだに水を汲んでおくようにと魔法使いが弟子に言いつけるところから始まる。怠け者の弟子は自分で水を汲むのをいやがり、見よう見まねで魔法を使ってほうきに水汲みをさせる。しばらくはうまくいっていたが、水はどんどんたまり、弟子は水汲みをやめさせる呪文を知らないことに気づく。ほうきは増殖し、やがて何百ものほうきが大量の水を運んできて家中水浸しになる。音楽はクライマックスに達し、洪水はもう止めようがない。魔法使いが戻ってきて、たちまちほうきは水汲みをやめ、洪水は収まる。

日本はこの魔法使いの弟子の芝居をくりかえしているようだ。第二次世界大戦後の政治的な空白のなかで、政治家もマスコミも国民も国運を官僚に任せ、権限を与え、なんの疑問も持たなかった。一九七〇年代まではしばらくこのシステムはよく機能していた。しかし、やがて事態は手に負えなくなってきた。単なる腐敗と浪費だけならそう悪くはならなかっただろうが、やがて過激化する建設計画のもと、ダムのうえにダムを、埋め立てのうえに埋め立てを重ね、都市も地方もその下に埋もれ始めた。曲のテンポはしだいに速まる。ほうきが増殖し始め、まず特殊法人が、続いて公益法人が、そして最後に「水の友」のような企業が生まれ、そのすべてがダムや道路や美術館や人工島の港や野菜専用の空港を建設するのを任務にしている。二〇〇二年にも、何千何万というほうきが水を運んでいく。そしてその水はほとんどが赤字の色に染まっている。残念ながら日本の場合、『ファンタジア』と違って、ほうきを止める呪文を知っている魔法使いはいない。今後二〇~三〇年間に計画されている公共事業の規模は、肝《きも》をつぶすほどである。

さて、日本の将来に何が待ち構えているのか。すでに建設されている二八〇〇のダムのほかにさらに五〇〇のダムが計画されており、道路公団は六〇〇〇キロの上にさらに九二〇〇キロの高速道路を建設する。林野庁は一三万キロの林道に加え、さらに一五万キロを増やす。三つの大きな水系をコンクリートで固める長良川ダム計画はほんの手始めにすぎない。「これらの水系と琵琶湖を結んではどうか」と、水資源開発公団の元総裁、高秀秀信は言っている。琵琶湖は長良川ダムの水系とはまったく別の県にあり、山脈をはさんで反対側にある。これは山脈を破壊するという意味だ。一方、大阪府は水深一五メートルの大阪湾を埋め立てる計画を立てている。曲はいよいよクレッシェンドを増していく。

一九三〇年代、日本が戦争に突き進んだころを思わせる。まさに猪突猛進である。猪瀬直樹はこう書いている。

いま国民は〝終戦〟を待ち望んでいる。戦前、日本は大陸深く押し入ったが、あれは不良債権を拡大しに行ったようなもので、その処理ができずに日米戦争に突入した。どこかで止まらなければならなかった。破局は差し迫っていたが、誰も止められなかった。〝ご聖断〟の代わりの切り札はもうない。

第八章　古都――京都と観光業

人の営みはすべて家が幸福になるために

ドクター・ジョンソン（英）一七五〇年

歌舞伎『阿古屋《あこや》』（『壇浦《だんのうら》兜軍記《かぶとぐんき》』の内）は、花魁《おいらん》の阿古屋がさばきを受けるため、花道を進む場面から始まる。とらわれの遊女の美しさは「筒に活けたる牡丹《ぼたん》が水を上げかねる風情かな」と謡《うた》われる。この一節は、水があっても吸い上げられないので、牡丹がしおれるイメージを表現しており、現代の日本を端的に示している。産業資本と文化遺産には恵まれていながら、内部的な活力を失っている。水は十分にあるのに、何らかの欠陥によって吸い上げることができない。

友人がこんなことを言った。「近代化とはなんだと思う？　それは都市ではなく、その都市でどう生きるかということだよ。工場ではなく、その工場をどう管理し維持するかということなんだ」。要するにテクノロジーは、単に組み立てラインを流れてゆく製品でも、コンピュータのハードウェアでもないということだ。物事を適切に管理する技術とも言える。たとえば博物館や動物園をどう運営するか、古い建物の修復法、リゾートの作り方や運営法など。欧米では、このような分野には非常に高度な技術が投入され、何千億円規模の産業エネルギーになっている。だがこれらのテクノロジーは、今の日本には初歩的な形でしか存在しない。

テクノロジーが「物事を適切に管理する技術」だとすれば、それは日本人のお家芸だったはずではないか。たとえば、茶の湯はある意味で管理技術の結晶で、茶碗の上げ下げにさえ、多様な要素に対する繊細さがあらわれている。茶碗を畳に置く角度すら絶妙である。茶碗を回すのは、伝統に基づく儀式で、置く時の腕と肘《ひじ》の動きには、いささかも無駄がない。二〇世紀に入って、日本は品質管理をきわめ、電車、地下鉄など世界に誇る効率的な交通システムを造りあげた。細部へのこだわりと仕事への情熱もあり、世界一優れた「近代」国家となりうる条件をすべて備えていた。が、そうはならなかった。

なぜ花が水を上げかねているのかと言えば、まさに文字どおり、近代化（モダニゼーション）には新しいアイデア、新しい方法が求められる。刻々と移りゆく世界に、きっちり対応しなくてはならない。モダニゼーションとはそれこそモダン、すなわち変化である。一九六〇年代の後半、灰色の官僚の手が国を押さえつけ、物事の進み方が固定化されてしまった。

当時の理想だった、品質管理や交通システムはその後も発達を続けた。が、劇的な変化が世界を駆けぬけた一九六〇年代以降、海外ではこうした変化に伴って新しいテクノロジーが成長した。その大部分を日本は無視してしまった。

シャトーの修復

古い建築物の修復技術について考えてみよう。『エール大学同窓会誌』(一九九八年一一月号)に掲載された記事に、由緒ある、老朽化したリンズリィ＝チッテンデン・ホールの修復レポートが載せられた。二二億円をかけた作業内容は、屋根を丸ごと持ち上げ教職員室を増築し、地下にハイテク機器を設置し、正面玄関を改装し、車椅子用の傾斜路を美しく付け加え、またレクチャーホールでは各席にデータ端子と電気コンセントを設置し、最新の音響・照明設備を整えた。同時に大学側は修復にあたって「学部生の教育の場として、古い建物の特徴を残すこと」と明記している。

そのために、技術的なハイテク部分はほとんどを床下、壁裏、天井裏に隠し、目につかないようにするとともに、古い黒板はいったんはずして塗装しなおし、同じ場所にあらためて取りつけることで、講義室の雰囲気をそのままに保った。廊下や階段の増築部分にはオークの化粧板を張り、旧来使われていた本物のオークと見分けがつかないようにする。窓の部分は、古い窓枠とよく似たものを取り付ける。

エール大学が二〇年の歳月と総額一〇〇〇億円という資金を使って行おうとしている改修には、きわめて手の込んだ処理も含まれる。記念図書館館長スコット・ベネットによれば、閲覧室では「文字どおり建物の表皮を引きはがした」という。石の外壁をいったん外し近代的な防湿システムを埋め込み、あらためて外壁を戻した。

さて場を変えて、一九九〇年ごろ資産家の娘中原キイ子は、フランスで八つのシャトーを購入した。その後キイ子と夫は邸内の装飾をはぎ取り、庭園にあった彫像と大理石の水盤を運び出し、樹木は切りたおして、荒れ果てるまま放置した。最もいたましかったのは、デュ・バリー夫人がルイ一五世をもてなしたパリ郊外のルーヴシエンヌ城である。『ニューヨーク・タイムズ』は次のように報じた。


王の愛妾が彫刻入りのオークの羽目板を張りめぐらせていた名高いダイニングルームが、今はその板が引きはがされてレンガと漆喰《しっくい》がむき出しになっている。大広間と寝室にあった大理石の暖炉は取りはずされ、壁に大きな黒い穴が開いている。三階建ての城が今や幽霊屋敷同然である。風が吹けば鎧戸《よろいど》が鳴り、屋根から漏った雨水が踊り場の床に黒い水たまりを作っている。

一九九六年一月、中原は文書偽造、背任横領でフランスで勾留された。そのニュースはヨーロッパで大きく報じられ、日本のイメージが悪くなるのを恐れた日本のマスコミは、歴史・文化に無神経であるとして、中原を悪者に仕立てた。しかし中原が不当に悪者にされすぎた感もある。外国の文化に鈍感なのはフランス人のほうだともいえる。中原キイ子がフランスの城にした行為は、日本ではごく一般に行われていることなのだ。京都や奈良をはじめとする都市に対して、国中の何万という素晴らしい家屋や寺院に対して、企業や所有者や行政はまったく同じことをしている。古木を根こそぎにし、由緒ある建造物をまる裸にしたと言われても、中原は母国の習慣に従っていたにすぎない。

京都タワー

中原の心情を探るには、手始めに京都のことを考えてみるといい。佛教大学の田山令史《たやまれいし》教授は、

京都に一度も来たことがない人にとって、この街はどう心に浮かぶだろう。寺と寺とを結ぶ静かな路地に和服が行き交い、黒い格子戸の町家が立ち並び、瓦の向こうに山、桜がその山をおおい、川が足元を流れている。ほんとうにこんな街があるとはだれも考えないに

しろ、見知らぬ街を訪ねる時にはその街の姿を心に描くのが人のつね、新幹線を降りるまでの期待は大きい。駅を出たとたん目に入る京都タワーからその先は、幻滅だろう。京都ホテルが東山を、安売り洋服店の看板が大文字山をさえぎり、寺の前にうち並ぶ赤い自動販売機、案内のテープが鳴り響く二条城、本堂前に横付けする観光バスなど、日本のどこにもある貧相な光景と、それを何とも思わない人々、京都の一日はこの退屈に囲まれて終わる。

と書いている。

昔から貧相で退屈だったわけではない。つい三〇年前には、観光客が夢見たような街がたしかにあった。以前、アートコレクターのデイヴィッド・キッドになぜ日本に住むことにしたのか尋ねたら、一九五二年に京都に来た時のことを話してくれた。クリスマスイブで、雪が一面の瓦屋根に降り積もっていたという。夜の街は夢のようにシーンとし、墨絵を見ているようだった、と。京都の魔法にかかったのだ。

古くから京都は訪れる人々に魔法をかけ、詩歌はもちろんのこと、絵巻物や屛風絵や焼き物に、その魔法は姿をとどめている。芭蕉は「京にても京なつかしやほととぎす」と深い憧れの句を残している。茶人や公家によって洗練された建物が立ち並び、そして織物・和紙・漆塗りなどさまざまな技術によって形作られた京の街は、フィレンツェやローマに並ぶ文化都市として世界中の人々に愛されていた。

　第二次世界大戦の末期に、連合国軍司令部が京都を空爆対象からはずしたのもそのためだ。京都は一大人口密集地で、戦略的にも重要な地点だったが、アメリカ国務省は京都を単なる日本の一都市ではなく、全人類の遺産だと考えた。その結果、木造建築の連なる街並みは戦争が終わったときも無傷のまま残り、通りには竹格子が並んでいた。列車が京都駅に入った時、東本願寺の大屋根がまっさきに目に飛び込んでくる。一面の瓦屋根の海のなか、ひときわ高くそびえ立つ波のように見えたものだ。

　しかしこの瓦屋根の海は、市の役人にとっては困惑の種でしかなかった。古臭く、貧しい京都を世界中にさらけだす恥ずかしい景色と思っていた。この街が「近代的」であることを世界に証明せねばならぬと考えた役人たちは、東京オリンピックが開かれた一九六四年、赤白二色の京都タワーを駅前に建設すると決めた。何十万もの住民が反対する請願書を提出したにもかかわらず、プロジェクトは推進された。これが決定的な一打となった。以降、市当局は京都の街から過去を一掃しようと努力してきた。

　それから三五年。京都の古い木造家屋の多くが取り壊され、コンクリートとアルミニウムの建築に変わってしまった。古い庭園が更地にされ、由緒ある旅館がブルドーザーにつぶされ、フランスの城にまさるとも劣らない、何十室もある豪邸が破壊されるのを私はこの目でつぶさに見てきた。京都の場合、古い街並みを保存する法制はお粗末で、国税庁は歴史遺産の保護を促進する措置などほとんど講じていない。

今も破壊は進んでいる。京都の美術商、森本康義の話によると、京都の北大路と河原町通りの角にある喫茶店でコーヒーを飲んでいると、解体した古い家屋のガレキを積んだトラックを毎日のように目にするという。

一九九七年六月、私自身そういうトラックを運転したことがある。友人の写真家メーソン・フローレンスとともに中京区《なかぎょう》にあった江戸時代の蔵の廃材を運んだ。蔵を解体して新しい家を建てるという人から、骨組みをもらってきた。四国の祖谷《いや》へ運び、いつか私の持つ民家の隣に再建するつもりだ。一九九八年にも、メーソンはまた京都で老舗旅館の解体現場からもらってきた、美しい梁《はり》と引き戸をトラックに積んで祖谷に運んでくれた。このように古い建材を保存するメーソンのような人間は珍しいことで、取り壊された家屋や旅館の木材はたいていゴミとして捨ててしまう。古い箪笥や漆塗りの戸などは、京都のオークションでは二束三文で叩き売られているし、骨董品店の外に無造作に積み上げられ、雨が降っても屋内に取り込まれる価値さえない。

環境を台無しにしてみよう

日本の都市や家屋の破壊については、海外のジャパノロジストはほとんど触れていない。エズラ・ヴォーゲルの『ジャパン・アズ・ナンバーワン』のような著書では、産業の発展だけでなく、このような問題についても考慮されてしかるべきだ。環境や、都市景観なども「ナンバーワン」の判断基準になって当然だ。

日本に関する一大ミステリーは西洋の専門家が、自国なら許せない現象を、日本ならすんなりと受け止めてしまうことだ。パリやローマ、あるいはサンフランシスコが破壊されたら、それを褒める者はいないだろうし、破壊を命じた官僚を「長期的な視野を持ったエリート」などとはまさか呼ぶまい。日本のGDPの輝きに眼がくらみ、ほかは見えなくなっているのだろう。それとも、昔の貴族が下の者に対して許しの心を持つという心得、いわゆる「ノブレス・オブリージュ」の一種だろうか。内心ではいまだに日本人のことを、貧困から抜け出そうとしているエキゾチックな原始民族と見ていて、欧米では当たり前のクォリティ・オブ・ライフなど期待できるものではないと思っているのだろうか。

外国人が自分たちの文明レベルを日本に求めたがらないのは、心の中に二つの矛盾したイメージがダブっているからだ。一つは、経済成長を褒めながらも、発展途上国として同情の目で見ている。西洋ではやはり、第二次世界大戦の日本の被害に対する罪悪感も少々残り、しかも日本の経済システムは産業拡大だけが目的で、一般市民の生活向上のためではないので、西洋の目で見れば、日本の街と田舎はほんとうに可哀相で未発展でみすぼらしく見える。しかしもう一つの「ジャパン・アズ・ナンバーワン」と「可哀相な発展途上国」は同時にはあり得ない。日本が本当に発展した社会——世界の模範となる最も発展した国という人もいる――ならば、発展途上国でよく起こるような環境と歴史遺産の破壊がこの国に起こるはずはない。

京都の街が破壊されたのは、世界中の都市が同じ間違いを犯していた一九五〇年代、六〇年代に限らない。むしろ、急激に破壊が進んだのは、国民一人あたりの所得がアメリカを超え、経済的に成熟した国家となった一九九〇年代に入ってからのことだ。「京都を守る会」によると、一九九〇年代だけで京都の中心部から四万軒以上の古い木造家屋が消えたという。

今は絵はがきに使われるような寺だけが街の周辺に残り、生活と仕事の場から、竹垣や格子戸が姿を消した。新しい建築物を古い家屋に調和させるノウハウがないので、木造家屋はブリキとプラスチックで無神経に修復され、また古い家屋を必死で残そうと努力しても、周囲には電線や看板やパチンコ店があふれている。田山教授は言う。

「大きさ、自然、この街は理想に近い環境にある。この環境をできるだけ台無しにしてみよう。まず、稜線の姿を洗濯物たなびくマンションで分断する。建物が足りないところは、電線が空狭しと張りめぐらされているから心配ない。大徳寺のなかに車を走らせる。日本仏教の発祥地、比叡山など駐車場にして、頂上には遊園地でも置いておく。……ガソリンスタンド、市バスは、音楽と称する機械音を流し続け……バスの車体には子供の落書きをデザインしよう。街中の建物は色とりどり、形不揃いが効果的だろう。……仕上げに、迷惑を我慢する人間で街を埋めよう。今の京都の、これはやや上品な描写である」

一九九〇年代の初頭、京都ホテルの改築に対して反対運動が起きた。隣の市役所が高さ制限を緩和したくて、再建されるホテルは二五年前の京都タワー同様、街の中心に高層建築の増加を許す先例にしようとしていた。市民団体や清水寺といった寺が反対運動をくりひろげたにもかかわらず、ホテルは建った。だが驚いたことに、従来の街の規模にまったくそぐわないはずのこの建築物が、建ってみれば大して場違いに見えなかった。気がつけば周囲の街のほうが変わって、不愉快な大建築も今の京都には違和感がない。

京都ホテルは単なる序曲だ。次は、一九九七年完成の新京都駅舎という大行進曲が鳴る。一五〇〇億円をかけた新しい駅は、建設ブームの日本でも屈指のスケールであり、京都タワー、京都ホテルなど足元にも及ばない。線路に沿って五〇〇メートルの幅で、巨大な灰色の軍艦ビルがのしかかる。戦後の京都の慣わしにしたがって、街の歴史を力強く否定し、世界に向かって、否定を大声で叫んでいる。地元の建築家、森勝敏は「ここのように歴史のある街では、デザインの質を考えなくてはならない。これではまるで倉庫か刑務所のようだ」と残念そうに語っている。

ただし、もちろん「犬と鬼」のタッチはある。フェイクな「文化」が真の文化に取って代わっている。観光客は街に出ずとも桜舞い散る古都のイメージを、光のショーを売り物にする喫茶店で味わえる。「シアター１２００」は、一二〇〇年の歴史を「第一級のハイテク娯楽」と称するミュージカルに作り替えた。ショーを楽しんだあとは、イタリアンレストランで食事ができる。レストランを飾るフレスコ画には、ラファエロの『アテネの学園』の模写まである。

美の国・神秘の国

日本初の女性国会議員のひとり、加藤シヅエは一〇〇歳の誕生日に『ジャパン・タイムズ』にこう書いている。

ラフカディオ・ハーンの文章を読み、美しい風景を期待して日本を訪れる多くの外国人は、美しく比類のない文化遺産を日本人が無惨にも破壊しているのを目のあたりにして、驚き、憤っているであろう。

残念ながら、加藤の嘆きは的はずれである。海外の報道には、京都の惨状に対する驚きや憤りはまったく見当たらない。

欧米の観光客は、アジアを見下げているせいもあって、きちんと保護された観光名所と、ただ不快でしかない街の景観とを区別しようとしない。周囲の山の麓《ふもと》に立派な庭があるというだけで、他はガラスとコンクリート箱の集まりであることを見逃してしまう。結局パリやヴェネツィアには期待することを、京都には期待していない。なるほど庭や寺は素晴らしいが、文化都市をつくるのは世界遺産だけではなく通りや街並みだ。京都では中途半端な「特別保護区」がいくつかあるとはいえ、根本的に古い道のほとんどが一貫して歴史感を失っている。

これがパリやヴェネツィアなら、旅行者は文化遺産だけが目的で街を無視することはない。ルーヴル美術館だけが観たくてパリを訪ねたり、サン・マルコ大聖堂のためだけにヴェネツィアに出かける人がいるだろうか。こういう街を訪れる楽しみは、通りを散策し、雰囲気を味わい、どうということもないが味のある小さな店で食事をする、そんなところにある。絵に描いたような小路の古びた風情、すり減った石、街灯、ひたひたと流れる水、木の鎧戸、そういうものが五感を楽しませてくれるのだ。一方、今日の京都を訪れる人々が街に多くを期待しないからと言って、責めるわけにはいかないかもしれない。そこで眼にするものは、避けがたい時代の流れと見えるに違いない。破壊が何となく起きたのでなく、意図的にされたこと。本当のニーズと関係なく行われたこと。一九六〇～七〇年代という急成長時代ではなく、一番ひどいダメージは八〇～九〇年代に起きたなど、まったく想像もつかないだろう。

外国人の日本に対するエキゾチックドリームという現象だ。何十年にもわたって、座禅、茶の湯、歌舞伎、富士山、芸者などが大きなうねりとなって海外に流れ出ていった。もちろん、基本にはすぐれたものもあるが、長年のプロパガンダの結果、外国人にとって日本は「美の国」「神秘の国」という固定観念が定着してしまった。メーソン・フローレンスは言う。「観光客は出発前から日本には美があることを意識しており、どんな事が起ころうとも、その美を見つけ出そうと決意している。パリ、ロンドン、ローマに初めて到着した時に、京都の新駅舎みたいな建物に出会えば、ゾッとするだろう。だが、京都の場合、新駅舎の存在は、逆にオールドジャパンを見つけ出したいという食欲を増すだけだ。やっと法然院に着き、紅葉の下で雲水が砂利をならしているのを見た時『やっぱりあった、見つけた』と心がはずみ、その後京都への思いは尽きることなく続く。法然院の境内を出た途端、ゴミゴミした現代都会に再会するが、それは目の網膜まではとどかない。夢の中を歩いている」

それでもやはり、究極的には加藤シヅエは正しかった。京都を訪れた人々はどことなく失望する。頭では美しい庭に意識を集中し、おぞましい環境を無視することはできても、心は逆のことを語る。このため一九九〇年代に入ると、観光客は、日本人外国人ともに増加していない。

訪ねて来る人は有名な神社仏閣をまわって勉強する。多くは「文化義務」という目的で来て、休息のため、あるいはバカンスを純粋に楽しもうとする人はほとんどいない。バカンスは文字通り日常から離れ、気楽に過ごすものだが、現代日本では美しいものは気楽にさがせない。大変な努力が必要だ。そのため、京都は豊かな文化遺産に恵まれながら、パリやヴェネツィアのような国際観光都市になれなかった。結果的に海外から訪れる人の数は少なく、滞在日数も短い。特別に保護された名所旧跡を見終わったら——何もない。

山の向こう

京都の現実をわが目で確かめたいと思うなら、エレベーターでリーガロイヤルホテル京都の最上階にのぼってみるといい。駅に近いこのホテルは、ほぼ街の中心に位置している。ここが京都だということをしばし忘れて、ぐるり三六〇度を眺めまわしてみよう。東寺の五重塔と本願寺の屋根の一部を除けば、どちらを向いてもごちゃごちゃと立ち並ぶコンクリートのビルが見えるばかりだ。世界に、これほど退屈な都市景観は少ない。

市街地の向こうには、幸いにして開発をまぬがれた周辺の山々が残っているが、荒廃はそこで終わっているわけではない。南は大阪から瀬戸内海沿岸まで、途切れることなく工業地域が続く。東の山並みを越えると、同じくコンクリートの箱の雑然とした山科《やましな》の街が広がり、延々と同じ光景が続いた先に名古屋がある。そこには何百万という人々が住んでいるが、まったくといっていいほど見るべきものがない。そのまま二〇〇～三〇〇キロ似たような景色が続き、たどり着いた東京も名古屋よりは多少ましという程度である。一九九六年に日本を旅したロバート・マクニールは、電車の窓から見える景色に幻滅し、「味もそっけもない効率一点張りのゴミゴミした眺めは見るのもつらく、トンネルに入るとほっとしたほどだ」と語った。

四〇年間で京の美しさがことごとく消し去られたことを考えると、ほかの都市や街を襲った運命も想像がつく。国中で、京都が京都らしさを排除しようとしたのと同じことが起きていた。古い街並みは取り壊され、かろうじてつまらない形で残っている。取り壊されたのは、木造建築にとどまらなかった。ビクトリア様式やアールデコ様式で建てられた、何万というレンガづくりの学校、銀行、劇場、ホテルは第二次世界大戦でも破壊されなかったのに、日本建築学会が一九八〇年に歴史遺産としてリストアップした一万三〇〇〇の建築物のうち、すでに三分の一が消滅している。

こうした建物が容易に破壊されたのは、時代的に江戸といった古さはないし、設計者が外国人となればなおさらだった。一九六七年、東京の帝国ホテルは、現代建築の大家フランク・ロイド・ライトの傑作として世界中に知られていた旧館を取り壊した。一九二三年の関東大震災を生き延びた数少ない建物のひとつで、ボツボツ穴のあいた肌合いの石を用いて建てられ、アールデコと古代マヤ風の彫刻装飾を施したライトの幻想的なホテルが破壊された時に、文化財保護の当局は何も言わなかった。一九六七年、故ライト夫人は取り壊し反対の講演をホテル内で行った。その折ホテル側は作業員を入れ、夫人の目の前で石の取り外しをさせている。

署名運動にもかかわらず、本願寺の前に京都タワーを建て、旧市街に杭を打った京都、夫人の前で石を取り外した帝国ホテル、両者とも同じ動機で動いた。それはいかなることがあっても、日本の過去（古いもの）を消すスタンスは揺るがないことを世界に強く訴えたかったのだ。

話を東京に移してみよう。かつて両岸に柳の立ち並ぶ水路の町だった深川は、戦前は東京の十名所のひとつに数えられた。だが今日の深川は、やはりコンクリートのかたまりだ。『ジャパン・タイムズ』には、

最後に残った水路で埋め立て工事が始まっている。まもなく水路は埋められ、セメントで固められる。慰めのつもりか、それとも形ばかりの謝罪の試みか、東京都はコンクリートで塗り固めた土地の一部を児童公園にし、二台ばかりのブランコと、世界で最もちゃちなジャングルジムを設置した。

とある。

ジャングルジムは「犬と鬼」の開発にかかせないお飾りだ。こうしたモニュメントはあまりにも日本の現代文化に重要だから、後の章で詳しく述べる。いずれにせよ、古きよき場所がどう変わってゆくのか、簡単な予想法がある。由緒ある美しい物がひとつ消えると、必ず役所はそれを記念するモニュメントを造る。ある意味ではちゃちなジャングルジムは供養塔

だと考えられる。針供養や、すっぽん供養などは、使い古した、不要のガラや骨をすてたことに対するお詫びである。同じく京都タワーと新駅舎も、捨てられた古い文化の供養塔として建てたといえよう。こうした供養碑は全国にちらばっている。亡霊を恐れているのか、役所は失われし美の跡地にピカピカした墓標を立ててくれるのだ。

古い＝不便

古い物を壊すという意味で、中国、韓国、タイなど、近隣の高度経済成長国も日本に迫る勢いを見せている。東アジアの近代化は急激すぎた。そのために、古い街や家屋に現代的な快適さを組み込むにはどうすればよいか、学ぶ時間がなかった。古いということは、汚く、暗く、貧しく、不便という意味だ。

東アジアに起きたことを理解するには、アジアの美しい伝統的な家屋は、優雅で魅力にあふれてはいても、実際には不潔で暗くて不便だという事実を認めなければならない。現代人にとって、そのままでは楽に住めるものではない。清潔で、明るく、快適に住めるようにするには、文明の利器を取り入れて改修する必要がある。ここが肝心なところだ。というのは、そんな家から住人が次々に逃げ出すには、それなりの現実的な理由がある。たとえば、京都の住民はよく不満をもらす。「どうして博物館に住まなければならないのか。江戸時代に戻って、ちょんまげを結って暮らせとでも言うのか」

ここに悲劇がある。ほんとうは、古いアジアの家屋は改善・修理できないわけではない。しかるべき技術があれば、比較的安価に工事はできる。少なくとも新築するほどの費用はかからない。古い家に住むからといって、昔に戻らなくてもいいし、紋付き袴を着てちょんまげを結う必要はない。夏は涼しく冬は暖かく、照明の行き届いた室内でススやチリに悩まされずに暮らし、テレビを観たりインターネットに接続したりできる。要するに、古いものと新しいものは共存できるのだ。しかしながら、東アジアの生活は一夜にして様変わりしたために、古い住居を現代生活にリサイクルする技術が根づく時間がなかった。

京都に住む庭師のマーク・キーンが一九九七年六月にこんなことを話した。

「先日、ある老夫婦の住む古い家を訪ねた。立派なお屋敷で、使ってある木材は良質だし、全体の造りもしっかりしたものだった。床の間の柱なんか、めったにお目にかかれない黒檀《こくたん》だ。なのにその夫婦はその家を取り壊して、地所を半分売り払い、残った土地にプレハブ住宅を建てて住むと言うんだ。ぼくたちは説得しようと思って、この屋敷はそんじょそこらの家とわけが違う、重要文化財と言ってもいいぐらいだ、それに台所と風呂場にちょっと手を入れれば申し分のない住まいになると言ったんだ。すると奥さんのほうがおもしろいことを言った。恐ろしいこと、と言ったほうがいいかな。薪風呂や土間の台所のある古い木造の家に住んでいると、友だちやご近所（近所の口うるさいばあさん連中）から『なんて非文化的な暮らしをしてるの』と言われるっていうんだ。『非文化的』だって言うんだよ。ぼくに言わせれば、彼らの暮らしはどこをとっても、日本文化の最良の部分の体現にほかならない。それなのに、一般の人たちは(たぶん、その老夫婦自身も)それを『非文化的』だと思っている」

マーク・キーンは台所と風呂場にちょっと手を入れ、古さを残しながら現代的に改修すればいいとアドバイスした。悲しいことに、今日たいていの日本人はそのようなことが可能だと思っていない。少なくとも、大金をかけて、大工事をしなければならないと思い込んでいる。

東アジアのどこでも、古い家に住む人々は同様のことを口にするかもしれない。状況は深刻であるが、インドネシア、マレーシア、シンガポール、ベトナムといったヨーロッパの旧植民地諸国では、西洋の影響によってこの状況がある程度和らげられている。植民地であった国々は、ヨーロッパの官僚制度を受け継いでおり、それが香港、シンガポール、クアラルンプールといった美しい都市が発達した要因のひとつとなっている。また、こうした歴史と別に、観光という要素もある。活発な国際観光業があると、外国人が喜ぶために、伝統と新しいものをうまく調和させた施設を造ることになる。これによって、巧妙な今昔折衷《せっちゅう》の技術が生まれてくる。

世界のどこでも地元の人より、京都のマーク・キーンのような外国人が伝統文化を評価する場合が多い。その人たちが、地元に自分たちの遺産を再発見、再創造する情熱を与えている。開かれた国であるタイは、外国人の影響をうまく取り入れ成功している。たとえばシルク王、ジム・トンプソンは、バンコクに美しいタイ様式の邸宅を建設し、それが国内の設計士や建築家に計りしれない影響を与えている。バリ島はいにしえの文化を今に伝え、環境がさほど損なわれていないという意味で東アジア最後の砦である。それには、島民とともに保護に力を注いできた、島を愛するオランダ人、ドイツ人、アメリカ人、オーストラリア人といった幾世代にもわたる外国人居住者も寄与している。

日本でもたまに、地方の離れたところに外国人が来て、地元文化に寄与していることがある。たとえば、最近、四国の祖谷《いや》では、外国人の学生や交換教師などが来ることになった。こんな辺鄙なところまで足を運んでくるのを見て、祖谷の人たちは自分たちも自然を保護しようと考えるようになってきた。また、長野県の小布施町《おぶせまち》では、米国ペンシルバニア州出身のセーラ・カミングスが酒蔵の運営を請け負った。木造の酒蔵はみごとだが、カミングスが来た時、酒の売り上げは落ち、そのうち閉鎖するおそれもでていた。そこで、彼女は伝統をセールスポイントにしようと建物を修理し、五〇年ぶりに檜の樽で酒造りを始めた。数少ない本物の地酒になり、今では酒蔵は繁盛し、全国的な人気になっている。「セーラさんが伝統的な徳利をボトルにし販売したことには驚いた。やはり若者に評判だ。ワインがこれほど人気なのだから、新しい世代に酒のよさを知ってもらうことが大切」とオーナーは言う。

しかし、祖谷やカミングスのようなケースは珍しい。日本は善きにつけ悪しきにつけ自国だけで発展することを選んだ国のモデルケースである。外国人には社会的に重要な役割を与えてこなかった。同時に観光業を軽視してきた結果、外国人観光客の姿も非常に少ない。工業技術以外については欧米の影響を受け入れず、一九六〇年代に凝り固まった、「古い＝不便」というイメージががっちり根をおろしている。以来、設計士も都市計画者も、古い建物を新しいライフスタイルに適合させる技術を勉強しないまま一世代が過ぎた。日本の古い建築物は安っぽい修繕だけで済ませてきたから、いまだにほんとうに住みにくい不便な建物のままだ。残念なことに、同じことは新しい建物にも言える。使っている建材は安物で、狭苦しくて暖房もきかず防音もなっていない。その結果、日本人はいつでも不快さと不便さから解放された気持ちにならない。

暮らしの場である街並みを保存するには、古さと新しさを融合させる高度な技術が必要になる。たとえばエール大学は、前述のように図書館の壁をいったんはがし、ハイテクの除湿設備を組み込み、そのうえに古い石をもう一度並べている。日本の修復テクノロジーは六五年を境に成長を止め、以来古いものをそのまま完璧に保存する方法しか考えてこなかった。そのため、古い建物の持つ温かみと雰囲気を、新しい建物に魅力的に生かそうにも、その手法を知っている人がいない。「テクノロジーの固定化」の結果、日本は「古い＝不便」と「新しい＝味気ない」という両極端のあいだで引き裂かれている。古い不便さ、新しい味気なさ、この断絶を埋めるものがなにもない状態、それが現代日本の街の風景だと言えるかもしれない。

観光業の失敗

活気ある古都の保存、高度なリゾート管理、上質な調度デザインなどは、無から生じるものではない。どの芸術も産業も、やはりパトロンが必要だ。つまり、資金をそそいでこそ発展する。その資金源に最も適しているのが観光業だが、これこそ日本が後れをとっている産業である。この失敗の物語は、現代日本を語るうえでとくに注目すべきである。なぜなら、たまたま失敗したわけではなく、国家政策の結果としての失敗なのだ。

製造業が急成長した時期、産業界のリーダーは観光業をとるに足りない産業、いわばサイドビジネスと考えていた。国の本業はあくまでも大量生産だと信じていたわけだ。欧米や他のアジア諸国が観光促進のために高度な基盤整備を進めている時に、日本は京都を破壊し、渓谷をコンクリートで固め、クロムと合成樹脂によるリゾートを設計していた。それでも外国のアナリストの目には、観光業を押さえた姿勢こそまさしく大きな成功と映った。それは、彼らの言う「サービス化との闘い」である。「サービス化」とは、「二義的で非生産的なサービス活動が、しだいに多くの労働力を取り込んでいく傾向」だと主張する。

簡単に言うと、生産ラインで製品を組み立てたり、ビルを建設したりすること以外は、すべて国力の無駄遣いということだ。

観光業に従事するのはウェイターかルームメイドだけだと見て、建築家、内装業者、造園家、芸人やミュージシャン、水泳やスキューバやダンスのインストラクター、土産物店やレストラン、家具や食器のメーカー、画家や彫刻家、照明器具の製造業者、ツアー会社の添乗員、タクシーの運転手、航空会社、弁護士、会計士、ホテルチェーンのマネージャーなどの存在を忘れている。ほかにもまだ、彼らが忘れていることがある。日本の労働者の一割以上が低賃金の建設作業に従事していること、そして、余剰労働力を吸収する産業が他にないことだ。

たしかに、日本はサービス業を抑制するのに成功した。ところが残念ながら、「非生産的」なサービス業のなかにも、ソフトウェア製作、通信、銀行業などのように途方もない金の生《な》る木があったのだ。同様に、不器量な娘だったはずの観光業が、一夜にして美人花形スターに変身してしまった。

国際観光業の豹変は一九八〇年代後半に起こり、九〇年代に入って勢いを増した。二一世紀になると、海外旅行は世界の輸出産業の八パーセントを占め、自動車、化学製品、食品、コンピュータ、電気製品、石油・ガスより大きい規模となった。このことは、一九六〇年代に反サービス戦略が生まれた時点では予測できなかった。そして、これは世紀末になって「流動性」という姿であらわれた。従来の日本の複雑な枠組みは、国家の境界を絶対的な存在とし、人も思考も資金も簡単には流動しないものという前提でできている。

投資するにしろ、休暇でどこかに出かけるにしろ、選択肢がほとんどなければ、官僚は自由に力が振るえる。閉ざされた国内観光市場の中でなら、安っぽい行楽地も、乱開発された自然も、管理の行き届かない博物館も、競争にさらされることはなかった。

チュニジアに後れをとる

世界中の新たな富裕層が一〇〇〇万人単位で旅行に出かけ始めると、観光業は二一世紀の最重要産業として一躍脚光を浴びるようになった。日本では観光に頼るところは、たとえば東京より遅れた京都、先進国より遅れた国、つまり古くて貧しいところという固定概念がある。しかし、すでにサンフランシスコやニューヨークなどの大都会では、収入の大きな部分を観光業からあげている。ヨーロッパ各国、そしてシンガポール、インドネシア、タイなどのアジア諸国では、観光客のもたらすドルと円がＧＤＰのかなりの部分を占める。世界観光機関（ＷＴＯ）の推測では、一九九九年に六億五七〇〇万人の観光客が海外旅行し、五二兆円を落とした。

その一方で、日本国内の旅行者は、日本人、外国人とも全面的に先細り傾向にある。一九九二年から九六年まで、国内旅行者数の増加率は毎年一パーセントに満たず、国内ツアーによる収益は三パーセントずつ減少している。場所によってその下落は大きい。たとえば、志摩半島は伊勢神宮やミキモトの真珠養殖で有名だが、一九九九年には観光客が二〇年前の水準に落ち、最盛期の四〇パーセントも減少している。国内観光の衰えに反比例して、海外旅行者数は一九八五年の五〇〇万人が九八年には一六〇〇万人と、ほぼ三倍に急増し、九九年には一七〇〇万人に達しその勢いはとどまるところを知らない。しかも、海外旅行者の多くはJTBがいうリピーターで、彼らにとって海外旅行は習慣になっている。ひとつには、海外旅行のほうが安く上がるからだ。東京から京都までの短い距離を移動するのに、香港まで飛ぶのとほぼ同程度の運賃がかかる。私の場合だと、四国の祖谷渓《いやだに》に数日出かけると、ホノルルに一週間いるより高くつく。海外に出るようになって、日本人は何かが違うことに気づいた。海外はホテルの設計やサービスの品質が高く、これは国内旅行では見られないものだ。東南アジアに出かけると、リゾートの設計と管理方法が格段に進んでいるため、その落差がいっそう強く感じられる。ホテルは天然素材を使った設計で、土地の文化を取り入れている。一方、京都にある少数の古い旅館をのぞいて、日本の宿泊施設は東南アジアのリゾートの足元にも及ばない。

一八世紀の「コモンセンスの大家」ドクター・ジョンソンは、「人の営みはすべて家が幸福になるため」だという。国内旅行の衰退現象には、現代日本の矛盾があらわれている。数十年も経済成長を続け、一人あたりの収入は近隣諸国をはるかにしのぐようになったのに、自分の家を楽しむことができなくなった。日本という家にいると幸せを感じられない。

海外からの旅行者の数はもともと多くはないが、一九九〇年の三五〇万が九九年に四五〇万になっただけで、その伸びは実に遅々としたものだ。この数だと、外国人旅行者数としては世界第三二位にあたり、マレーシアやタイ、インドネシアよりはるかに後れをとっている。またフランス、中国、あるいはメキシコなどはその同じ年に数千万単位の旅行者を受け入れているから、文字通りケタ違いである。「日本の国際的な役割」と盛んに喧伝《けんでん》されてはいるが、気づいてみれば、観光客の世界地図から日本はほとんど消えかけているのだ。チュニジアやクロアチアの方がまだ多くの観光客を集めているほどだ。観光業の規模を測るもうひとつの指標に、人口に対する外国人旅行者の比率を出すという方法がある。日本ではわずか三パーセント、世界で八二位である。韓国は八パーセントだから、日本の二倍以上にあたる。

観光業の失敗が経済に与えた影響は大きい。どれぐらいの金が動いているか見てみよう。一九九八年、日本を訪れた外国人は四一〇万人だったのに対して、アメリカは四七〇〇万人、フランスは七〇〇〇万人だった。フランスの観光収入は二兆九七〇〇億円、アメリカは七兆四〇〇〇億円、日本はわずか四一〇〇億円である。

収支の観点から見ると、アメリカ人は海外で五兆一二〇〇億円を使ったが、外国からの観光客でより多くを稼ぎ、差し引き二兆三〇〇〇億円の黒字である。逆に日本人は海外で三兆三〇〇〇億円を使ったが、外国人旅行者からの収入が非常に少ないので、二兆九〇〇〇億円の赤字になっている。一九九七年に車の輸出で日本が稼いだ金額が五兆九〇〇〇億円だから、世界で観光業がトップクラスの主要産業に成り上がったことがよくわかる。ＷＴＯの予測では、二〇一〇年に観光に費やされる金額は今の三倍以上、なんと一五〇兆円という途方もない数字になるという。これほどの成長率を達成できる産業は他にはちょっとないだろう。

国内外の観光客が日本にそっぽを向いた理由はいくつかある。一般に、最大の原因は円高と旅行費用の高さだと考えられている。しかし、日本旅行が安いとはいえないものの、近頃ではロンドンやパリでも同じぐらい高くつく。タイの贅沢なリゾートは、平気で一泊六万〜七万円使う裕福な外国人旅行者であふれている。そういう人々にとっては費用などものの数ではないはずだが、彼らは日本に来ようとはしない。ほんとうの理由（はっきり意識していないかもしれないが、心の中ではまちがいなく感じている）は、お金をかけて日本を旅しても、美しい景色や快適さという形での見返りが期待できないことにある。

京都の禅寺にある石庭がどれほど素晴らしかろうと、庭を一歩出たが最後、ごちゃごちゃゴミゴミした現代の街並みがいやおうなく目に飛び込んでくる。ホテルに戻れば、てかてかしたポリエステルの壁紙に派手なシャンデリアといった内装に取り囲まれる。有名な滝や海岸の松林に出かけても、視界をよほど狭めないかぎり、コンクリートの土手を締め出すことはできない。『プロバンスの夏』や『イタリア・トスカーナの休日』（フランスとイタリアの田舎に住む経験を美しく書いた本で最近ベストセラーになっている）のような本を、日本について書こうと思う者はいないだろう。

サンリオ・ピューロランド

一九九〇年代に入り、製造業と建設業を柱とする従来型の経済に陰りが見えてくると、政府は突如として、サービス業はやはり現代経済にとって重要なのかもしれないと思いつき、長く無視されてきた観光業の問題に目を向ける官僚も出てきた。なんらかの手を打たねばならない。運輸省運輸政策局観光部長の荒井正吾によると、その答えはこうだ――「観光業を活性化するには、精神面により重点を置かなければならない……。財布目あてでは悪くなるばかりだ。精神面に訴えかければ、おのずと財布は開かれる」。

ところが、精神面に重点を置いてみたら、政府はすぐに京都や奈良や地方の村々がすでに回復不能な状態にあることに気づいた。しかし希望はある。テーマパークがあるではないか。今の日本人が群がるのは、ヨーロッパの都市を再現した九州のハウステンボスや、あるいは栃木県の東武ワールド・スクエア、三重県の志摩スペイン村といったテーマパークなのだ。これらは完全無欠にしてあくまでも自然体ではない。

この手のテーマパークを訪れる成人の数は、まもなく京都をしのぐだろう。ハウステンボスでは、素朴なレンガなど自然の素材が使われ、看板のたぐいは制限され、電線は埋設され、建物も一定の基準に沿って設計されている。芝生は手入れが行きとどき、粗末に扱われてゴミゴミした京都よりよほど好ましい。こうして、自国の文化とはなんの関係もない、欧米のオリジナルの気の抜けたまがいものが、日本の最高級の観光地になっていく。

言うまでもなく、こういう場所が欧米人に受けるとは考えられないが、アジア人観光客を呼び寄せる可能性に日本は活路を見いだしている。では、富士山や京都は？　『ファー・イースタン・エコノミック・レビュー』の記者による「そういう名所はどれも、日本の魂の聖地たるサンリオ・ピューロランドの足元にも及ばない」といった意見も出た。サンリオ・ピューロランドとは、東京郊外に造られた屋内型のミニチュア版中世ヨーロッパで、ニンフの森があり、川には小舟が浮かび、ハローキティといったキャラクターがいる。一九九六年にピューロランドを訪れたアジア人は一五万人で、全入場者の一〇パーセントを占める。またハウステンボスの場合は、アジア人入場者は三三万人、全体の八パーセントにあたる。

一九九九年一月、中国は日本への観光旅行を解禁した。日本の観光業者の多くは、中国を最後の一大市場と考えている。「日本にとって、中国は最大の海外市場になる可能性を秘めている」とJTBの子会社、エイティーシー日本旅遊の代表、島根慶一は言う。「中国の人口は一二億を超える。その一パーセントが日本に毎年来たとすれば、それだけで一二〇〇万人になる」。だが長い目で見た場合、ちょっと目新しいテーマパークだけに頼っていると、香港、タイ、韓国、台湾などがそれに負けじと追いついてくる。すでに香港の海洋公園に行けば、日本のテーマパークとほぼ同様の興奮を味わうことができる。中国本土からの旅行者はたいてい東京ディズニーランドに行きたがるというのは、日本にとっては縁起の悪い話だ。香港かまたはその近郊には、新しいディズニーランドを造る計画が進んでいる。最近、ハウステンボスや志摩スペイン村は人気が薄れ、テーマパークさえ人を呼べなくなった。国際観光振興会の谷口せい子は言う。「アジアの経済力とテーマパークの技術が日本に追いついたら、なにが日本の魅力になるのか考えなければならなくなる」

温井ダムへ急げ！

行き当たりばったりの開発によって、本来の魅力が原形もとどめないほどに大きく損なわれてしまったため、今は新しい魅力を作り出すべき時だ。それは、「土建国家」の目的にもよくかなっている。先ごろ政府は、ホールや記念館の次なる建設ラッシュを生み出すプランを発表した。国土交通省の外郭団体である国際観光振興会の発表した「新ウェルカムプラン21」である。運輸白書によると、そのプランの中心は「魅力ある観光地作り」である。たとえば歴史街道のようなものだ。また、国中に国際観光テーマ地区を作り、道路や外貨の両替所を整備する計画もある。魅力ある観光地作りの一例として「アスティとくしま」がある。四国の徳島市を流れるふたつの川の合流地点に建設されたモニュメントだが、その呼び物は多目的ホールと「とくしま体験館」である。県の観光局によると、訪れた人が「情熱的でロマンチックな徳島」を発見できる場所なのだそうだ。情熱的でロマンチックな体験とは、

「遊ing シアター」で上演される二体のロボットによる人形浄瑠璃や、季節によって移り変わる徳島の光景を写真で見せるコーナーといったものだ。

このまま行けば、国内観光では自然や歴史はもうすっぽりあきらめて、コンクリート自体を呼び物にするしかなくなる。これはすでにもう始まっていて、JRと地方の自治体はダムや工事現場を見せるパッケージツアーを提供している。地下鉄やバスに乗れば、ダムツアーの中吊り広告がしょっちゅう目に入る。「温井《ぬくい》ダム——見るものすべてが巨大！」と建設省が宣伝パンフレットで誇らしげに伝え、バスツアーに参加してコンクリートが注ぎ込まれるところを見よう、と呼びかけている。ちなみにそのパンフレットの方は、「工事中の温井ダムを実際に見ることができる機会も残りわずか」とあおり立てる。

「歓迎《ウエルカム》」のためには、新しいモニュメントを大量に建てよう、コンクリート打ち見学ツアーに出かけようと言われるが、京都、奈良、鎌倉といった街は、東アジア文化の宝庫である。たくさんの本物があるのに、まがい物の観光施設をどうして造る必要があるのだろう。現代日本をおおう不安の根は、まがい物と本物が区別できないという、まさにその点にあるのだ。教科書は「自然を愛する心」をうたっているのに、いっぽうパンフレットは、川は敵であり、早急にコンクリートで固めてダムを造らねばならないと人々をあおる。京都は「文化の都」としての自負を持ちながら、五〇年のあいだ古い路地と家屋の破壊に全エネルギーをそそいできた。新京都駅舎はその混乱の象徴である。文化とは駅構内の文化ゾーンのことで、そこには本物の代わりに光による桜のショーを見せるティールームと、ラファエロのフレスコ画の複製を飾ったレストランがある。京都とはなんの関係もない「文化」だ。

ポン・デ・ザール

最近の出来事で、京都の荒廃に立腹している人々が多いことに気づく。一九九八年八月、京都市による破壊的なプロジェクトを、ある市民グループが奇跡的に中止に追い込んだ。発端は一九九七年二月、市当局が新しいモニュメントの建設計画を発表したことにある。先斗町《ぽんとちょう》は今も残る数少ない古い街のひとつで、鴨川に沿って北は三条から南は四条までのび、酒場と茶屋が立ち並ぶ細長い路地である。市の計画では、その先斗町の中央部分を取り壊し、パリのセーヌ川にかかる橋に似せた新しい橋をかけることになっていた。しかも、お手本とするパリの橋は、アーチで有名な美しい石造りの橋でさえなかった。鉄骨の橋桁と、コンクリート杭で造られた、セーヌ川にかけられているということ以外とりたてて取り柄のない現代的な橋だ。市はこれを、ポン・デ・ザール（芸術橋）と名づけて、京都がいかに国際的で文化的な都市か全世界に知らしめるつもりだった。そして、役所が与えてくれる餌を鵜呑みにする親日家、フランスのシラク大統領はパリの橋の一件を喜んで受け入れ、京都市の計画を支援し新聞でアピールした。

数十年も醜いモニュメントに耐えてきた人々も、この橋にはついに堪忍袋の緒が切れた。

芸術橋という名の、京都の伝統的な芸術への侮辱に対して市民は立ち上がった。『毎日新聞』に京都工芸繊維大学の材野博司教授はこう書いている。

先斗町は木質文化としての京の街並みを代表しているとともに、鴨川という水辺空間と一体となって培われてきた生活文化遺産である。これは祇園《ぎおん》新橋等の伝統建築群とは異なるのみならず、ほかの都市にもあまり見られない独特のものだ。三条から四条の六〇〇メートル近くの街並みが連続していることで、歴史的雰囲気のまとまりが感じられるものであり、そのまん中をヨーロッパ近代の構築物により分断されることは、その文化価値を大きく減少させる。

しかし今回は、一九六四年の京都タワー、九〇年の京都ホテル、九四年の新京都駅舎のデザインコンペの時と違って、材野ら反対派の意見が勝った。京都を愛する市民の反対でプロジェクトは中止に追い込まれ、一九九八年八月、市はポン・デ・ザールの建設中止を発表している。

今は止まった、先はわからない。「構想の法則」はここにも当てはまる。構想が一度生まれると、決して消えることはない。結局のところ、市が中止したのはフランスをまねた橋の建設であって、今後先斗町に別のデザインの橋を作るという選択肢はまだ残っている。遅かれ早かれ、先斗町の古い街並みは、いずれにしても命運尽きることになるだろう。

周辺の街並みのほとんどがひどい有り様になっていても、京都は——少なくともその一部は——まだ救うことができる。京都には何百という神社仏閣があり、何千何万もの木造家屋が今も残っている。古都の骨組みはまだ残っているのだ。しっかりしたゾーニング計画と建築基準があれば、部分的ながら街の再興は可能だ。

これは他の街にも言える。何年も破壊が続いていても、地方都市にはかなりの伝統的な木造家屋が残っているものだ。その多くが見るも無惨な状態にある。手入れもされずに放置され、雨漏りがしたり柱が傾いたりしているものもあれば、ブリキと合成樹脂でその場しのぎの改築がなされているものもある。そこそこ手入れの行き届いた家屋や区域があっても、見苦しい環境に埋もれているので見つけにくい。したがって、古いものが残っていても古き時代の味が伝わらない。これもまた、「筒に活けたる牡丹が水を上げかねる」状況といえよう。誇るに足る伝統文化、「水」はじゅうぶんにあるのに、その水が花を生かすことができない。

しかし、水はほんとうにじゅうぶんなのか。古い美しいものは無尽蔵ではなく、近い将来に日本はある線を越え、修復のきかないところまで街と田舎を破壊してしまうおそれがある。すでに一線を越えてしまったと思う人もいる。

日本人はなにかがおかしいと気づいている。先ごろ放映されたテレビドラマに現状を皮肉ったこんな場面があった。

あるホテルの支配人が、外国からの客をもてなそうと最高級のレストランや観光名所へ案内する。そのうちに客がしびれを切らして尋ねる。「おいしい料理に立派なホテルに遊園地。こんなものは世界中どこにでもある。北斎の描いた富嶽三十六景はどこで見られるんです？　大名が江戸までの道中に泊まったという東海道五十三次は？　たくさんの版画や絵画の題材になっているでしょう」。いうまでもなく、三十六景も五十三次も今や跡形もない。支配人は自分の理解力不足にちがいないと考える。この外人はいったい何を言ってるんだ？　その場面の最後に、彼はこう決心する——英会話のレッスンを受けよう。

第九章　新しい都市――電線と屋上看板

旅に病んで
夢は枯れ野を
かけ廻《めぐ》る

芭蕉　一六九四年

古い都市の話はよしとして、次は新しい都市について見ていこう。京都タワーに始まる開発の動機は、古い街から逃げて、現代都市を造ることがすべてだった。したがって、現代性という基準で京都を判断しなければ公正とは言えないだろう。もし仮に、京都から歴史的な遺産がすべて消えてなくなったとしても、老朽化した建物に代わり新しいしゃれた大都市が生まれ、最先端の現代文化が花開いたとすれば、徹底した近代主義者はそれでよしと考えるかもしれない。日本全体について言えることだろう。

これは香港で起こったことだ。木々に囲まれ、古めかしいジャンク船がひしめいていた港が、まばゆいオフィスビルの林立する大都会へと変身した。現代の奇跡とも言える変貌ぶりだった。同じことは上海とバンコクでも起こり始めている。この二都市のどちらも、開発業者によってチャーミングな古い都市の中心部が手荒な扱いを受けている。とはいえ、古い都市の代わりに、ホコリの中から新たな都市が劇的に生まれつつある。ホテル、レストラン、高層オフィスビル、マンションは、香港やニューヨークの最上クラスと比較しても遜色ない。

しかし、日本はこうはならなかった。「新しいものは日本のおはこ」という一般的なイメージに反して、日本が抱える問題は真の近代化を学ばないまま発展したことにある。金融分野などと同じで、都市の設計・開発の手法も、本質的には一九六五年前後から進歩していない。リーガロイヤルホテル京都の最上階からの醜悪な眺めは、古い建物がなくなったからでなく、新しい建物がお粗末なせいだ。

マレーシアへの旅

過去五〇年にわたる「日本の近代化」は決まり文句となり、その出版物は山ほどあるが、近代性を得られなかったという現実はこれと正反対だ。先進文明ではなく、日本はスラムに近い一般住宅と工業ジャンクに溢れた文化となった。住宅は狭く、ちゃちな造り、公的施設

（ホテル・動物園・公園・マンション・病院・図書館）は他の先進国の目で見ると、美観や快適さを基本的に欠いている。本質的な意味で新しい物を獲得できなかった――それが今の文化危機の中核だ。

経済・社会学者は「強国・貧民」という仕組みを、日本の強みと見てきたが、それは、ブーメランとなって恐ろしい力で跳ね返ってきた。「強国・貧民」の思想では、経費を抑え個人生活を犠牲にすれば、国のあらゆる資産とエネルギーは限りなく製造業へと流れ込む。まさにその通りになった。このプロセスで、真の近代化を知らない――はっきり言えば、現代人としての潤いと輝きを知らない――国民を育て、文化・経済面に深刻な結果となってあらわれてきた。

他の国との落差を実感するために、マレーシアを訪ねてみよう。マラッカ海峡に面しているポートクランと、首都クアラルンプールを結ぶハイウェイは、険しい崖に挟まれた自然の谷間を走り抜ける、とても気分のいい道だ。しかし、この風景は自然のものではない。この道路を建設する時、マレーシアはフランスの道路景観コンサルタント会社に、美しいハイウェイにするにはどうすればいいか、谷間の改造も含めて助言を求めた。その努力の結果、山の破壊は最低限に抑えられ、コンクリート壁はほとんどなく自然に見える。これはほんとうの近代テクノロジーの典型例である。一方、日本中どこを探しても美しいハイウェイなどない。「ブルドーザーとコンクリート」式の道路建築法は一九六〇年代で止まっている。その後四〇年近くも抜本的な改良はなく、建設会社に利益をもたらすことを目的に建設規模が大きくなっただけで、道路環境に無用のダメージを与えて、そのうえ経済的利益のコスト分析はまったく行われていない。市場から外国企業を締め出すために築かれたシステムのおかげで、海外の専門家を招くなど問題外だった。

環境にやさしく美しい道路を必要な場所に建設する、というのはひとつの技術である。しかし、このジャンルの技術を開発しようとしなかった。すでに金融市場や有害廃棄物処理で見たように、道路建設でも先進国の水準から取り残されている。

このハイウェイをたどって、クアラルンプールのダウンタウンに向かおう。クアラルンプールに入ると、四方八方から高層建築が目に飛び込んでくるが、しゃれた建物が多い。香港でも、シンガポールでもバンコクでもこれは同じだ。だが、ゴミゴミした東京ではこういう建物にはめったにお目にかかれない。この違いは一九九〇年代の近代化と六〇年代の近代化との差にほかならない。この違いを理解するには、細部をよく見なければならない。

視覚公害

ひとつには、屋上にがらくたがないということだ。日本では、冷暖房装置や電気機器類を収めたボックスが、あとからつけ足したように必ず屋上に乗っかっている。これは日本特有の現象である。欧米はもちろん東アジアの先進国でも、見苦しい機械部分は建物の内部に隠されるものだ。やむをえず屋上に設置する時でも、全体のデザインにとけこむよう配慮される。日本でそうされないのには理由がある。一九五〇年代から六〇年代にかけて制定されたままの規制のひとつに、容積率規制というものがあり、屋内に機械類を収めると、その面積分だけ許可された容積率から差し引かれてしまうのだ。

容積率規制というのは、ある土地に建築できる床面積の上限を定める規制である。たとえば容積率が四〇〇パーセントなら、一〇〇平方メートルの土地に建てられるのは、各階一〇〇平方メートルで四階建てまで（合計で四〇〇平方メートル）ということになる。さて、このとき機械室を作るとどうなるだろうか。日本では、機械室の床面積もある程度算入されるので、その分だけ許容床面積が減少してしまう。屋内に設置せず屋上に取りつければ、床面積が増える勘定になる。このことが屋上にボックスを取りつける大きな要因となったのは言うまでもない。日本の地価は天文学的だから、利用できる土地はただの一平方センチも無駄にはできない。機械を屋内に設置する贅沢が許されるのは、金に糸目をつけずに建てられるひと握りの会社ぐらいである。こうして日本のスカイラインはでたらめになる。

同時に道路沿いやビル屋上の巨大広告ボードの規制はほとんどない。逆にもうひとつの法律によって、それは促進されているくらいだ。これは高さ制限に関するもので、屋上に空《から》の箱を建てれば二、三階分高さを上げることができる。空のボックスのまわりに巨大なロゴマークや看板が取り付けられるのは当然の成り行きだ。クアラルンプールでは、そんな看板はめったに見かけない。見かけたとしたら、それはたいてい日系企業の建物だ。それ以外にやり方を知らない日本の建築会社が取り付けるのである。

バンコクの私のアパートメントの窓から外を見れば、何十棟もの摩天楼が見える。しかし、屋上に巨大な看板を見せびらかせているのは一棟しかない。それは「日立」である。日本国内では、日立はなんと文化庁とも取引をして、国宝や重要文化財に指定されている建造物に看板を出している。京都をめぐってみれば、日立の金属製の看板がやたらに目につく。禅寺の庭に派手に掲げられているし、由緒ある神社仏閣の門前やあずまやの前にも必ず設置されている。禅寺の代表のひとつ大徳寺でさえ、その境内をちょっと歩くだけで、二五回も日立の看板に出くわす。大仙院の塔頭《たっちゅう》だけで四ヵ所ある。

バンコクは決して都市計画の手本ではないが、ここでさえ京都や東京より先を行っている。だが、シンガポールや香港などの東アジア諸都市は、看板の技術をマスターすることにかけてはバンコクをはるかにしのいでいる。ジャカルタは東アジアでもとくにすぐれた広告規制を敷いていて、税制上、大きな看板は掲げるのも維持するのも高くつくようになっている。おまけに建築家たちは欧米で修業してくるから、大きくて仰々しいものより上品で落ち着いたものを好むのだ。

対照的に、日本の建築家は、大学で広告テクノロジーについてなにも教わってこない。一九八〇年代を通じて、世界の建築家のあいだでは「視覚公害」という概念が定着してきた。

この概念は今では当たり前のことになっていて、日本で知られていないなどとは夢にも思わないだろう。たとえば、点滅するまぶしい明かりは住宅地の平穏を乱すとか、派手な看板は五つ星のホテルの格式を損ねるとか、青みがかった蛍光灯は夜の公園のロマンチックな雰囲気をぶち壊す、などである。これらは「視覚公害」の代表的なものにすぎず、他にも何百という例がある。それを回避あるいは緩和する技術は現代テクノロジーのひとつになっている。

銀行問題や環境問題など他の分野と同じく、都市開発が悪循環に陥ってしまった。環境問題では、土木建設がさらなる建設への依存体質を生み出す。銀行問題では、ごまかしがさらに大きなごまかしにつながる。そして現代の都市設計の場合は、醜悪さは人の感覚を麻痺させ、さらなる醜悪さを生む。

私の友人で建築家のルシロ・ペーニャは、バルセロナでザ・リッツ・カールトン・ホテルの設計に参加したことがある。ホテルの出資者のひとつが「そごう」だった。ルシロによれば、ホテル側とそごうとが、看板をめぐって激しくもめたという。日本側は、キラキラと輝く巨大な看板をホテルの外壁に取りつけることにこだわり、バルセロナでそんなことをしたら街の雰囲気を損ねるし、百貨店もホテルも暖簾《のれん》に傷がつくということがどうしても納得できないようだった。だが、そんな広告の仕方をする会社は、西欧では市民にボイコットされかねないと知って、やっとあきらめた。そごうにとってはまさに驚きだった。日本の市民なら気にもとめなかっただろう。

日本には次に述べる真のゾーニングも課税措置も広告規制もない。田んぼの真ん中にばかでかい看板が立っていたり、最高におしゃれなレストラン、ホテルのロビー、一流劇場にけばけばしいプラスチックの標識看板がぶら下がっていたりする。そういう環境で育つと、醜悪な街並みや住宅をそんなものだと思うようになる。最新のテクノロジーを知らないプランナーは、醜悪さは近代性につきものだと信じてしまう。

ゾーニング

ゾーニングとは、地域を種類別に分類し、それぞれを有効に利用する技術を言う。これも日本の役所は習得できなかった。そのために、工業地域、商業地域、住宅地域、農業地域の区別などは役所の書類上には明記されているが、実質ないに等しい。私の住む亀岡市の住宅街では、ものの五分も歩けば、郊外住宅や田んぼの隣に中古車の販売店があり、何が入っているのかもわからない巨大な錆びた燃料タンクが放置されているかと思えば、まぶしく輝く自動販売機の列があり、夜遅くまで照明されたゴルフ練習場があり、数も種類も数えきれないほどの看板（木に取り付けられたもの、道路脇に立っているものなど）があり、そして言うまでもなく、ネオンサインが渦巻き、ライトの点滅するパチンコ屋がある。

典型的な郊外の住宅地にして、これほどの視覚公害がまかり通っている。だが、だれもおかしいとは言わない。どの建物も規則に厳格に従っているからだ。容積率、建蔽《けんぺい》率、機材の設置面積、電話ボックスの間隔、すべて規則通りだ。まさに、「アリスの鏡の国」の世界である。規制は厳格なのに無秩序がはびこっている。先に見た金融分野と似たような状況なのだ。

規制の多くは、設計会社や建設会社のカルテルを保護するために存在している。何かの理由で過去にできた規制の中には、時代やニーズが変わってもそのまま残って形骸化したものもある。たとえば、一般住宅に地下室を設置するのを事実上不可能にする規制もそうだ。結果、規制はゾーニングの本質とほとんど何の関係もない。その半面、規制は硬直しているから街並みはいよいよ狭苦しくごちゃごちゃになっていく。

たとえば一九六〇年代の京都には、市を京都駅の北と南に区割りする絶好のチャンスがあった。歴史的な建造物などは駅の北側に集中しているから、古い街並みを簡単に保存できたはずだ。法律を制定して、中心街に不調和な建物を建てることを禁じればすんだ。南側は、いくつかの大きな寺社を除けば、時代を感じさせる木造建築は少なかったから、ここに新しい衛星都市を建設することは可能だった。パリの郊外に超近代的な新市街「デファンス地区」ができたように、京都も旧市街の街並みを保存できたはずだ。

もちろん、そうはならなかった。それどころか、南北・新旧市街地に分けず、容積率と高さ規制を押しつけたせいで、地価が高騰し、相続税が重くなり、古い街並みが破壊されるという悪循環を招いた。またその同じ規制が、立派な新しい建築物の開発も妨げた。南側に真に新しい都市が生まれるでもなく、北側に古都の美しい街並みが保たれるでもなく、今日の京都は新しくも古くもなく、どこをとっても一様に雑多な寄せ集めである。

都市を破壊する二大元凶は、相続税と日照権である。日本では、相続税の税率が世界でも珍しいほど高い。地価が戦後ずっと上がり続けていることもあって、古い建物を相続したらそれを売らないと相続税が払えない。また買ったほうも、これほど地価が高くては、木造平屋の家屋をそのままにしていては不経済である。というわけで、古い家は壊されてマンションを建てるしかない。歴史的な地域を保護するために税制上の特例が設けられることはめったにないし、政府の定める税の方針は融通がきかず、地方自治体にはその地域に合わせた制度を作る権限がほとんどない。こんな法律を前にしては、京都にはなすすべもなかった。

古い街並みを破壊したのが相続税だとすれば、新しい街並みを不細工にしたのは、日照権である。一九六〇年代、日照権という考え方が生まれてきたのは、高層建築のために日光が当たらなくなるのを防ごうという、善意の努力の結果だった。そこから建物間の距離と太陽の位置に応じて屋根の高さを設定するという定式が生まれた。つまり、高層ほど床面積を小さくしなくてはならないのだ。そのため日本の都市では、ビルが階段型やピラミッド型をしている。

一九六〇年代から七〇年代にかけて、アメリカでも似たような失敗があった。この時代、

「ストリート・セットバック」は魔法の言葉であった。セットバックとは、建物と歩道との間に広い公共空間を置く規制で、ジェームズ・クンスラーの『名もない地の地理学』で記録されているように、このためにアメリカの何千という街に破壊的な影響を及ぼした。結局のところ、ストリート・セットバックはさほどよいアイデアではなかった。歩道のすぐそばに建つ建物のもつ親しみやすさが、通りから引っ込んだ（セットバック）建物には欠けていたからである。ニューヨークシティも、六番街を無機質なオフィスビル群にしてしまうという、痛い教訓を得ることになった。通りから引っ込んだビルの前には、ぽっかりと空虚な広場が残され活気が消えた。

日照権が加わると、地元の容積率規制によって制限された上に、さらに狭い建物しか建てられない。その結果、東京の平均容積率は二〇〇パーセントにも満たず、パリやローマも含めて世界中のどの国の首都と比べても、その密集度ははるかに低い。「密集度が低い」と言うとよさそうに聞こえるが、人口三〇〇〇万の東京都市圏の住民にとって、それが何を意味するか考えてみるがいい。地価は世界一高く、住宅は狭苦しく、ビルの賃料はべらぼうに高く、人々はすしづめの通勤電車に一時間も二時間も乗って家と会社を往復する。

東京は利用できる土地も少ないというので、地下に巨大都市を建設するという大手建設会社のプランが国土交通省はお気に入りである。人々は地下のアパートに住み、地下鉄に乗って地下のオフィスビルに出勤するわけだ。将来の都民は、昼の光を見る必要性はもうない。

日照権を守ろうとした結果がこれである。

一九八〇年代から九〇年代にかけて、アメリカと日本で起きたことを比較してみれば、現在の日本が抱える問題が浮き彫りになる。セットバック規制で、アメリカの都市景観は途方もないダメージを受けたが、やがて状況に変化があらわれてきた。ゾーニングを管理する地方自治体が考えを改め、一九七〇年代後半にニューヨークはセットバックを緩和し、以後何十という他の都市もこれに続いた。それにひきかえ、日本では、いったん「オン」のボタンを押したが最後、どこにも「オフ」のボタンはない。日照権のおかげで、東京では五〇〇万もの人々が、国の定める最低基準である五〇平方メートルにも満たないマンションに住んでいる。それでもなお、日照権は国全体に徹底させられ、この決まりは時の終わりまで続くだろう。

電線

電話線や電線を地下に埋めていない先進国は、世界で日本ただ一国である。電柱を撤去し電線を地下に埋設しているのは、東京の丸の内などひと握りの地区にすぎないし、これらはきわめて金のかかった展示場のたぐいである。最先端の設備をそろえた新興住宅地でさえ、電線を埋設していない。一九八七年、私は住友信託銀行とトラメル・クロー社の合弁事業で働いていたが、その場所は神戸の六甲アイランドだった。これは港を埋め立てて造った新しい人工島で、神戸市はここを超近代的な未来都市と宣伝していた。しかし、やはり電柱は立っていた。

田舎の電線埋設が進まないのは「優先順位」にある。大都市で電線が一本残らず地下に埋設されるまでは国の援助がまわってこないため、地方では電線を埋めることができない。

ここに官僚システムの働きが端的に見られる。それはだいたい五段階に分かれる。まず戦後、出発点としての第一段階には「強国・貧民」という原則があった。政府のプランナーは、電線を埋設するといった都市のアメニティは贅沢であり、製造業に必要とされる資源を食う無駄遣いであると見なしていた。

第二段階の「政策凍結」は一九七〇年代前半に始まる。電線の埋設に不慣れだった官僚は、日本では埋設すべきではない、いや不可能、と考えるようになった。それを正当化するために、地震による被害といった理由を挙げた。だが実際には、頻繁に地震のある国では、電線を電柱に張りめぐらすより地下に埋設するほうがよいのは明らかである。そのことは、阪神・淡路大震災を見てもよくわかる。電柱が倒れると交通は遮断されるし、救出作業に大混乱をもたらす。もうひとつの電線埋設に反対の理由としては、日本の土壌は「外国と違って湿っている」というのだ。これは、「特殊な雪」と同じ論法である。一九八〇年代、貿易交渉の席で日本側が「日本の雪には外国製のスキー板は合わない」と主張したのは有名な話だ。このような論法の裏には、日本は特殊な国だから、電線を埋設できないという言い訳がある。日本では電線を埋設したことがない、したがって電線を埋設するのは日本的でないというわけだ。

次の第三段階は「依存症」である。電柱の製造と設置は、利益の大きい事業だから独占化し始めた。同時に、電力会社の予算には電線を埋設する費用が組み込まれていない。電力会社は好き勝手に電線を張りめぐらすことができ、都市景観や田園風景、電柱が狭い道路で交通の妨げになることなど考慮しなくてよいことになっている。効率がよく、環境にも悪影響の少ない電線の敷設技術を学んでこなかった。というよりも、そのコストをプランニングに入れる必要がなかった。今となっては、そのコストはとても負担できる額ではなくなっている。「独特な湿った土壌」というイデオロギーに駆り立てられた建設省が、世の終わりが来てもびくともしないような保護措置を義務づけたため、電線を埋設するのは世界一コスト高になってしまった。ほかにも障害になる規制は山ほどある。

森本康義という私の知人が、先ごろ京都の三条通りに引っ越した。古都の中心部にあって、よく知られた通りだが、今はすっかりみすぼらしくなっている。町内の人々が集まり、三条をよみがえらせるにはどうしたらいいか話し合った時、電線を地下に埋めたらどうかと森本は提案した。ところが、それは不可能に近いという。電線を埋設するとなれば、土地所有者から歩道沿いの権利を数平方メートル提供させ、地上に機器ボックスを設置しなければならないと決まっているのだ。しかも数十メートル置きにである。なぜそんな狭い間隔でボックスを置く必要があるのか、しかもなぜ地上に。そもそも埋設のメリットは、すべての機器を地下に収めることにあるのに。電線埋設に不慣れの官僚は、何かしら地上になければ落ち着かないのだ。日本の地価がこれでは、たとえ数平方メートルでも貴重な土地を提供するわけにはゆかない。という理由で電線は埋められないまま、三条通りも細めのカラー電柱になっただけで以前と大きく変わっていない。

そこで、第四段階「完全中毒」に入る。一九九〇年代、日本は「ＰＨＳ」を推進している。外国では、衛星でリンクする完全なワイヤレス方式の新システムが主流だが、ＰＨＳはそれとは違って小型の中継器を数十メートル置きに設置しなくてはならない。設置場所は信号機、あるいは電柱である。政府が一致団結してＰＨＳの開発と普及を後押ししている現状では、もはや日本の送電線や電話線が地下に埋められる見こみはない。

行き着くところは、最終段階「デコレーション」に達する。これは「犬と鬼」の象徴で、本質的な技術改良をやらないで、外見的なお飾りに大金をかけることだ。一九九〇年代には、町のあるブロックを特定し、古いコンクリートの電柱をはずし、ブロンズ色の金属板を巻き付けたファンシー電信柱に付け替えた。土木工事には六角体、あるいはセメントを型にはめ自然石に似せた、デザインコンクリートが生まれているのと同様に、デザイン電柱も出現してきた。当局として何かをしたという満足感はある。そして、電柱は一本一本見ればきれいになっている。しかし、空に張りめぐらされた電線の網は以前と変わらず、街のゴミゴミさは直っていない。

見るからに東洋的

容積率と日照権に、屋上の空ボックスを促進するルールを加えると、その結果、日本特有の混沌とした都市景観になる。おまけにゾーニングや看板の規制もなく、自動販売機が氾濫し、電線が上空を覆い、日本の街並みを特徴づける雑然とした眺めが生まれる。くつろげる公園も、落ち着いた街路も少なく、ごたごたと立ち並ぶビルもやはり看板や電線で覆われている。

この雑然とした風景がすっかり当たり前になってしまい、日本の建築家にはこれ以外の風景は想像もできなくなっている。数多くの庭園があり、整然と区画割りされていた古都京都や北京、ペナン、ハノイの例を持ち出すまでもなくその反証がいくらでもあるのに、木陰もない都市がどういうわけか「アジアらしい」ものとして正当化されている。

ごちゃごちゃしているのがいかに東洋的で素晴らしかろうと、実際にそこに暮らす人々は、見晴らしのいい景色やきれいに整った街並みを求めている。その欲求に応えて、建設されたのが壮大な「新都市」である。広々とした道路、巨大なオフィスビルの周囲には、舗装された公園や風の吹き渡る広場がある。振り子が正反対の極に振れて、完全に無機質な街が出現したわけだ。神戸のポートアイランド、千葉の幕張や東京のお台場へ足を延ばせば、そこで目にするのは無味乾燥な新しい都市景観である。周囲を圧する巨大なオフィスビルは、人気《ひとけ》のない通りやがらんとした広場に囲まれている。こんな死んだような新都市が生まれたのは、ひとえにテクノロジーを知らないからだ。都市計画者は、都市空間がごちゃごちゃにならないようにするには、人間味を排するほかはないと考えた。つまり、日本の都市には中道は存在しないということだ。みすぼらしいか無機質か、その両極端のどちらかしかあり得ない。

チェーンソーでめった斬り

「ニュージャパンは木を嫌う」と、ドナルド・リッチーは一九七一年の『ザ・インランド・シー』（瀬戸内海旅行記）（『日本人への旅』山本喜久男訳）に書いた。リッチーの時代には、その精神はブルドーザーで木を倒し、公園や広場を造ることにあらわれた。第二章にも書いたように、一九八〇年代には落ち葉ぎらいに発展し、ついに九〇年代には、木そのものを攻撃するようになった。上野公園の動物園側や東京大学の周囲を歩いてみれば、数十年は経っていそうな太い木の枝が、ちょうど歩道に差しかかるところで切り落とされているのに気づく。切り口から見てつい最近切られたようだ。三、四年前までは木陰の続く道路だったのに、今はもうそうではない。道幅を広げたい、木陰をなくしたいという行政の思惑と、落ち葉への嫌悪感とがあいまって、道路へはみ出した枝は切り払うこと、という新しい規則が生まれたわけである。
ロマン派の詩人、キーツはこう書いた。

立ち木は
神殿のまわりにささやき　いよいよ
神殿と同じく　貴くありがたい

一九九六年に文化庁が高岡市の瑞龍寺《ずいりゅうじ》を修復した時、おそらくこの詩句は頭になかっただろう。まさしく中原キイ子の精神にのっとって、境内に生えていた樹齢数百年の欅《けやき》や松の木立が切り倒され、根こそぎにされた。その跡にできたのが、広々とした白砂の庭である。白砂のほうが「禅」にふさわしいと考えたのだ。視界をさえぎるねじれた老木より、そのほうが美しいと。

都市の樹木を目のかたきにするのは、いったいどうしてだろう。よくはわからないが、いくつかの説は考えられる。電柱が狭い道路の両側に立ち並んで、通行を邪魔することに比べれば、樹木のもたらす不便などものの数にも入らない。それでも、当局は電柱でなく、樹木を標的にする。好き勝手にあちこちへ枝を伸ばすところが、役所が尊ぶ秩序を傷つけたのかもしれない。ごちゃごちゃした都会で育った人間は、無機質で、広々とした場所にあこがれる。それは、長年、工業拡大のため何もかも犠牲にしてきたことのあらわれで、ついに無機質は現代のジャパニーズスタイルのひとつになってきている。アジアを旅すると、ホテルやオフィスビルで、日本企業が建てたり所有しているところはすぐ見分けられる。その特徴は樹木がなく、低いツツジの垣根が整列していることだ。

枝切り作業で不思議なのは、そのあまりにもラフなやり方だ。日本は盆栽を生んだ国で、その素晴らしいガーデニングの伝統は世界的にも有名である。枝や幹の形を整える技術は多彩・豊富で、何年何十年と剪定《せんてい》し続けて、枝が伸びるにつれて徐々に形を整えたり、垂れ下がってきた古い枝をつっかい棒で支えたり、樹皮を寒さや害虫から守るために布やわらを巻いたり——これらは、何世紀もかけて培われてきた高度な技術で、つい最近まで欧米にはほとんど知られていなかった。それなのに、今日の日本で行われているのは、文字通り「めった斬り」である。時間をかけた精妙な技術などどこにもない。ただ太い枝を根もとからチェーンソーで乱暴に切り落とすだけで、害虫や腐食を防ぐ手だてすら施されていない。京都在住のアメリカ人、メーソン・フローレンスはこう言っている。「なにがつらいって、あれは残酷だよ。まるで手足を切断されたみたいだ」。神戸へ赴任してきたあるアメリカ人ビジネスマンの夫人は、「日本へ着いた時は冬だったの。道路沿いに切り株が並んでるのを見て、胴枯れ病がはやって木が全滅したんだと思ったわ」と語ってくれた。

古い街並みが取り壊された時、暮らしの中にあった智恵、伝統的な技術の世界がひとつ消滅した。破壊のテンポが速すぎて、これらの技術が現代に適応する機会が与えられず、今日の生活との接点は失われている。古い旅館に見られる静かで落ち着いた快適さ、細部の優雅さは、ピカピカのベークライトで内装した京都の現代的なホテルとはまったく別の文明に属している。同様に、日本の公共の場のガーデニングもほんの数十年で様変わりし、丹精こめて剪定していたのが今では無惨なめった斬り。足指の一本一本をていねいにマッサージしていた親切な指圧師が、急に眼を血走らせて膝から下を切断し始めたようなものである。

シンガポールは高度な都市計画のおかげで「ガーデン・シティ」と呼ばれるまでになったが、日本との最大の違いをひとつ挙げるとすれば、それは樹木の扱いである。チャンギ空港からシンガポール市内まで車を走らせるのは、観光の楽しみのひとつだ。ハイウェイは、広くアーチ型に枝を張った木々に縁取られ、すべて新しく植えられた樹木だ。橋の下をくぐる時は、橋桁から垂れ下がる蔓《つる》に花々が咲き乱れている。ウィリアム・ウォーレンの東南アジアの庭園に関する著作では、このハイウェイがアジア庭園の例として掲載されているほどだ。「シンガポールの植物の世話が行き届いていることには驚嘆した。従業員たちは専門的な教育を受けたプロフェッショナルなだけでなく、自分の仕事を心から愛しているようだ」

日本では、都市の通りを整備している役所には、どう見ても仕事への愛など感じられない。東京の表参道のような例外はまれにあるが、地方の小さな町ですら、木々がアーチを作る道路などまず見られない。もし見つけたら、心ゆくまでその景色を味わい、写真におさめ、大切に保管しておいたほうがいい。そのうち作業員がやって来て、枝を切り払ってしまうだろう。チェーンソーは、この国の定めなのだ。

東京はリゾート

それでも「東京はリゾートだ！」と佐野忠克《さのただかつ》（通産省国際経済部長）が言う。パリなどヨーロッパ北部の都市と違って、東京は冬でも陽光があふれている。日光が不足しているからこそ、ヨーロッパ人は気の毒にも長い夏休みをとって、美しい別荘で過ごさざるを得ないのだと佐野は言う。東京は素晴らしい都市なので、「日本に住んでいれば外国人でも別荘が欲しいとは思わない」と言いきり、いずれにしても「高度成長時代に生まれた子供たちは、コンクリートの街並みになんの違和感も感じない」。

佐野の言う通りだ。東京などの都会に住む人間は、それに慣れっこになっている。「われわれの世代は怒りを覚えています」と、日本の公共事業に関する著作でベストセラーを飛ばした五十嵐敬喜は言う。「自然のあるべき姿を若い世代は知らないのです。環境破壊を目にしても、私と違って学生たちはショックを受けない。そういうのを見て育ってきてますからね」

先ごろ、アンドルー・マークルという一六歳のアメリカの少年が、学校の休みを利用して、大阪に住む両親を訪ねて来た。そのとき、彼と両親と私の四人で、車で神戸から東へ向かい、大阪を抜け、大阪湾に沿って、新関西空港近くの泉大津《いずみおおつ》まで出かけたことがあった。高架の高速道路を走っていると、見渡すかぎり工業都市が広がっている——何時間走っても、そのおぞましい景色はなかなか終わらない。周囲の工場とろくに見分けもつかない、無機質に立ち並ぶマンションに何百万もの人々が住んでいるのだ。点滅する看板、高圧電線を支える鉄塔、木々も公園もなくどこまでも広がるビルと炎を噴き上げる煙突を、アンドルーはしげしげと眺めていたが、やがて言った。「学校でよく日本のマンガを読むんだけど、日本人の描く未来の姿にはいつも感心してた。終末的っていうのかな。ああいう発想がどこから出てくるのかこれでわかったよ」

殺風景な街並みに慣れてゆくように、人々は安っぽい工業製品に心地よさを感じるようになる。以前、京都に住むアートコレクターのデイヴィッド・キッドがこんなことを言っていた。「模造の木材にすっかり慣れちゃって、日本人は模造と本物の区別がつかなくなってる。同じものだと思っているんだ」。この混同の実例が見たければ、北九州の有田陶磁美術館を訪ねるとよい。手仕事の伊万里焼という伝統技術を紹介する場所なのに、建物はロココ様式で、コンクリートを加工して石壁に見せかけてある。食堂のテーブルは木目をプリントしたプラスチック製。職人の技を称えるために、高額の費用を投じて建てられた美術館がこれである。

素材への理解に欠けるなど、日本でそんなことがあるとは思いもよらないだろう。伝統的な日本美の特徴と言えば、まっさきに挙がるのが「素材を大事にする心」だ。白木、天然石、素焼きなど。ところが今日の日本では、プラスチックだの、クロムだの、ピカピカのタイルだのアルミだのコンクリートだの、醜い人工素材が主流となってきた。個人の住宅から最高級のホテルやレストランまで、いたるところでこういう安っぽい素材が目につく。先日、私は東京の出光美術館《いでみつ》に出かけた。アジアの陶磁器コレクションでは東京で最大の美術館である。この陶磁器の殿堂の入り口には盆栽が置かれていた——が、その鉢はオレンジ色のプラスチック製だった。

かつては自然素材の目利きだった国民が、どうしてこのような工業製品を無造作に利用するようになったのだろうか。地方の破壊の場合と同じく、その理由は単なる「西洋化」では説明がつかない。パリやニューヨーク、ブエノスアイレスの人々は、プラスチックを偏愛しているわけではない。かといって「アジアらしさ」でもない。そのことは、シンガポールや香港に行けばすぐわかる。あるいはバンコクのスコタイホテルでもいい。このホテルの壁には輝くタイシルクが掛けられ、くすんだブロンズ製の照明器具が取り付けてある。

ひょっとすると、処理も加工もせずに原材料をそのまま使う伝統こそが、プラスチックやアルミを平気で使う素地になっているのかもしれない。ちょうど、日本の昔の大工が、周囲にあるものをあるがままに使っていたように。またもうひとつには、金屏風、蒔絵、磨き上げられた刀などに見られる伝統的な「艶《つや》好み」も原因になっているのかもしれない。だが、伝統的な文化に理由を求めなくても、もっと単純な、しかもより真実に近いと思われる理由はほかにある。

日本では「近代化」について時代遅れのイメージを引きずっているということだ。ピカピカ輝くものが豊かさと技術的進歩のしるしであり、静けさや落ち着いた雰囲気は古くさいと考えているわけだ。いずれにせよ、キーワードは「ピカピカ」だ。大都会でも小さな田舎町でも一ブロックも歩けば、ピカピカの白いタイル張りの建物、鏡のようなクロムの外壁、閃《せん》光《こう》を放つ看板ばかりだ。屋内に入っても同じである。日本は一九六〇年代のSF映画の描く未来像にはまりこんでしまった。一九六一年、私が幼かったころ、わが家のキッチンの床がリノリウム張りになった。そのわくわくしたこと！　当時、ピカピカのプラスチックはどこでももてはやされていた。だが世は移り、人々はプラスチックでは及ばない本物のよさに気づいたが、日本はその時代から抜け出せずにいるようだ。

天井の仕上げは斧だけで

ここでまた「強国・貧民」のポリシーにぶち当たる。明治維新以来、大正ルネッサンスと一九六〇年代の短い時期を除いて、一世紀半も前から日本の指導者は何らかの形で海外進出、国力拡大を一貫して目指してきた。それは、日本の近代化をねじ曲げた。長い歴史で見ると、日本は外部に向かって国力拡大を目指したばかりでなく、エネルギーを内へ注いだ。

結果、貧困とか停滞でなく国は栄えて一九世紀にはアジアの最も豊かな国になった。世界に誇る文化都市を築き、百万千万単位で芸術的な木造建築を建て、充実した伝統文化を磨きあげた。こうしたものは今も世界に計りしれない影響を与えている。

一八五三年のペリー提督の来航は大きな波を起こし、その波紋は現在も残っている。最初は必死になって西洋列国に負けじと抵抗し、後にそれと戦い日本こそが覇者になろうとした。日本は輝かしい成功を収めたが、その過程に従来の文化と精神に深刻なダメージを与えた。今日では、百万千万の芸術的な家屋もことごとく消えさり、そのかわり世界に誇る新しい文化を作り上げるゆとりもなくなった。何と皮肉なことだろう。外に向かって国力拡大をし続けた結果、国内はみすぼらしく貧相になったのだ。

一九世紀にヨーロッパの国家主義の影響を受けて、軍国主義が戦前の政治の基盤となった。戦後それは産業拡大へと移行したが、その精神は根本的に変わらなかった。日本のリーダーは今日でも経済発展を戦争とみなしている。

軍事的な比喩は、ビジネスや政治や新聞、雑誌でも頻繁に使われる。カレル・ヴァン・ウォルフレンは日本のシステムを評して「戦時経済が平和時に働いている」と述べている。人を怠惰にし軟弱にするというので軍隊は贅沢を嫌うものだが、そういう観点から見れば、「強国・貧民」というのはまさに典型的な軍国的統治法である。過去に古代ギリシアの都市国家のスパルタがこれを試みた歴史がある。日本とスパルタは類似点が多いので、比較してみたくなる。

古代ローマ時代の歴史家プルタルコスによれば、スパルタの法律を作るにあたって、立法者のリュクルゴスは、まず家のデザインから始めたという。天井を作るには斧を用い、門や扉は鋸《のこぎり》で形を整えるだけにして、カンナを使わずに家を質素にすることを定めた。「このような家に贅沢は似合わない」とプルタルコスはコメントしている。「人々は家にあわせてベッドを用意し、ベッドにあわせて布団を選び、残りの家財道具もそれにあわせてそろえる、リュクルゴスはそう考えたようだ」

日本もこれと同じで、「強国・貧民」という政策には磐石《ばんじゃく》の基盤がある。すなわち、狭くてちゃちな住宅だ。東京に住んでいるドイツ人カメラマン、マティアス・レーは私にこんな話をした。「ある時ドイツの編集者を大阪空港から京都へ案内したことがある。街の郊外を通った時に、その編集者は道路沿いの家を見て『アー、ここは貧しい人たちの住むところなんだな？』と言った。残念ながらその答えは『ノー』。これが普通の家だ」

よくある誤解のひとつに、日本は人口に見合うだけの国土がないという思い込みがある。「人口が多すぎる」せいで地価が高いとだれもが信じこんでいる。だが実際には、ヨーロッパでは日本と同等の人口密度の国が大半である。もうひとつの土地に関する神話では、日本では急斜面の山が多いので人が住める面積が少ない。それでは「人が住める土地」とはどういうことだろう。急斜面は、昔ではトスカーナ地方、近代ではサンフランシスコと香港の発展に邪魔にはならなかった。問題は土地の使い方にあるのだ。

土地の売買にも建築物の大きさにも、無数の規制がある。そのため家の値段が高くなるので（一九九〇年代初頭には三世代におよぶローンまであらわれた）、国民はせっせと貯蓄せねばならない。その貯蓄した金を、銀行が低利で企業に融資する。やがて経済（とくに銀行）は、高い地価に依存するようになる。そのため、一九九〇年にバブルが弾けて地価が下落した時、政府はパニックを起こした。以来、なんとしても地価を上げるというのが国策になっている。

政府が低い容積率を頑として変えようとしないのも、土地の使用を制限するためである。容積率は、都市の住宅が一階建てか二階建ての木造住宅ばかりだった時代からあまり変わっていない。さらに日照権に追い討ちをかけられて、東京や大阪などの大都市では、地価の高い中心部の商業地区でさえ低層の建物が立ち並ぶ結果になっている。おまけに、土地を田畑にしておくと税制上のメリットがあるので、東京都のかなりの地域がいまだに「農業地区」指定のままだ。

また、日本では山地を住宅地や商業地に変更することに厳しい規制があり、これもまた土地の有効利用をはばむ大きな要因になっている。はるか昔、山々が神々の領域とされていた時代までさかのぼるこのタブーのせいで開発が山地に及ばないとなれば、平地や谷間が混み合うのは当然だ。

スパルタで法律を制定し終えたリュクルゴスは、スパルタの王と民を集めて、すべての法律が完成したと告げた。しかし、ひとつだけやり残したことがある、アポロンの神殿のあるデルフォイに出かけ、最後のご神託をいただかなくてはならないと言い、戻ってくるまで一語たりとも変更しないよう厳粛な誓いを立てさせた。ただちにリュクルゴスはデルフォイ神殿におもむき、そこで絶食して自らの命を絶った。以来九〇〇年間、人々は誓約に縛られて法律を変えなかったという。

日本の状況もこれに似ている。リュクルゴスは紀元六五年ごろに去って、それ以来だれも法律を一語たりとも変えようとする者はいなかった。たとえば、土地の利用計画を立てる際、山地を神聖視する古いタブーに、真剣な検討が加えられたことは一度もない。逆に下手な開発を免れたのは天の助けだったかもしれない。杉が植林され、林道が網の目に走り、コンクリートの土手が築かれてはいるが、平野ほど荒廃してはいない。山は日本の最後の砦だ。だがいっぽう、国土の大部分が開発できないために、住宅地の価格は跳ねあがっている。日本の住宅はヨーロッパの住宅より二〇〜三〇パーセント狭く、しかも値段はおよそ三倍——床面積で比べれば四、五倍だ。ヨーロッパの多くの国と同程度の人口密度なのに。

しかも、この比較では質は考慮されていない。まさしくリュクルゴスの精神にのっとり、家が狭いだけでなく、建材も安っぽいものばかり使っている（合板、ブリキ、アルミ、塩化ビニール樹脂）。阪神・淡路大震災で明らかになったように、日本は耐震住宅の開発も遅れて、この分野で今最先端の技術をもっているのはアメリカだ。また、住宅はほとんど断熱されていない。

最近日本の個人住宅事情は大きな転換期に入り、組み立て式（プレハブ）住宅が主流になってきた。海外にもプレハブはあるが、フレーム部分の使用が多い。日本の特徴は、屋根から床まで、ドアのノブから下駄箱まで、すべてハウスメーカーで製造されセットで売られることである。プレハブ住宅は新しい個人住宅の大きなシェアを占め、プラス面では従来の家屋より明るく、清潔で便利になり、たしかに一種の進歩である。しかし、マイナス面では街の風景をつまらなくし、無機質が完全勝利を収める。外も内もすべての表面はつるつるとした特殊加工で、こうした混成加工品はビニールか、セメントか、金属かわからないもので、天然ものとは遠くかけ離れた素材だ。工業立国を完成させ行き着く先は、工業モードが支配し、人間が加工品の虜《とりこ》になっている。味気ない素材に囲まれて住まなければならない。ある意味で、こうしたものに未来的アピールはあるかもしれないが、残念ながらプレハブ住宅も、部屋を小刻みにし、デザインが雑多で、換気、断熱設備もろくになく、不快さは今も昔もさして変わらない。

プレハブ住宅の一番寂しい点は、一軒ごとに特色のあった家屋がワンパターン化していることだ。近隣は次々プレハブ化され、同じようなモデルの家が立ち並び、見渡す限り同じ混成加工品のねずみ色。ここに悪循環が見られる。ゴミゴミした都市か傷ついた田舎に生まれ、学校では個性を持たず、自己主張しないように教育された人々は、家を選ぶ時にも無機質なプレハブ住宅を購入してしまう。そうした家で育てられた子供たちが大きくなり、また無機質なホテルやオフィスビルをデザインし、自然環境へのさらなる破壊を平気でやってしまう。この現象はスピードを増しつつスパイラル（らせん状）に下降の一途をたどる。少々の経済の上がり下がりなど、この下降の歯止めにはならないだろう。

住宅の開発に失敗すれば、それに関連する多くの産業も同じく足を引っぱられる。とくに顕著なのが家具、そして室内装飾である。蛍光灯が一般的に使われていて、住宅はもちろん、ホテルのロビーや美術館までその青みがかったまぶしい光で照明されている。自然木の家具もしだいに見られなくなっている。自生の広葉樹林（桜、柿、欅、楓、ブナなど）を伐採し、用材杉の単純林にしてしまったことが、こんなところにも副作用を及ぼしている。

いずれにしても、ほとんどの人はもちろん、金持ちでさえ胸を張って他人を招待できるような家に住んでいない。なにしろ、日本ではディナーパーティと言えば外食のことだ。自宅の庭で結婚披露宴を？　とんでもない、とても考えられない。財力や趣味に関係なく、人を招いて催しをしようとすれば、だれもが公共スペース——たとえばレストランやホテルの宴会場を使わざるを得ない。要するに、現代の日本には、友人たちと親しく交流する場としての住宅は存在しなくなってきている。

リュクルゴスが聞いたら褒めてくれるだろう。彼の定めた法のうちとくに効果があったのは、スパルタの男子は自宅で食事をしてはならず、全員が共同食堂で同じテーブルを囲むこと、という法だった。プルタルコスはこう述べている。「それというのも、貧乏人と同じ食卓につかねばならないため、いくら財産があっても富を利用することも楽しむこともできなかった」

リゾートとホテル

国民を狭くて高額な家に押し込め、混成加工品に囲まれた生活に順応させようというのは、大量生産型の産業に適していた。だが、室内装飾や観光業といった新しいタイプの産業を育てるには、国民にゆとりと教養があって、洗練された趣味を身につけさせなくてはならない。

京都の古い風情のある旅館は有名だが、国際的な水準に達する現代ホテルが一つもないというのも事実だ。パリ、ローマ、北京、バンコクなど、ほかの「文化都市」なら、その土地特有の材料やデザインを組み込んで地方色を演出したホテルがよく見られる。だが京都には、主だったホテル（京都ホテル、都ホテル、ブライトンホテル、プリンスホテルなど）のロビーはどこも、クロムと花崗岩とガラスばかりで、木と紙の文化を徹底して否定している。

世界の京都、かたや第三世界のバンコク。しかし、パリやニューヨークの一流ホテルと同ランクに属するのはバンコクのホテルであり、京都のホテルは東欧の労働会館といい勝負だ。

バンコクのスコタイホテルのエントランスへ続く道は、木製の格子と緑の木々で囲まれている。それに対して、都ホテル（京都で最も格式が高い）に向かう時に目に入るのは、薄汚れたコンクリートの壁と狭い階段である。バンコクのインターコンチネンタルやヒルトンで、池や東屋に彩られた庭園を散策したあとで、京都ホテルの広場を眺めてみるといい。花崗岩を敷きつめた殺風景な場所で、まわりを囲む竹垣も本物の竹ではなく、黄色いプラスチック製である。バンコクのハイアットホテルなら、高くそびえるチーク材のアーチ天井の下、緑に囲まれてのんびりとコーヒーを楽しめる。いっぽう、国際会議の参加者がよく利用する京都宝ヶ池プリンスホテルでは、低い天井に仰々しいシャンデリアが吊るされ、壁も床もプラスチックやアルミ製だ。バンコク・ウェスティンホテルの五〇階で夜の一杯を楽しめば、磨かれたチークと紫檀《したん》の羽目板に囲まれて、バンコクの夜景を堪能できる。これが京都のロイヤルホテルなら、庭園を眺めればフラッドライトに照らされた滝が岩を打つさまが楽しめる――もっとも、岩は緑のファイバーガラス製だが。

程度が低いのは東京も同じで、魅力の感じられるホテルといえば、パークハイアットとフォーシーズンズの二つぐらいだ。パークハイアットホテルの場合、木材を使った廊下やエレベーターは照明も落ち着いている。関係者の話では、日本の設計士やインテリアデザイナーを締め出したおかげだという。「日本人に任せるわけにはいきませんでした。クロムと蛍光灯にしたがるので」。また、先日フォーシーズンズを訪れた時に気づいたが、壁に飾られた金屏風は本当の骨董品だった。だれが装飾を担当したのかフロントで尋ねてみると、やはり「香港のリージェントホテルのデザイナーが選んだ」とのことだった。

これまで、数百室もある都市型ホテルを述べてきたが、小ホテル、いわゆる「ガーデンホテル」や「ブティックホテル」となると、他の先進国とのギャップはさらに大きくなる。一九八〇年代バブル絶頂期、お金に糸目をつけなくてもいい時、ビジョンを持った不動産開発業者が短期間ながら、非常にオリジナリティーのあるホテルをいくつか建てた。たとえば、葛和《くずわ》満博《みつひろ》が企画しイタリアのアルド・ロッシのデザイン協力を得て、一九八九年に福岡に建てたホテル、イル・パラッツォはそのひとつだ。しかし、バブル崩壊で開発業者は従来のパターンにもどり、狭い部屋、フラットな内装、限られたサービス、いわゆるビジネスホテルばかりを建築した。「ブティックホテル」とは都市にあり、規模が小さくても洒落た内装で個性があり、ハイグレード感覚で仕上げられたものを言う。たとえばアメリカのイアン・シュレーガーという有名なデザイナーが、Wホテルやニューヨークのパラマウントホテルを設計した。内装はごくシンプルで、シャンデリアなど豪華な飾りつけはせず簡素、シック、かつ居心地のいい渋さを味わえるものとして、大評判になった。一方、日本ではテカテカ大理石ロビー、客室も工業的臭いのするもので、ただ寝るだけのものだ。シュレーガーは言う。

「ホテルは寝るだけの場所ではなく、楽しめるところでなければならない」

今日の日本の若い世代は、マークル一家が神戸から泉大津へのドライブで目にしたような風景になじんでいる。関東なら、成田エクスプレスで東京へ向かう時に目にする光景と同じようなものだ。こんな景色が当たり前になっているから、現代日本の建築家は、快適な環境のなんたるかがわからなくなっている。リュクルゴスが予想したように、人間は「家にあわせて」、ベッドを用意し、ベッドにあわせて布団を選び、残りの家財道具もそれにあわせてそしてまた人生をもそれにあわせてしまったのだ。

結局、規格化されたつるつるな表面のものに、今の人たちは快適さを求めるようになった。つまり、「工業モード」が日常生活を支配している。最近はやりのヘルス・スパに行くと、そのことがよくうかがえる。ヨーロッパや東南アジアのヘルス・スパは、自然と溶け込んだ木や石や流水、鳥の鳴き声などで人の魂を和ませるようにできている。いっぽう、日本のヘルス・スパはまるでクリニックのようで、真っ白の廊下に白衣を着た店員が待ちかまえている。

温泉

東京や大阪なら、外国人の設計した魅力的な国際ホテルも多少はあるものの、地方は今も国内のデザイナーが一手に担っている。リゾートは設計もビジネスホテル並みで、周辺の環境をつまらなくしている。

つい最近まで、温泉という素晴らしい伝統的なリゾートがあった。川のほとりや山のいただき、松林に彩られた浜辺など、風光明媚な場所に何千もの温泉地があり、木や竹でできた美しい建物、行き届いたサービス、効能のある湯を売り物にしていて、美しい自然のなかでくつろぐことができた。窓を開け放って湯船につかれば、川面から立ちのぼる霧や、周囲の木々を眺められた。

もちろん温泉は今もあるし、湯は流れ、サービスの質も落ちていない。だが、心やすらぐ雰囲気のほうは霧と化して消えつつある。昔ながらのよさを守っているところもなくはないが、たいていの温泉は木や竹を捨ててタイルとアルミに変えてしまった。建物は昔のままでも、蛍光灯と自動販売機と緑の人工芝が、視覚的なやすらぎを打ち消してしまう。

たまたま心あるオーナーがいて、温泉旅館の美しい内装を維持できたとしても、温泉のそばにある川や山や海岸は変更がきかない。日本中の温泉地のうち、でたらめな開発や土木工事によって被害に遭っていないところはごく少ない。『ビジネスウィーク』誌の元東京支局長ロバート・ネフは、こう書いている。

コンクリート、ビニール、パチンコ屋、自動販売機などに急速に場所をゆずってきた田舎にあって、秘湯は時の流れを忘れさせてくれる。こんなところがまだ存在しているということを報告できるのがうれしい。残念ながら、それらは絶滅しかけているのだ。本で見つけた写真では、つい一〇年前までみごとに手垢にまみれていなかったのが、近ごろでは見る影もなくなって、あたりの風景とはまるでそぐわない現代的で奇怪なものに取って代わられている秘湯を訪れることがよくあるのだ。あるいは、新しいハイウェイ、ダム、醜怪な橋、スキー・リフト、ロープウェイ、発電所などが、玄関からすぐに見えるようなところに建設され、興ざめもいいところだったりする。

そういうわけで、何百年もの歴史を誇る温泉という日本古来のリゾートは、たった数十年で台無しにされてしまった。温泉はまちがいなく文化財だったし、世界中の観光客を惹きつけることもできただろう。温泉が健全な形で保たれていれば、これを足場にして国際的な観光産業を興すことも夢ではなかったはずだ。だが今ではもう無理に近い。風光明媚な温泉地が残っていないわけではないが、風光明媚は日本では大変な贅沢品になってしまい、一般人にはとても手が出ない。そして手ごろな温泉のほうは、きれいな風景と目障りな人工物が混在する、中途半端な場所になってしまった。日本にいるのなら、あいた時間に行ってみても損はないが、わざわざ海を渡り飛行機代を払って行くほどの場所ではない。

ローマ帝国の興亡を書いた歴史家エドワード・ギボンは、「すべて人間に関わる事物は、進歩しなければ退化する」と書いている。すぐれた工業技術、電気・水道・ガスがちゃんと整った都市、時刻表通りに走る鉄道など、日本は外面的には近代化の要素をすべて備えていた。官僚、建築家、大学教授、都市計画者にとっては、日本は完璧な方程式にのっとっているように見えた。あとは、定まった方向に沿ってより大きな開発をしていけばよいのだ。だが、日本では時間が止まっているということに気がつかなかった。官僚も学者もこのままでいいのだと自信満々で、国内外の新しい発想は一切受けつけてこなかった。近代化の中核である「変化」を捉え損ねたので、近代化の心をなくした。新しい考え方、斬新な知識を取り入れてこなかったために、ギボンが予言した通り都市でも地方でもクオリティー・オブ・ライフは後退した。

ここで現代日本の最もおかしい、本来はあってはならない不思議な現象に出会う。それは、世界から「美」の国として知られている日本には、現代風景の中に人間の手が加えられたもので美しいものがほとんどといっていいほど存在しないことだ。

一六九四年、芭蕉は生涯最後の旅に出発した。これは彼にとって最も大がかりな旅になるはずだった。伊賀上野から大坂に向かい、門弟たちに会ってその争いを収め、俳句の世界を正道に戻すつもりだったのである。しかし、ことはそう運ばなかった。旅の途次に病を得て、なにもできないまま息を引き取ったのである。弟子たちが枕元に集まると、芭蕉はこんな辞世の句を詠《よ》んだ。

旅に病んで
夢は枯れ野を
かけ廻《めぐ》る

一九六〇年代以降、史上まれに見る経済成長に力を得て、日本は栄光ある未来を目指して旅に出た。続く数十年間に古いものが一掃され、それに代わって輝かしい新世界があらわれると信じて疑わなかった。

ところが、どこでどう間違ったのか、旅の途上で病に倒れた。輝かしい新世界など、いつまで経っても現れはしない。香港のような華やかな未来都市にも、シンガポールのような庭園都市にもなれず、クアラルンプールやジャカルタにさえなれなかった。あるのは枯れ野だ。アルミ、「日立」の広告、屋上のボックス、看板、電線、自動販売機、無機質広場、キラキラ照明、プラスチック、パチンコ屋。水平線の彼方まで、夢は枯れ野をかけ廻る。

第十章　鬼——モニュメントの哲学

「わが名はオジマンディアス、王の王。
なんじ力ある者よ、わが偉業を見よ、しかして平伏せよ！」
シェリー　詩「オジマンディアス」

　昔々、出雲の国に頭の八つある恐ろしい大蛇——八岐大蛇《やまたのおろち》がすんでいた。大蛇は山という山、谷という谷を荒らし、村の娘たちを次々と呑み込んでいったが、ついに素戔嗚尊《すさのおのみこと》に退治されようやくこの国にも平和が訪れた。この蛇の尾から現れた聖なる剣は、三種の神器のひとつとされた。また、この地に日本最古の社《やしろ》である出雲大社が築かれ、以来、出雲は聖なる国とされてきた。
　ところが、二〇世紀後半に出雲の横田町（現・奥出雲町）を襲った敵は八岐大蛇よりも手《て》強《ごわ》く、神々が束になっても救うことはできなかった——その敵とは過疎化である。若者はみな都会へ出ていき、地方は巨大な老人ホームに変容しつつある。地方の過疎化は世界的な傾向とはいえ、日本にはそれを助長する要因がいくつかある。そのひとつは、東京に権力が集中し、地方に強い産業が育たないことだ。巨大企業マイクロソフトはワシントン州レドモンドという田舎に本社を置いているが、日本ではそんなことは考えられない。

地方を「リサイクル」する方法は、環境にやさしいリゾート開発、美しい別荘の建設、ハイキング、多様な自然体験観光など色々あるが、製造業拡大だけを目指した構造のために、このようなものは考えなかった。過疎化の流れを食い止める手だてとして政府が行ったのは、土木事業や杉の植林に補助金を出すことだった。

残念ながら、この補助金は脱工業化社会での地方の役割には何の効果もなかった。それどころか、意味のない道路や堤防が築かれた結果、地方のよさは失われてしまった。かと言って都会ほど便利になったわけでもない。こんな所に、本社を置きたがる企業はないだろう。アトリエを欲しがる画家も、退職後移り住もうという人も、リゾート開発で旅行者を集めようと思う業者も来るわけがない。

ではどうしよう。横田町にとって幸いなことに、かつて恐ろしい敵だった八岐大蛇が今回は救世主としてよみがえってきた。建設省からの補助金で絵のように美しい谷を埋めつくし「おろちループ」という全長二・四キロの二重ループの高架道路を建設した。この横田町の「おろちループ」は日本一長いループ橋だと町は胸を張っている。

観光パンフレットに「神話の世界へのいざない」とある通り、確かにここに祭られているのは、日本を支配する建設という神様にちがいない。ループの途中にある橋は明るい赤に塗られ、谷をまたぐ姿がスポットライトで照らし出される。ループの途中のトンネルの入り口は大蛇の眼で飾られ、八岐大蛇の八つの頭にちなんで八ヵ所の展望スポットがある。そびえるコンクリートの柱が売り物だ。

一九九二年におろちループが開通した時、出雲大社に劣らぬ観光スポットになるだろうと横田町は夢を描いていた。しかし、ループはどこにでもよくある高架道路で、都会の人々にとってはめずらしくもなんともない。コンクリートの柱など東京や大阪にはいくらでもあるのに、わざわざ出雲まで見に行く必要はない。百数十億円をつぎ込んだにもかかわらず、訪れる人は少なく、過疎化に歯止めをかけることもできないままだ。

村おこし

というわけで、「村おこし」の第二ラウンドに進もう。「村おこし」（または町おこし）は政府の補助金とともに生まれ、またたくまに全国に広がった。またの名を「ふるさと創生」と言う。「町おこし」はたとえばこんなふうに進む。横田町はおろちループを建設し、観光客を呼んで人口流出を食いとめようとしたが失敗。そこで、日本のコンサルタント会社に相談した。「何も手を加えず、美しい自然をアピールしなさい。観光客はそれを見に来るんです」。しかし、このアドバイスはあまりありがたくなかった。政府が気前よくばらまく補助金を利用できないからだ。次に町が相談を持ちかけたグループに、アラン・ウエストという日本画家が外国人として加わっていた。

横田町には、一九二〇年代に建てられた古式ゆかしい駅舎があり、その前には駅前広場があったが、七〇年代に商店街が駅に背を向ける格好で再建され、広場は町から切り離されていた。この駅舎と駅前広場をよみがえらせれば、横田町にもある程度活気が戻るのではないかとアランは提案した。視察に同行した町民も、そうすれば毎年の祭りを町役場の駐車場で開かなくてすむと賛成した。しかし、町が聞きたかったのはこういう提案ではなかった。それでは補助金を使いきることができない。また電線を埋設するという案も、建設省の方針にそぐわないという理由で却下された。

「町おこし」の第一ラウンドでは、環境に破壊的影響を及ぼし、美しい谷間が消し去られた。そして第二ラウンドでは、またモニュメントが建設された。こんどは刀鍛冶《かたなかじ》の技術を見せる博物館で、ここにも入り口に八岐大蛇が飾られている。からみあう八本のステンレスチューブのらせんのうえに、大蛇の頭をのせたものだ。だがやはり、横田町に住民を引き止めることも、観光客を惹きつけることもできず過疎化は進んでいる。そろそろ第三ラウンドが始まるころだろうが、こんどはどんな大蛇のモニュメントが登場することやら。

犬と鬼

またまた犬と鬼が登場する。「犬は難く、鬼は易し」。ここで言う犬とはゾーニングであり、屋外広告の規制であり、樹木の管理、電線の埋設、歴史的景観の保護、住みやすく美しい住宅の設計、環境にやさしいリゾートである。鬼は大蛇の頭をかたどった橋や博物館だ。「土建国家」の官僚にできること、それは建設だ。大きいほどいい、金がかかるほどいい、派手なほどいい。これが「鬼」の爆発的な増大につながった。莫大な資金を費やして多種多様のホールが建てられ、楕円形もあれば菱形もあり、船や炎を模したものもある。アートと題して石庭を壁にはりつけたトンネル型の美術館。片田舎の村々が、オリンピックでも開くのかと思うような会議場やスタジアムを建設する。人口が二倍にも三倍にも増えると予想しているかのように、都会では港が埋め立てられ巨大な未来都市が建設される。

「土建国家」と「傷ついた市民のプライド」が結びついた結果が、世界に例を見ないモニュメントブームを起こした。第七章では、その機能に注目してモニュメントめぐりをした。使われない線路、コンテナの来ない埠頭などなど。ここでもう一度モニュメントめぐりに出ようと思うが、こんどはその形に眼を向けよう。

　最初に見物するなら、一九九七年完成の新京都駅舎が最適だ。一九九〇年代初め、ＪＲの出資で国際的にも関心を集めたデザインコンペが開かれた。京都タワーによるダメージを払《ふっ》拭《しょく》し、文化都市としてのイメージを回復する絶好のチャンスだった。集まったデザインは大きくふたつに分かれていた。ひとつは伝統的な京都の建築を取り入れたもの。たとえば、三十三間堂を大きくしたようなデザインが提案されていた。列車が駅構内に入ると、古都にタイムスリップしたような気がするという寸法だ。

もうひとつは、徹底的にモダンなデザインにしたもの。代表格は安藤忠雄《あんどうただお》で、パリ郊外の新凱旋門を思わせる四角いアーチ型のデザインだった。形は現代的だが、発想のもとは京都の歴史に根があった。京都駅舎は市を南北に貫く烏丸《からすま》通りを分断し、事実上駅舎が市を二分している。アーチ型にすることで烏丸通りが分断されず市を再統合できる。さらにまた、平安京の南門、羅生門《らしょうもん》はかつてこのあたりに建っていたのだから、アーチ型の駅はその意味でもふさわしかっただろう。

ところがJRと京都市が選んだのは、東京大学教授、原広司《はらひろし》のデザインだった。街は相変わらず南北に分断されたまま、京都の歴史や文化のにおいを完全に排除したものだ。灰色の箱があたりを圧するように広がり、その巨大さに京都市民は「軍艦」とあだ名しているほどだ。駅の自慢は、天井の高い、空港にあるようなエントランスホールだ。

さすがコンペ第一位の設計だけに、よく眺めてみれば、現代日本のモニュメント建築の特徴を全部取り入れている。おろちループで見てきたとおりである。ひとつの特徴は、徹底的に周囲の環境を拒否していること。そしてもうひとつは、拡声器の音量を目いっぱいあげているような、仰々しい構えである。つまらない街に落ちてゆく京都を前に、駅はその巨大さで人を圧倒しようとしているわけだ。

そして、最後に無意味な装飾だ。シンプルな灰色の箱で押し通していればそう悪くなかったかもしれないが、原教授はそこここにあれこれ付け加えずにいられなかった。建物に付属しているミニチュアのアーチは、見るからに安藤を意識して、駅の裏（南）側には、黄色の外階段や赤いパイプ、舷窓《げんそう》のようなものが理由もなくくっついて、表の吹き抜けロビーにはエスカレーターが天高く舞い上がって行く。これらにはマンガの影響が見て取れる。

新駅舎の最大の呼び物は、多目的「カルチャー・ゾーン」だ。京都の街から本物の文化が消えるにつれ、カルチャー・ゾーンや文化ホールという形をとって造られた文化建造物が登場する。これは建設業界の重要な収入源であるため、国家の至上眼目である。公共のホールを建設するのに毎年何千億円もの金が流れ込んでおり、一九七九年に八四八ヵ所だった劇場やホールの数が、九五年には二一二一ヵ所に増えている。また、世界に例のない博物館、美術館の建築ラッシュの結果、その数は一九九七年には三四四九ヵ所に達している。

月の沙漠記念館

文化ホール、博物館、美術館建築ラッシュは、一見文化レベルの高い国の証拠のように思える。日本の事情にうとい外国人は、これを額面通りに受け取ってしまう。しかし、こういう施設の大半にはなんのニーズもないのが実情で、公共投資でモニュメントを建て続けるという建設業界の使命だけなのだ。ホール内の劇場で上演されるイベントは、政府機関が企画し出資したもの、見に来るのは無料チケットをもらった人だけというありさま。博物館や美術館にしても、来館者の靴音がまばらに反響し、発掘された土器のかけらが数枚とか、建築家の身内が造った現代美術品が展示されているだけだったりする。

文化ホールの設計は建築家の一大収入源であり、そういうホールを設計するのは建築家の夢である。環境との調和を考える必要も、地域にサービスを提供する必要もなく、場合によってははっきりした目的すらなく、建築家の自由裁量に任されているということだ。この結果、文化ホールや市庁舎の設計は、空想的というより突飛なものになってしまう。

ここでほんの一部だがいくつかの地域を訪ねてみよう。まず、大阪近郊藤井《ふじい》寺《でら》市のタウンホールは、巨大な船の形をしたコンクリートのオフィスビル。次は長崎県対馬《つしま》の豊玉町文化の郷。一八億円をかけて建てられた、白いモスクを思わせる高層の絢爛たる建物が、人口五〇〇〇の町に建っている。おしまいは、千葉県御宿《おんじゅく》海岸にある月の沙漠記念館（四億円）。こちらはアラビア宮殿風で、人工の砂漠にラクダに乗ったブロンズ像が立っている。

どこかのモニュメントに、世界中のありとあらゆる建築を見ることができる。東京なら、恵比寿ガーデンプレイスでフランスのシャトーが見られるし、多摩ニュータウンには、割れたタイルをはめ込んだガウディ風の歩道、港区高輪《たかなわ》にはドイツの村がある。「しかし」と『週刊新潮』は書く。「ちょっと付近を見渡せば、カタカナや漢字で書かれた看板が溢れ返り、気分は興醒め、あっという間に現実の『ニッポン』へと逆戻り。悲しいかな、どう頑張って異国の文化を持ち込んでみても、所詮は『外国風』止まり。まあ逆に、決して本物に成り切れないところが『日本風』なんでしょうけどね」と。

イタリアに憧れるなら、小樽に行けばヴェネツィア風のパラッツォが見られるし、茨城のつくばセンタービルでは、ミケランジェロのデザインした石畳の広場がまるごと再現されている。

北海道・旭川の「雪の美術館」では、氷点下の展示室に雪のサンプルが保存してある。山梨の「フルーツミュージアム」はガラスとスチールでできたフルーツに似せた球体からなり、建築家本人の言によれば、「たった今舞い降りてきたばかりのように、あるいは今まさに飛び立とうとしているように」見えるそうだ。また徳島県鳴門《なると》市の「大塚国際美術館」では、システィナ礼拝堂からアンディ・ウォーホルまで、西洋美術の傑作一〇〇〇点がそろっている——陶板の複製ではあるが。

東京には奇抜な建物がいくらでもある。典型的なのが「江戸東京博物館」で、両端の突き出たメタリックな本体が、巨大な柱で高々と持ち上げられている。江戸文化を紹介するために都が建てた博物館だが、『アジアウィーク』が言うように、「スター・ウォーズの軍事ステーションにそっくりで、東京の過去とどんな関係があるのかさっぱりわからない。今にも破壊光線を発射して、隣の典雅な両国国技館を宇宙のゴミに変えてしまいそうに見える」。

モニュメントは基本的に二種類に分けられる――「マンガ」と「巨大」だ。マンガ的なモニュメントの特徴は、突飛な装飾。横田町の刀鍛冶の博物館で見た蛇の頭のついたステンレスチューブは「マンガ」「オブジェ」の類《たぐ》いに入る。また、東京のスーパードライホールについて、『アジアウィーク』は「オブジェとしか呼びようがない。黒曜石のような黒い台座に置かれた金色の砂糖大根さながらだ。……これは『黄金の炎』と称され、『アサヒビールの燃える心』を表現しているのだそうだ。むしろ、アサヒビールのジョッキの泡か、あるいは『ゴーストバスターズ』に出てきた化け物かなにかのようだ。この炎は中空で、実用的にはまったくなんの役にも立っていない。彫像としての建築と呼ぶべきだろう」と評している。

「巨大」なモニュメントとしては、東京や大阪、神戸の埋め立て地に計画されている未来都市や、東京都庁が挙げられる。おしげもなく費用をかければ、新京都駅舎のようにマンガ的にして巨大なモニュメントも作れる。

X-SEED4000

マンガ、巨大、このふたつのカテゴリーに共通するのは過剰ということだ。要するにこけおどしだ。英国人詩人シェリーの有名なソネット「オジマンディアス」には、砂漠を旅する人が崩れた巨像にでくわす場面が描かれている。巨像の台に次の言葉が刻まれていた。

「わが名はオジマンディアス、王の王。
なんじ力ある者よ、わが偉業を見よ、しかして平伏せよ！」
ほかには何も残っていない。
巨大な残骸の周囲には、果てもなくむなしく
寂寞《せきばく》として単調な砂漠がどこまでも広がっている。

日本は、オジマンディアス症候群に冒されている。「果てもなくむなしく、寂寞として単調」に、プレハブ家屋や木陰のない街路、殺風景なオフィスビル、雑然とした看板や電線の「砂漠がどこまでも広がっている」。だが、都市計画者たちの考えでは、大きければ大きいほど、どぎつければどぎついほど良いモニュメントの偉業の前に、全世界の人々が驚きひれ伏すはずだった。

オジマンディアス的思考法では、すべてが最も大きく、最も高く、最も長く、最も広くなければならない。島根の横田町がおろちループを自慢にしたのも、それが日本一長いループ橋だったからだ。ほかの市町村も、それぞれ日本一長い石段（三三三三段）、最大の水車、当時世界最大の観覧車（横浜のみなとみらい）、最大の鍋（直径六メートル、三万食を一度に作れる）、最大の太鼓、最大の砂時計、世界最長のビーチベンチだの、さまざまな日本一や世界一を作っている。

東京都が検討しているモニュメントのなかに、大成建設の「X-SEED4000」という高さ四〇〇〇メートルの円錐形のビルがある。基底部の直径は六キロ、海上に建てる計画で、五〇万人が住めるという。形状が富士山に似ていながら、高さが富士山を何百メートルか「exceed」（超える）ことから、名称の「X-SEED」の由来がある。このビルに住む人は富士山を見下ろすことができるわけだ。

清水建設の案はこれにくらべるとずっと控えめで、高さ八〇〇メートルの超高層ビル（シカゴのシアーズタワーのほぼ二倍）を、柱の上にのせて都市上空に築くというもの。鹿島建設は層構造を追究していて、五〇階建てのビルをいくつも積み重ねた「ダイナミック・インテリジェント・ビル」を計画している。大林組は大林組で、高さ二一〇〇メートルの「エアロポリス2001」計画を発表している。これが建設されたら、その影は東京の郊外まで届くだろう。

バブル崩壊のあおりでこういう計画は今のところ棚上げされているが、これらは建設省の愛《いと》しい構想であり、長良川ダムのケースですでに見たように、いったん生まれた構想はけっして消えることはない。建設省建築指導課の青木仁専門官は「バブル時代のこととはいえ、せっかく各社が練った構想を生かす道はないかと考えた。軍事以外で科学技術を伸ばす研究にハイパービルは最適で、将来ナショナルプロジェクト昇格も期待できる」と語っている。日照権とどう折り合いをつけるのかは謎だが、モニュメント建設に関しては、各省庁は規制をいくらでも緩和する。どれほど費用がかかろうとも、いずれこの手の建物が建つにちがいない。

高さ数キロのビルなど序の口、日本の建設会社や建築家の壮大なビジョンはそんなものではない——地形そのものを作り替えてしまおうというのだ。一九九〇年代後半から立案されつつある新「全総」（全国総合開発計画〈21世紀の国土のグランドデザイン〉）では、国中に高速道路網を張りめぐらし、巨大なトンネルや橋で島という島を本土と結ぼうと提唱している。道路や航空システムですでにどの島も結ばれているというのに。しかし、全総の最大の目玉は新首都建設である。これが実現すれば、どんな想像も及ばないほどのスケールでモニュメントを建設するチャンスが訪れる。新首都の建設にかかる費用は、政府の試算で一四兆円。国会議事堂を中心にした九〇〇〇ヘクタールに六〇万人が暮らすこの街は、その名も「国会都市」と言う。ひとつの県をまるごと潰して整地するに等しい話だが、すでに八つの県が誘致に名乗りをあげている。

建築家の黒川紀章《くろかわきしよう》は、東京の面積を広げるために、東京湾に三万ヘクタールの人工島を造り、水路やフリーウェイを網の目に走らせるという案を出している。この島に五〇〇万人が住むほかに、千葉県側にもうひとつ一〇〇万人の住む新しい都市を造り、これとも橋で結ぶという。費用はおよそ三〇〇兆円（アポロ計画の二〇倍）、ひとつの山脈をまるごと削り、埋め立て用の土砂八四億立方メートル（スエズ運河の掘削《くつさく》で生じた土砂の一二五倍）を採取しなくてはならない。

清貧の思想

世界が知っている日本は細密の国だ。しぶく落ち着いた品のよさ、目立たないが意匠を凝らした細部、大規模より小規模の魅力、そういうところで勝負する国だと思われている。中《な》野《の》孝《こう》次《じ》は、一九九二年に出版されてベストセラーになった著作『清貧の思想』で、「清貧」こそ日本の伝統文化の真髄だと説いている。中野の言う「清貧」とは、一八～一九世紀の禅僧、良寛《りようかん》の簡素な暮らしのことである。良寛が茅葺《かやぶ》きの小屋で幸福に生きていたことはよく知られており、その何よりの喜びは近所の子供と遊ぶことだった。「清貧」は、日本のすぐれた文学作品の多くを生み出す源泉だった。たとえば一三世紀初めの鴨長明《かものちようめい》の『方丈記』では、つましい自然な環境のなかでの瞑想の日々が綴られている。『方丈記』の型は、のちの吉田兼好、西行、芭蕉に受け継がれ、茶道によってその頂点に達する。茶室は小さくて地味な建物で、質素な材で造られている。

清貧の思想は、日本の伝統のありとあらゆる面に浸透している。石庭で名高い京都の龍安《りようあん》寺《じ》を訪れると、裏手の庭に石の手水鉢《ちようずばち》があるのに気がつく。学生はこの鉢に刻まれた文字の隠された意味を学校で教わっている。石の中央に四角い穴が開いていて、それを囲んで四つの文字が刻まれているが、これは、この四つの漢字がすべて口という部首を含んでいることを利用した、視覚的なことば遊びなのだ。そのメッセージは「吾唯足知《われただたるをしる》」、禅の本質、と言うより仏教そのものの本質と言ってもよいかもしれない。その意味は「私はじゅうぶんということだけは知っている」、あるいは「私は限度を知っており、それでじゅうぶんである」。

中野はこう嘆く。

> 結局、外国人に向って日本の文化を語っているうちに、問題はこうしてぐるっと一回りして現在のわれわれ自身の生き方へと戻って来てしまうのであった。それも当然であって、わたしが「日本文化の一側面［清貧］」について語りだしたそもそもの動機は、いまあなた方がごらんになっているような日本の製品とそれを作る人間ばかりが日本人なんじゃありませんよ、われわれの伝統文化とはこういうものだったのですと、現在はそれが日本でも見失われていることを承知で、わたしがこれぞ日本文化の最もすぐれた部分と信ずるものを紹介したい欲求に発していたからだ。

「清貧」や「足るを知る」が日本文化の最もすぐれた部分だったとすれば、現代日本の巨大志向、日本一、世界一への執念、誇大なこけおどしは、いったいどこから生まれてきたのだろう。その答えを探るひとつの道は、伝統文化そのものを見直すことだ。日本の伝統文化には、競争心という傾向が清貧と共存している。かつて奈良や京都に都を築いた時、朝廷は肩ごしに中国や朝鮮をうかがっていた。奈良時代、真っ先になすべきこととされたのは、国の総力をあげて東大寺を建立《こんりゅう》することだったが、その目的は唐の都・長安にある巨大な寺院と張り合うことだった。のちに再建された際にオリジナルよりかなり小さくなってしまったが、今でも東大寺金堂（大仏殿）は世界最大の木造建築である。聖武《しょうむ》天皇は、次のような詔《みことのり》を発している。

国銅を尽《つく》して象《かた》を鎔《と》かし、大山を削りて以て堂を構え、広く法界に及して、朕が知識と為し、遂に同じく利益《りやく》を蒙《こうむ》りて、共に菩提を到さしめん。夫《そ》れ天下の富を有《たも》つ者は朕なり。天下の勢《いきおい》を有つ者は朕なり。此の富勢を以て、此の尊像を造ること、事の成り易《やす》くして、心は至り難し。

「国銅を尽して象を鎔かし」とか「大山を削りて以て堂を構え」といった表現は、今日行われていることに気味が悪いほどそっくりだ。後世の支配者たちも、みずからの治世を誇るために同じようなことをしてきた。鎌倉の大仏、姫路城、徳川将軍の江戸城は、二〇世紀以前の建造物としては世界でも巨大な部類に入る。つまり、堂々たるモニュメントによって支配者の権力を誇示するという根強い伝統があったわけだ。今日の状況にも、似たような富と権力の誇示という側面があるのかもしれない。

一九世紀のアメリカの哲学者、ヘンリー・デイヴィッド・ソローはこう書いている。

東西の大建造物に皆が関心をもち、だれが建てたのか知りたがる。私としては、その同じ時代にそういうものを建てようとしなかった人物のことを知りたい。そんなくだらないことを超越していたのはだれだったのか。

答えは言うまでもないだろうが、そんな人物などいなかった。どんな国家も、富を得るとともに、より大きくより高いものを建てて喜ぶ時代を経過する。ベルサイユ宮殿、ロンドンの国会議事堂、エンパイアステートビル、そしてシアーズタワーなどは、西欧のモニュメントがとった形である。遅れて工業化したアジア諸国も、次々と同じ方向に進んでゆき、中国、マレーシア、シンガポールで大規模プロジェクトが予定されている。エジプトのピラミッドからマレーシアの「リニア・シティ」——一二キロに及ぶショッピングモールとオフィスビル街で、クアラルンプールのクラン川をまたいで建設される予定——まで、モニュメント建造は普遍的なニーズのようだ。最も基本的な人間の欲望のひとつに数えられるかもしれない。

しかし、古代の社会と今日のそれの間には、ひとつ決定的な違いがある。工業化時代以前には、巨大なモニュメント建造は難事業であり、人と資源を大量に動員しなくてはならなかった。ノートルダム寺院、紫禁城、ポタラ宮殿、ヴァチカン宮殿などは、完成までに数世紀も要していた。対照的に、今日の巨大なオフィスビルや奇抜な博物館は、発展途上の小国でも簡単に建てられる。二一世紀を迎えた今では、モニュメントを建造しても文明が進んでいることの証にもならない。欧米の国々では、新しい摩天楼が出現してもさして見向きもされない。下手をすれば住民から反発を食うことさえある。ところが、日本は「前工業化」モードのまま社会が止まっているようで、モニュメントはいまだに例外なく感嘆の的である。だから、どこまで「到達」したか市民に納得させるため、あるいは富山県知事の中沖豊の言を借りれば「豊かさを実感」できるようにするために、日本はより高く壮大なものを次々に建て続けなくてはならない。モニュメントは、この国が近代化に成功した証なのだ。しかし、成功した近代国家の真の尺度は、そんなくだらないことをどれほど超越したかにある。

序破急・残心

モニュメントについて論じているうちに、「極端」の問題にたどり着く。歴史にモニュメント建造が綴り込まれてきた一方で、日本には「清貧」という根強い伝統もあった。とはいえ、今では清貧は風前の塵のように吹き飛ばされている。このふたつの伝統のバランスを保てなかったことが、日本の現代文化の危機の核心にある。

これは私の持論の、「逆徳精神」というもので説明がつくかもしれない。逆徳精神とは、それぞれの国が最も誇りにしている美徳で、実はその国に最も欠けているものを言う。たとえば「フェアプレー」の国と自慢するイギリスは、かつて地球の半分を攻撃して隷属させた国だし、「平等」を旗印にかかげた共産ロシアでは、人民委員は黒海沿岸に贅沢な別荘《ダーチャ》を所有し、いっぽうプロレタリアートは農奴と大差ない暮らしをしていた。アメリカは高い「道徳」を誇っているが、都市の恐るべき人種問題や犯罪問題はいつまでも解決しない。また、「アムール」を称揚するフランスは冷酷な理屈の国だし、またカナダ人はアメリカ人とは異なる生粋《きっすい》の「カナダ人」であることをなにより誇りにしているなど、例を挙げればきりがない。

この理論を日本に当てはめるには、「和」という伝統的な理想について見てみなくてはならない。「和」とは、調和、安定、すべてが所を得ていることを意味することばである。「足るを知る」と言い換えてもいい。しかし、明治維新以降の日本史にまつわりついて離れない皮肉は、日本が平和と調和とはまったく正反対の道を進んだということだ。一九世紀の末、日本は腰を落ち着けて新たな繁栄を享受しようとせず、近隣諸国を征服し植民地化しようとしはじめた。一九三〇年代には東アジアにすでに大帝国を築いていた。しかし、じゅうぶん進んでも止まることができないという性癖のために、真珠湾に自殺的な攻撃を仕掛け、その結果としてすべてを失ってしまった。一九九〇年代末にも、これと似たようなことがまた起きている。日本が「和」をこれほど尊ぶのは、バランスを失って極端に突っ走る傾向が強いという、まさにそこに理由があるのかもしれない。

環境破壊や財政破綻にまっしぐらに突き進んでいることを見ても、そこには日本の社会構造が見て取れる。『日本／権力構造の謎』でカレル・ヴァン・ウォルフレンが指摘しているように、コンセンサスや遵奉《じゅんぽう》が重視されるために、責任者がだれもいないという状況が生まれる。一度進み出したら、日本はもう止まらない。舵手がいないから、国家という船が進み始めると、ギヤをバックに入れ直すことのできる者がいない。船はどんどん速度をあげていき、ついには岩に激突してしまうのだ。

伝統芸能を学ぶと、「序破急《じょはきゅう》・残心《ざんしん》」というリズムがある。茶杓《ちゃしゃく》を拭き取ることから、歌舞伎のフィナーレまで、このリズムはすべてにあらわれる。「序」は「導入」の意で、動きだす最初の段階にあたる。「破」は「展開」の意で、速度が上がり、「急」は「突進」の意で、終局に向かって速く進むことである。これによってついに完全な停止に至り、これを「残心」(あとに心を残す)と言う。この後、また次のサイクルが始まる。簡単に言えば「ゆっくり、速め、速く、停止」というところだろう。二〇世紀の歴史に置き換えれば、「ゆっくり、速め、速く、激突」になるかもしれない。日本はどうしても「破」で止まれない。そのまま「急」へ向かい、その後は破滅、すなわち「破心」に至ってしまう。

第二次世界大戦の破滅から回復したあと、日本は強大な工業国として世界をリードすることを目指した。清貧はこのシナリオに合わない。ふさわしいのは大規模な建設だ。工業化と建設を唯一の国家目標にかかげ、日本はみずから国土に襲いかかり、山や谷をブルドーザーで攻撃し、古都を一掃し、港を埋めた。巨大な工業戦艦に化したも同然だ。速度を落とす者がいないまま、戦艦は全速力で壮大な難破に向かって進み続ける。

第五の島を造る

日本が軌道に戻れないもうひとつの理由は、すでに起きているダメージの大きさにある。『空虚な楽園』でガヴァン・マコーマックはこう述べている。

いま切実に必要とされるのは、破壊した環境を修復するという想像力を要するプロジェクトだ。川や海岸を埋めるコンクリートを除去し、必要のないダムを取り壊し、川筋をもとに戻すことだ。

アメリカでは実際にこのようなプロセスが始まっているが、日本ではほとんど見かけない。都市も地方もすでに環境破壊が深刻なので、修復するとしたらどれだけ大変なことになるか、想像もできない。

都市生活の質や自然環境が悪化するにつれ、「清貧」という静かなライフスタイルを享受できる場所が減ってゆき、「清貧」の意味を理解できる人も少なくなる。今日の日本で育つ子供たちが、徳島県を訪ねて地元の文化を楽しむとすれば、それに一番近いのは「アスティとくしま」の「遊ingシアター」でロボットの人形浄瑠璃を見ることだろう。遠足や家族旅行なら、バスツアーで行く先は有名な滝や美しい砂浜でなく、コンクリートが流し込まれている温井ダムである。川や海岸線をまっすぐに矯正し、どこもかしこも不毛なプラスチックやアルミで覆って、国中をひとつの巨大な人工環境に造りかえようとしている。まるでエンタープライズ号だ。もっとも、あんないいものではない。むしろ「死の星《デス・スター》」だ。このデス・スターに着陸すれば、SF的なファンタジーがすべて実現する。

二〇世紀の日本の諸問題の原因を突き詰めてゆくと、その最奥のレベルで、マコーマックの言う「プロメテウス的エネルギー」に直面する。千年の軍事国家の文化のために、強大なエネルギーが日本社会を前進させ、戦闘に駆り立て、あらゆる障害物を克服させてきた。これこそ日本の誇る「武士道」である。一八五四年に開国するまでの数世紀の鎖国のあいだ、このエネルギーは強力なバネのように内に溜まっていた。いったん開国すると、日本はたちまち外の世界へ飛び出していった。一九三〇年代から四〇年代に、朝鮮と中国と東南アジアはそれを思い知らされたのだ。

第二次世界大戦の敗北にもかかわらず、いまだにこの恐ろしいエネルギー源と折り合いをつけていない。海外の経済評論家たちも、武士道の精神をもっぱら褒めてきた。武士道精神に支えられているからこそ、残業をいとわず働き、休日もとらず、会社に滅私奉公できるのだ。しかし、前進しようとする日本の際限ないエネルギーは、巨大な火炎放射器のようだ。炎の向かう方向を慎重に制御しなくてはならない。第二次世界大戦後、日本はその炎の力を自国の山や街に向けてきた。マコーマックはこう書いている。

戦後日本で最も視野の広い企業人のひとりであった松下幸之助《まつしたこうのすけ》は、かつて二〇〇年かけて新しい島を造るという国家プロジェクトを提案したことがある。日本の山の二〇パーセント、すなわち七万五〇〇〇平方キロメートルを切り崩し、それで海を埋め立てて四国ほどの大きさの第五の島を造ろうというのである。このような壮大な国内プロジェクトに日本のエネルギーを取り込み、そこに集中させないかぎり、かつて戦争によってもたらされた国民の結束や目的意識を生み出すことはできないだろうと考えたのである。

島根の横田町がおろちループをつくり、京都が新駅舎を建設し、東京や大阪が港を埋め立てたのもこのためである。一八五四年にビンから飛び出した悪魔は、いまだにビンに戻されていない。

第十一章 「マンガ」と「巨大」――モニュメントの美学

社会はセックスのようなもので、
趣味に走ればどれだけ変態になるかわかったものではない。

マルセル・プルースト

ひとつの山脈を削り取って東京湾に島を造る――この黒川紀章の提案で身の毛がよだつのは、それが実現する可能性がじゅうぶんにあるからだ。モニュメント建設は経済の別格部門として研究する価値がある。以下に、簡単だが「モニュメントのビジネスと設計」を段階を追って見ていこう。日本語でも英語でも、文章化されるのはこれが初めてだと私は思う。
政府の補助金がそのすべてを支えている。公共事業は担当者にとっては非常にうまみが大きいので、建設熱は日本のすみずみまで浸透している。ただし、ここにひとひねりあって、農村部の票に大きく依存している自由民主党は補助金の大半が田舎へ流れ込むようにした。

都心部から離れて田舎へ行けば行くほど、景観が大きく損なわれている理由はこれにある。小さな山村の場合、収入の九割以上を土木事業に頼っている。ダムや道路、公民館を建設するために政府から与えられる金が、まさに生命線なのだ。

モニュメント法

ホールやモニュメントの場合、総務省の地域総合整備事業債（地総債）が、地方自治体への補助金の多くをまかなっている。この地総債によって、自治体はモニュメント建設費用の七五パーセントまで政府から借りることができ、利息も三〇〜五五パーセントは政府が肩代わりしてくれる。埋め立てや基礎工事など、往々にして建設作業で最も費用のかかる「基盤整備」についても、一五パーセントは補助金でまかなえる。

それに加えて、日本にはいわゆる「モニュメント法」がある。竹下元首相が一九八〇年代、一回かぎりの補助金として、何に使ってもよい一億円を全市町村に交付。この金が「犬」——木を植えたり、川岸の自然の姿を取り戻したり——にあてられていれば、国民にとって真の利益となったのだろうが、これは「鬼」——モニュメントやイベント——に使われるのがそもそもの目的だった。しかし、たった一億円では小さな村や町には大したことはできなかった。おそらく最大のサクセス・ストーリーは兵庫県の津名町だろう。この金で六三キロの金塊を買い、一〇〇万人以上の観光客を集めた。

そこで竹下元首相は、一億円に続いて、「ふるさとづくり特別対策事業」に補助金を出すというモニュメント法を打ち出した。この法律により「基盤整備」に関しては無利子で融資が受けられるようになり、地総債が利用しやすくなった。補助金を受けたとしても、長崎県対馬の豊玉町のような人口たった五〇〇〇人の町には、モスクなどの出費をまかなうことはむずかしいが、ギャンブラーが元金がなくても胴元から借りられるうちは借金を気にしないように、簡単にもらえる融資の誘惑に地方自治体は抵抗できなかった。地総債はあっという間に全国に広がり、一九九〇年代の一〇年間で小さな町や村がモニュメント建設のために一〇兆円以上を借りている。

借金だが金はある。次はどんなホールを建てるか。モニュメントのプランニングはなかなかむずかしい。というのはたいていのプロジェクトは「芸術」だの「自然」だの「文化」だのと名乗っているのに、内実はそのどれともなんの関係もない。ホール設計の研究者、山崎泰孝によれば、「文化を活性化するためにハコを造るのではない。ハコを造ることで、経済を活性化しようという政策でしょう。極論を言うと、ホールの名を借りて各自治体が造りたいものを造っている」。

ジャーナリストの中崎隆司は、ホールがどのようにプランニングされるか、『AERA』でこう説明している。一九九〇年代前半、岡山県奈義町《なぎちょう》で、うちにもモニュメントが必要だという話になった。当初は書道の美術館という構想だったが、「計画を進めるうちに建物も著名な建築家に頼まなければいけない、となった。そこで相談したのが、世界的に知られる建築家の磯崎新《いそざきあらた》氏。磯崎氏は自分で構想している美術館がつくれるならやってもいい、と提案した」。

有名建築家がまともに相手をしてくれたことに気をよくし、奈義町は磯崎の条件を呑んだが、彼の設計したものは難解すぎてだれにも理解できなかった。こうして町に建ったのは現代美術館で、展示作品はたった三点。うち二点は磯崎の知り合いの作品で、もう一点は磯崎の妻の作品である。書道作品は、申し訳程度に奥のほうにひっそり展示されている。三点の美術品の値段（しめて三億円）は建設費に含まれていたが、磯崎は作家に支払った額の内訳を町に知らせていない。建設費の総額は約一六億円、町の年間地方税収入の約三倍である。鷹取聡《たかとりさとし》館長によれば、「町は反論するものを持っていない。よくわかった人なら、恐ろしくて手が出なかったかもしれません」。

山口県周東町（人口一万五〇〇〇人。現・岩国市）でも、一九九〇年代前半に公民館を建てようという話が出た。そこで県の土木建築部の部長に相談したところ、奈義町とよく似た筋書きだが、その部長が大学の同窓生である建築家の竹山聖に電話をかけ、そこで竹山が提案したのがコンサートホールだった。公民館を建てるという当初の目的とかけ離れて、コンサートホールなど町に必要なかったのだが、もとより有名建築家にどうして異を唱えられるだろう。一九九四年にオープンした周東文化会館（パストラルホール）は、田んぼのまんなかに立つ巨大なコンクリートの塊で、屋上には一五〇〇人収容の屋外劇場まである。

輝く都市

プランニングが終わったら次のステップはデザインだが、その前に、日本の現代建築の歩みをふりかえっておこう。大きく分ければ三つの流れがある。第一は商業建築で、建築物の大多数を占める。大きな建設会社や設計事務所で設計される建築物で、いずれも味気なく単調で、安手の商業主義を特徴としている。モニュメントの建造は、こういう商業建築を背景にして登場する。

独立の建築家が手がけるモニュメントは、先にのべたふたつのスタイルに大きく分かれる。ひとつは「マンガ」的なもの、もうひとつは「巨大」なものだ。巨大派の代表格が丹下《たんげ》健三《けんぞう》で、そのがっちりした一体構造の建築は、圧倒的な重量と迫力で見る者を威圧しようとする。この巨大派のスタイルが流行ったのは一九六〇年代のことで、丹下が東京の国立屋内総合競技場を建てたのもこのころだ。初期には、柱や突き出した屋根の梁など、伝統的な日本建築をコンクリートで模倣することにこだわっていた。

転機が訪れたのは一九七〇年代に入ってからで、日本風とか西洋風とかいった区別にこだわる必要はないと磯崎新が主張するようになる。日本文化には核がないのだから、さまざまな伝統を臨機応変に取り入れればいいというのだ。これがマンガ的なデザインのきっかけとなり、奇抜な形や風変わりな装飾がもてはやされるようになる。このころから、建築は「現代美術作品」、いわば彫刻の一種と見なされるようになった。

次に、伊東豊雄《いとうとよお》や篠原一男《しのはらかずお》らが「浮遊性《ふゆう》」ということを言い始めた。穴のあいた鉄板、色のついたプラスチック、ガラスで造られた建築物を表現する用語である。「浮遊性」で重視されるのは、一時的ではかない性質——ペラペラ、ピカピカということだ。このスタイルはまたたく間に広まり、今日の主流になっている。巨大派の原教授でさえ、灰色の京都駅舎に「浮遊」の要素をつけくわえずにいられなかったほどだ。

一九六〇年代以後にふたつの変化が起こり、デザインに対する考え方も建築家の社会的な地位も、世界に例を見ない特異なものになってきた。ひとつはコンテクスト（周辺の環境）に関する変化である。東京で活躍するイギリス人建築家、キャサリン・フィンドレーによれば、「七〇年代以降、日本の建築家の多くが、建築は社会経済、都市計画とは独立の存在だと考えるようになり、独立した芸術を目指さなければならないと感じるようになった」。つまり周囲の環境を考慮しなくてよいということになった。街並みと調和させる必要も、川や山との共存を考慮する必要もなく、歴史をふりかえることもしない。日本の文化には核がないと言った磯崎は、この意味で正しかった。アトリエで粘土をいじる陶芸家のように、建築家はコンクリートとスチールを好きにひねりまわすことができるようになった。

欧米では違う。一九三〇年代、建築家のル・コルビュジエがパリの都市計画を企てたことがあった。旧市街の建物をすべて取り壊し、幅の広い道路に面してのっぽの箱型ビルが林立する街を作るという計画だった。名づけて「輝く都市《ヴィル・ラデューズ》」。幸いフランスでは古い街並みの美しさが尊重されていたから、パリジャンはゾッとして「輝く都市」を却下した。今日では、自己満足だけの建築家の見当外れな計画を意味する代名詞になっている。

建築家がデスクに向かって製図を始める――そのペン先からどんな異常なビジョンが生まれ出るか、いったいだれにわかるだろう。文字通り空中に楼閣を築くことが、建築家の理想でもある。だが近代国家では、その土地の歴史や自然環境が空想を抑える力として働く。建築家トマス・カーが指摘しているように、ル・コルビュジエが最もその本領を発揮したのは、伝統に大きく制約される教会などの設計においてだった。建築家の想像力と、土地の文化の制約とのせめぎあいの中から、すぐれた芸術が生まれたわけだ。

近年では、建築家を二極に引っぱるこのふたつの力に専門用語がつけられている。純粋芸術として自立する建築物を「オブジェクト志向」、環境に融けこんだ建築物を「コンテクスト志向」と言う。このふたつの立場の間には激しい論争が闘わされており、現代の都市計画者はその両者の間で揺れている。時にはドラマチックな「オブジェクト」を選び、また時には古都や景観という「コンテクスト」の要請に沿って建築家にブレーキをかける。すぐれた文化都市の市街地であったり、名高い景勝地であったりすれば、たいていは「コンテクスト志向」のアプローチが選ばれる。バランスはこの両極端の中間にある。ふたつの異なる立場を車の両輪として、欧米の建築はそれに基づいて発展してきた。

建築家の天国

ところが日本の場合、この両輪のいっぽうが欠けている。「コンテクスト」は存在せず、もっぱら「オブジェクト」があるだけ。建築家の長谷川逸子《はせがわいつこ》はこう述べている。「（ルイジアナで行われた展覧会の）オープニングの日、……ビデオに収められた日本の現状が映し出された。人々や自動車や商品のあふれたシーン、都市と建築のカオティックなシーン、メディアシティとしての情報の氾濫、人々の今日的で多面的な生活と伝統的なセレモニーの共存など、一通り見せられるとその過剰さのあまり、その中で生活しているはずの私でも疲れ果ててしまうようなビデオであった」

混沌から脱するための方法は逃避である。殺風景な都市景観の中に、少々おかしくても変化がつくというだけで喜ばれるのだ。黒い壁面から巨大な赤い球体が突き出ている「日の丸自動車教習所」の建物を見て、東京に設計事務所を持つ鄭秀和《ていしゅうわ》はこう言っている。「あまりに醜悪で突拍子もないから、かえって愛着を感じる」。長谷川逸子は、逃避の哲学をこうまとめている。「建築はもはや都市に寄り添い、多様なアクティビティを誘導するだけでは、開かれた場は見えてこないのかもしれない。……時間と空間の間に建築を構想することによって、世界に開かれた建築シーンを展開することに向かわなければならない」

これをやさしく言い直せば、使いやすいデザイン、住み心地のいい建物は、時代遅れだということである。「開かれた」「時間と空間の間に構想」された建築のほうがずっと重要なのだ。「浮遊」という言葉は、現代日本の建築を取り巻く足場のない雰囲気を的確にあらわしている。現実の街並みに目を向けず、幻想都市のためのデザインに熱をあげている。

日本の建築家に重要な影響を与えたもうひとつの変化とは、建設資金が巨額でアメリカやヨーロッパの何倍、何十倍ということだ。モニュメントブームの波に乗って、欧米の建築家には夢にも見られないほど奇抜な建築物を、それもずっと大量に設計するチャンスが与えられた。しかも、建設業界は気前よく金を出して、豪華な雑誌やパンフレットで建築家の仕事を全世界に宣伝してくれた。

日本は建築家の天国である。外国の建築家たちは、自国の都市が日本の都市のようになるぐらいなら死んだほうがましだと思うだろうが、日本の建築家の奔放で突飛な空想は面白いと、ある種うらやましく思う。いっさいの制約から解放されて、SFやマンガに出てくるような建築物を好き勝手に設計できたらどんなに愉快だろうか。黒川や磯崎のような建築家は国際的にもてはやされ、彼らは巨人なのだ。世界中の建築家が望んで得られない、ありあまる資金と完全な自由を手にしているのだ。

「浮遊」の巨匠は長谷川逸子、モニュメントの女王である。穴ぼこだらけのアルミの板やドームで飾られた彼女の建築物は、北から南までそこかしこに点在している。マンガ派の典型例であるだけでなく、そういう建築を美化するのに使われる難解な専門語の紹介にもうってつけだ。名古屋世界デザイン博覧会に、この建築家が寄せた文章をまず読んでみよう。

この建物のパンチングメタルとシースルーのスクリーンが幾重にも重なる外観は、雲や海のように空気のさまざまな色に染まって変化し、その柔らかい輪郭も遠方から眺めると、まるで霧が立ち込めたような風景となっている。岩山が林立する中国・桂林の風景やイスラムの女性たちのチャドルにも見えるもの、それは乳白色の薄い布で覆われた休憩所で、内部にはパンチング合板の独特の表情を持つ椅子が置かれている。エキスパンドメタルやＦＲＰ（繊維強化プラスチック）で作られた樹木のイメージの装置は、その様相を太陽の光を受けて刻々と変化させ、フラードームをゆがめた造形のハイマウンテンはＦＲＰやパンチングの面がそのヴォリュームを形成し、大自然の音色に包まれている。

長谷川は「大自然の音色」と言うが、私たちの知っている自然とはほど遠い。「霧が立ち込めたような風景」が穴のあいた金属板でできていたり、「休憩所」が派手な色で塗られた合板だったり、「樹木」はスチールの柱で支えられたアルミとプラスチックの切り抜きだったりする。金属やプラスチックを四角や丸に切り取って柱に植えつけた、なんの役にも立たない疑似ハイテクの装飾である。これが自然だとすれば、それは地球ではなく「死の星」の自然だろう。完全にマンガである。

だが、それがいけないわけではない。そもそも、名古屋世界デザイン博覧会のパビリオンは、本来的に無目的なパビリオン以外の何物でもない。無機質な装飾の散乱でも、何をやってもいいのだ。もっとも、それが自然と何の関係があるのかは謎だが。

長谷川の代表作は、藤沢市の湘南台文化センターである。巨大な球が寄り集まった建物で、ガラスやアルミのかけらがちりばめられ、トレードマークの金属とプラスチックの樹木もちゃんとある。長谷川は、これを「第二の自然としての建築」と呼ぶ。「区画整備される以前にあった丘を建築化し、都市の中に潜む自然のピュシスを立ち上げることができるなら ば、新しい自然＝人工環境の提案が可能なのではないか」。これによって「二〇世紀的なエクスプロイト（開発、搾取《さくしゅ》）主体の技術から、より柔らかい共生的な技術へと変貌し始めている」と長谷川は言う。

無用の長物

柔らかい共生的な技術を達成したところで、次のステップは建設で、結局建設することが本命だ。予算配分を見れば、時に滑稽なほどはっきりそれがわかる。大事なのは美術品ではなく、美術館のほうなのだ。それを設計し建設する者にとってはきわめて利益が大きい。建設業者はふつう非公開の入札で選ばれ、便宜を図った地元の政治家には利益の一部が流れる。官僚も建築家も建設労働者もみなその恩恵に浴す。

問題が持ちあがるのは、支払い期日が来た時だ。建設を依頼した市や町の肩に、モニュメントがずっしりとのしかかってくる。ウォーターフロント事業に巨額の資金をつぎ込んだあげく、大阪府は財政破綻に追い込まれ、国から借金してようやくやりくりしているありさまだ。東京の臨海副都心計画にしても、二〇三四年になってもまだ収支がマイナスだろうという。

モニュメントの経費を払いきれないという問題のほかに、もうひとつ新しい頭痛の種を抱え込んでいる。モニュメントの運営だ。ホールの建設費用はだいたい補助金でまかなえるが、その管理に補助金は出ないのだ。それを知って小さな町や村は青くなっている。山口県周東町のコンサートホールの場合、初年度の運営費は三〇〇〇万円ほど。三坂仁初代館長は嘆く。「オープニングイヤーということで、特別の大盤振る舞い。次年度からは出せる金額ではない」。「パストラルホール」は設計としての面白みと、ハイテクの音響効果で竹山聖の傑作のひとつだが、残念ながら街にはコンサートホールのニーズがなかったのだ。

同じ悲鳴は全国から聞こえてくる。滋賀県中主町《ちゅうずちょう》（人口一万二〇〇〇人。現・野洲市）は、文化ホールと保健センターとの複合施設「さざなみホール」という重荷にあえいでいる。黒川紀章の設計で、建設費用が二二億円、しかも管理費が年間四千数百万円かかる。このため、一九九三年度には自主事業費を二〇〇〇万円から一三〇〇万円に減らさざるをえなかった。

東京は、無用の長物のコレクションに加えて、また巨大なものをひとつ増やした。東京国際フォーラムなるその建物は、東京駅近くの線路に沿って湾曲するガラス壁と吹き抜けホールで、各国の批評家から絶賛された。一六五〇億円をかけて一九九七年一月に完成、オープン当初の使用率は高かった――オープンを祝う自治体に会議室を貸していたからだ。数ヵ月もしないうちに、使用率は三〇パーセント以下まで下がり、今のところ回復の兆しは見られない。たしかにそのガラスホールは美しいが、この場所には真のニーズはなかった。「国際フォーラム」という名とは裏腹に、たくさんの人が行き交う真のフォーラムでもなければ国際的でもない。しかし維持費は国際級で、この巨大ペットは年に四六億円もの金をむさぼり食う。六〇〇〇億円を投じて建設されている横浜国際総合競技場の場合、その目的はただひとつ、二〇〇二年のワールドカップサッカーで何度か試合をすることだけだ。オープン後の長期的な使用法は決まっていないが、毎年数億円の維持費を必要とすることだけははっきりしている。

不幸なことに、モニュメントは激しい競争に直面している。東京から一時間半ほどの通勤圏にある千葉県栄町《さかえまち》（人口二万六〇〇〇人）は、一九九五年七月に多目的市民ホールをオープンした。一一〇〇席の文化ホール、福祉センター、コミュニティースペースからなる複合施設で、名づけて「ふれあいプラザさかえ」。ところが栄町にとって不運なことに、隣接する印西《いんざい》市と白井町《しろい》（現・白井市）も同じ時期に同様のホールをオープンさせたのだ。しかも、周辺の松戸市、佐倉市、成田市にはすでに大ホールがある。栄町には最初から勝ち目はない。

巨額の運営費にあえぐ町があてにするのは、こんどもまた慈悲深い母の胸、すなわち国土交通省だ。新しいモニュメントを建てることに同意すれば、また補助金という母乳を吸わせてもらえるのである。愛媛県伊方町《いかたちょう》は、この依存の悪循環に陥っている。三基の原子力発電所を建設することに同意して、交付金（第一、第二の原発で六二億円）を受け取ったまではよかったが、町民会館その他の施設を建設するのに使い果たしてしまった。そこで、第三号機の発電所の拡張に同意してまた交付金を受けた。それでも町の財政を立て直すのにじゅうぶんではなかった。というのは、空っぽのモニュメントの維持費が高くて、一九九五年にはその交付金も終わってしまい、伊方町は今、また原発を受け入れる以外に方法がなくなっている。

新たなサービス業

モニュメントの管理はやっかいな仕事で、官僚を担当者にしてこなせるようなものではない。本来の用途をあきらめて、リサイクルするほかない場合もある。たとえば、宮城県中新田町《なかにいだまち》は、「バッハホール」で一九八〇年代には他をリードしていた。当時はハイテクを駆使した日本一のコンサートホールだった。それが今日では、カラオケコンテストやピアノの発表会に転用されている。

市民のためにホールを有効利用しようとしても、官僚の取り決めに阻まれる例も少なくない。東京都文京区根津に住む画家アラン・ウエストが、近所にオープンする新しい多目的ホールをめぐる経験を語っている。地元住民が工作に使える「創作工房室」を設ける予定と聞いて、アランはその部屋をどう使うつもりなのかプランを尋ねてみた。だが、まだなにも決まっていないというので、版画のプレス機を置いて住民に使わせてはどうかと提案し、プレス機のカタログまで見せたが、担当者はそんなことに関心がなかった。しかし、部屋の利用規定を作るのには労を惜しまなかったらしく、すでにこんな規則ができていた。

一、少なくとも一〇～一一名以上のグループのみの使用とする。
二、うち最低七名は根津地区の住民でなければならない。
三、料金は一名につき一日三〇〇〇円。
四、ホールに材料その他を置いていってはいけない。
五、部屋の使用中はグループの過半数が部屋にいなくてはならない。

また、その部屋の備品（版画用の乾燥ラック）を購入して寄付しようと申し出たが、それも断られた。「まるでビルの管理側が、使用を不可能にして仕事を楽にしようとしているみたいだった」とアランは言う。

管理ノウハウのなさを憂えて、国土庁は一九九五年二月、文化ホールの担当者向けに研修講座を開いた。自治総合センターの小暮宣雄文化振興部長によれば、参加者の「切実な問題は（ホールを維持する）予算が取れない」ことだったという。建築家山崎泰孝はこう語っている。「ソフトがないということになると、国は今度はソフトに対してお金を出し、そういう施策をする。問題を解決するためにまたお金を使う」

まったく新しいサービス業が生まれつつあるということは確かだ。何万人もの館長、学芸員、企画者、事務員、販売管理スタッフなどをサポートするために、毎年莫大な資金が全国に流れることになるだろう。まさに驚くべき状況だ。というのも、観光業などのサービス産業は、本来なら製造業にこそ向かうべき労働力を奪い、国の生産力を阻害するものだとされてきた。とすれば、モニュメント管理という仕事からいったい何が得られるだろう。人手はかかるくせに社会的ニーズにはほとんど合致していない。しかも観光業と違ってなんの利益も生まず、財源はほとんど政府におんぶに抱っこするだけだ。

インター、インフォ、テクノ、トピア

派手なスローガンが、都市とモニュメントの寂しい現実をカモフラージュしている。スローガンには、古い文化的ルーツがある。古代神道では、言霊《ことだま》という信仰があり、これは言葉自体が力ある霊であり、言葉に真理が宿ると考えられていた。ビジネスや政治の世界ではこの原理が今も生きている。「本音」ではなく「建て前」を重んじ、これは二枚舌とは見なされていない。建て前は客観的な事実を反映していないかもしれないが、もののあるべき姿を述べているのであって、そちらのほうが重要なのだ。

もうひとつの要素は武士の伝統にちなみ、スローガンは戦闘の鬨《とき》の声《こえ》に匹敵するかもしれない。役所の事業が始まる前には必ず、勇ましい言葉で「鬨の声」があげられる。一九九七年三月に京都市は「第五次京都21会議」の報告書を発行したが、そのタイトルは「文明転換の先駆的都市に」という気宇壮大なものだった。これは人を奮い立たせる「建て前」で、実際はローカル工業都市に、観光用説明テープが流れるお寺が点在するようなものだ。

国中プロパガンダであふれていて、どんなモニュメントや都市計画にも、スローガンがくっついている。最貧県のひとつ、沖縄を例にとろう。郵政省は「アジア・太平洋地域の情報通信ハブ基地として国際都市・沖縄を形成する」目的で、「沖縄マルチメディア特区構想」を進めた。さらに、通産省は沖縄の「デジタルアイランド」化を、沖縄県は沖縄県で「国際都市形成構想」を打ち出した。

横浜は、「二四時間活動する国際文化都市、二一世紀の情報都市、水と緑と歴史に囲まれた人間環境都市としてのイメージを培う」と自称する。だが残念ながら、深夜を過ぎると鉄道もバスも走らないのだから「二四時間活動する」とは言えまい。古くからの外国人街がこの数十年であらかた消えてしまっているのだから「国際都市」とも言いにくい。とくに文化的というわけでもなく、また人間環境都市というほどの環境でもなく、緑や史跡が特別に豊かでないことは請け合ってもいい。まあ、たしかに港には水はたくさんあるが。

先ごろ磯崎がおこなった企画展示は、題して「海市《かいし》——もうひとつのユートピア」、別名、蜃気楼《しんきろう》都市（ミラージュ・シティ）。マカオ沖の海市という人工島に建てる空想的なビルの模型を展示したものだった。そのような架空の都市ともなれば、横浜のような現実の都市よりもはるかに豪華絢爛たるスローガンが打ち出される。磯崎によれば、海市は「情報社会化していく二一世紀にむかって、ひとつのユートピア都市を構想し、具体化するための実験モデル」であり、「相互操作性、間共同体性、間テクスト性、間主体性、交互通信性」を特徴とする。

スローガンによく使われる単語に、二一世紀、コミュニケーション、ハブ、センター、文化、芸術、環境、国際的、情報発信、ふれあい、コミュニティ、多目的、アジア・太平洋、インテリジェントのほか、インター、インフォ、テクノで始まる語、そしてトピア（またはその異形のピア）、ポリスで終わる語がある。

スローガンはある程度注意して扱わなくてはならない。その真に意図するところが、表面的な意味からかけ離れていることが多いからだ。たとえば「共生」という語。長谷川逸子が金属とプラスチックの樹木を表現するのにこの言葉を使っていた。字義通りに解釈すれば「ともに生きる」という意味だが、これは現代日本の建築のスローガンで、黒川紀章が使って有名になった。黒川は、山地をまるごとけずって東京湾を埋め立てるというような提案を、この言葉を使って正当化している。要するに「共生」とは、環境と共存することと正反対の意味だ。

ここに世界のメディアにとって重要な教訓がある。スローガンには、外国のジャーナリストをあざむく罠が隠れていて、実際に何が行われているかを問わず、スローガンを額面どおりに受け取りやすい。たとえば名古屋市は、諫早《いさはや》が失われた今、日本で最も貴重な干潟である藤前《ふじまえ》干潟をつぶしてゴミ捨て場にしようとしている。住民の反対でとりあえず中断されているが、干潟の将来は今も安泰からほど遠い。にもかかわらず、その名古屋市を中心に開催される二〇〇五年万博の基本理念には、「新しい地球創造、自然の叡智」が掲げられているのだ。

芸術のための芸術

日本の現代建築に対して、外国の批評家は巡礼として聖地を訪れ、自国ではおしげもなく鋭い毒舌を吐くが日本では妙におとなしくなる。そのいい例が、『ニューヨーク・タイムズ』の建築評論家、ハーバート・ムッシャンによる以下の文章である。磯崎新の設計した岡山県奈義町現代美術館を論評したものだ。

奈義町現代美術館は、できたら雨の日に訪ねてほしい。四角形の浅い池に雨滴が波紋を広げ、その池からスチールワイヤーがゆるやかな螺旋を描いて立ち上がるさまは、水面からはねた雨滴が輝く銀色のアークを描いて凍りついたかのよう。あるいは晴れた日でも、雪の日でもかまわない。ともかく訪ねることだ。それが無理なら、そこにいる自分を想像してみてほしい。奈義は地図で見るとほんの小さな点でしかないが、この美術館ははっとするほど独創的だ。近年に建設された大都市のどの美術館も足元にも及ばない。

奈義町現代美術館についてはすでに述べた。建設費が町の年収の三倍にものぼるというのに、町民のだれひとり異議を唱えられなかった。たった三点の美術品が、三つの棟に一点ずつ展示されている。この三つの棟については、ムッシャンの言葉を借りれば、「金属のなみ板に覆われた円筒と三日月を、コンクリートブロック製のがっしりした方形がつないでいる」。

円筒内に展示されている「芸術作品」とは、龍安寺の石庭の再現模型を、湾曲する壁に張りつけたものである。これ以上に陳腐なものは想像もできないほどだが、ムッシャンの意見は違う。「対照的な空間を組み合わせ、作品のもつ心理的効果を高めている。石庭のイメージが龍安寺を連想させ、静寂な雰囲気をかもしだしている」。壁にくっついているのがダビデ像の複製だったら、ルネッサンス的完璧さを連想させるとは、いくらムッシャンでも思わないだろう。しかし、日本という異境にあって、しかも磯崎の威光に眩惑されていたせいで、龍安寺の石庭がダビデと同じくらい使い古されたイメージだということを見失っている。

「この美術館は、町の文化レベルを向上させるための計画の一環であるが、大都市に流れがちな若者を町に引き止めることも期待されている」とムッシャンは書く。わけのわからない現代美術三点を円筒と三日月とコンクリートブロックに展示して、それで辺鄙《へんぴ》な町から若者が出ていくのを引き止められると本気で思っているのだとすれば、ほかのスローガンも素直に信じられるにちがいない。京都は文明転換の先駆的都市であり、海市はもうひとつのユートピアであり、沖縄はアジア・太平洋地域の情報通信ハブ基地であり、名古屋は新しい地球創造、自然の叡智を目指しているのだ。

「おろちループ」に関してなにより印象的だったのは、島根県横田町の人々が「テクノロジー」を無邪気にありがたがっていることだ。おろちループの赤く塗った大きな橋を喜び、夜にはライトアップまでしている人々のことを思うと、我々都会の人間は笑ってしまう。しかし、磯崎や長谷川の建築をもてはやす、現代美術の専門家についても同じことが言える。ただ「テクノロジー」が「芸術」に置き換えられているだけだ。「芸術」という言葉であれば、建築評論家は奇怪なモニュメントを無条件に絶賛する。ライトアップした橋を喜ぶ村人よりずっと滑稽なことだろう。壁にくっついた龍安寺の石庭などを、ムッシャンはそれが静寂な雰囲気をかもし出していると思ってしまう。奈義町現代美術館は、インテリのためのおろちループだ。

一九四九年に共産中国が誕生した時、私の友人のウィリアム・ギルキーは北京の燕京《えんきょう》大学でピアノを教えていた。プロパガンダや粛清《しゅくせい》が始まると、「プロレタリアートの解放」だとか「異端分子の一掃」だとかいったスローガンを真っ先に口にし始めたのは大学教授らインテリだったという。いっぽう、北京の一般市民のほうはずっと落ち着いていた。市場で野菜を売っている人々は、身に危険が及ばないかぎり、政治家のたわごとを無視していたそうだ。

同様に、建築家が「共生」「相互操作性、間共同体性、間テクスト性、間主体性、交互通信性」「第二の自然としての建築」などと盛んに宣伝しているにもかかわらず、日本の一般市民は真に受けていない。おろちループにも奈義町現代美術館にも足をのばそうとはしない。国際性だの環境だのユートピアだのといったスローガンは無視されている。それが証拠に、国内旅行は停滞し、海外に出かける日本人の数はうなぎのぼりである。役人や美術評論家が考えるほど、日本人は間抜けではない。本物の美術館がどんなもので、どこに行けばあるかちゃんと知っている。入場数から見れば、日本人が最もよく訪れるのは日本の美術館ではなく、ルーブルである。

土建国家のからくりも、奈義町現代美術館が建った経緯も知らずにムッシャンはこう書く。

芸術のための芸術という大義のもとに芸術家が結集して一世紀もがんばった。ここがまさしく芸術のために造られた美術館でそれを思えば奇妙な気がする。というのも――美術館はそれ以外にどんな目的で存在するものだろう?

フェニモア・クーパーの小説『鹿殺し』を厳しく論じた有名な評論に、作家のマーク・トウェインはこう書いている。

これが芸術作品? 新しさもなく、まとまりもなければ理由も脈絡も結論もない。真実味がなく、迫力も感動も現実味もない。登場人物の描写は首尾一貫せず、その行動や発言は著者が言う人物と矛盾している。笑うに笑えず、泣くに泣けず、会話ときてはもう何とも言いようもない。ラブシーンはいやらしく、文章は英語に対する犯罪行為だ。こういう点以外は、確かに芸術だ。その芸術を認めなければならない。

これとほとんど同じことが、岡山県奈義町現代美術館、神奈川県湘南台文化センター、長崎県豊玉町文化の郷、新京都駅舎、そしてもちろん島根県のおろちループにも言えると思う。まとまりもなければ理由も脈絡も結論もない。補助金以外には存在理由はない。

谷をぶち抜きにしたループ道路、絵のような田園風景に突然あらわれた巨大な金属の円筒、アルミの木を並べた「新しい自然」。ループや樹木は賞を受け、円筒は超有名な建築家の設計で、その仲間がほめちぎり、『ニューヨーク・タイムズ』に絶賛される。しかし、その実態はどうだろうか。壁にとりつけた石庭の模型——笑うに笑えず、「新しい自然」をうたったアルミの木——泣くに泣けない。日本全国で、無用無目的な公共建築の浪費ときては——もうなんとも言いようがない。スローガンはいやらしく、その説明・正当化に使われる専門用語は日本語に対する犯罪行為だ。

こういう点以外は、確かに芸術だ。その芸術を認めなければならない。

第十二章　総決算の日——借金

此程の人は、何の分別もせず、はじめから相済《あいすま》する合点なく、奢《おごり》の心より、遊興所へつかひ捨《すつ》る銀《かね》にかりければ、此かねの出所なし。然れば借《かし》かたに難儀をかけ、云《いひ》事の種を作りぬ。……たとへば、いかなる悪知恵をもつて、とやかくいへるにして、借《かり》たる物、一たびは取《とら》ずにをく事なし

井原西鶴『西鶴織留《おりどめ》』巻三—一　一六八九年

モニュメントめぐり、官僚機構の探検を終えて、金がどこへ消えたかだいたいわかった。残る課題は決算の実数だ。

一九九〇年、日本の新聞に日米二組の夫婦を描いた政治マンガが掲載されていた。アメリカ人夫婦のほうは、デザイナーブランドの水着をつけ、広々とした豪華マンションの泡風呂につかってシャンパンをがぶ飲みしている。いっぽう日本人夫婦はと言えば、妻が小さなべ

ランダで洗濯物を干し、ワイシャツ姿の夫は狭いキッチンで新聞を広げている。アメリカ人夫婦につけられたキャプションは「世界一の債務国」、日本人夫婦のほうは「世界一の債権国」。

以来、アメリカ人は豊かに暮らし、日本人は我慢の生活を続けてきた。ところが一九九六年には、日本は世界最大の債務国に転落した。大蔵省の特別会計に埋もれている「隠れ借金」を含めると、日本の負債総額はGDPの一五〇パーセント以上、ヨーロッパのお荷物とそしられるイタリアをもしのぐ数字である。

中央政府だけでなく、大都市から小さな村にいたるまで、国中の自治体が赤字にまみれている。四七都道府県のうち三一の自治体が、平均して総予算の一五パーセントという財源不足に陥っている。また六自治体では赤字は危機レベルの二〇パーセントに達し、中央政府の救済を受けざるを得なくなっている。とくに大阪府は、ウォーターフロント事業で実質的に倒産して、国の緊急援助に依存している。府の負債残高が三兆二〇〇〇億円以上に達しているのに加えて、一九九八年度以降毎年二〇〇〇億円の赤字が出ると予想されている。だがそれでも、最大の破産自治体への競争で大阪は一位になれない可能性がある。というのは、東京もまたウォーターフロントで遭難して、財源不足額は大阪の三倍にのぼっているからだ。

赤字にまみれているのは国や地方自治体ばかりではない。銀行を支援するために、金利を一パーセント以下まで引き下げた結果、保険会社、年金基金、健康保険、預金、大学、財団など、国民の富を構成する資本がやせ細ってしまった。今後の大幅な増税、社会サービスの低下が予想される。

総決算

さまざまなところでさまざまな債務が積み重なっていて、しかも隠れた債務はそれ以上に大きいのだから、はっきりした額をつかんでいる者など一人もいない。『読売新聞』は、国の債務残高についての特別冊子でこう述べている。

赤字は一般会計だけでなく三八種類の特別会計、第二の予算といわれる財政投融資（財投）、さらに地方財政にも連鎖して複雑に入り組み、モンスターのように肥大化した。

数字にするとこうなる。一九九九年の歳入の不足額は「第一の予算」だけで三一兆円、驚くことに、これは歳出額の三七・九パーセントである。GDPに対する割合で見ると、日本の赤字はGDPの一〇パーセント。OECD加盟国の平均一・二パーセントと比べても飛び抜けている。先進国中、財政赤字が日本に次いで第二位のフランスでさえ、GDPの二・四パーセントにすぎない。

長期債務を加えると、日本の累積債務は三九五兆円、GDPの七二パーセントに達する

（ちなみに、アメリカ連邦政府の総債務はＧＤＰの六四パーセント）。しかし、これだけではない。各自治体の歳入不足も計算に入れなくてはならないが、こちらも一六〇兆円に達している。これを国の債務に加えれば、合計は五五五兆円、ＧＤＰのおよそ九七パーセントに跳ね上がる。

まだある。国鉄清算事業団、財務省の予算操作、林野庁、道路公団、都市基盤整備公団など、財政の破綻した政府機関への財政投融資による「隠れ借金」のほか、正規の予算に組み込まれない「政府短期証券」も数兆円にのぼり、これらをすべて合計すると、債務総額はＧＤＰの一一七・九パーセントに達する。借金漬けで悪名高いイタリアよりも深刻で、日本はＯＥＣＤ加盟二〇ヵ国中最悪の債務国ということになる。

これだけでもじゅうぶんに深刻だが、あやしげな会計報告はほかにもあって、政府機関の関わるところで、ためしに石のひとつもひっくり返してみると、おかしなものが這い出してくる。ある試算によると、特殊法人や公益法人の帳簿のごまかしを正せば、日本の債務残高はＧＤＰの一五〇パーセントにのぼる。オックスフォード大学のデーヴィッド・Ｌ・アッシャーは、財投の債務や年金の未積み立て債務を加えれば、日本の債務残高の実数は一一〇〇兆円、すなわちＧＤＰの二〇〇パーセントに達する可能性があると主張している。

蟻ときりぎりす

巨額の赤字を抱えていても心配する必要はない、と経済学者は言う。日本人の貯蓄率はきわめて高く、借金を返済してあまりある金が銀行に眠っているからだ。もう何十年も前から、アメリカの世帯の貯蓄率は一貫して日本の三分の一程度であり、経済学者ダニエル・バーンスタインは、日本とアメリカを「蟻ときりぎりす」に喩えているほどだ。

ただし、「高いGDPと高い貯蓄率」というこの公式で見過ごされていたのは、日本では資本収益率がつねに低い、つまり、投資や貯金から得る利回りは少ないということだ。ここ一〇年間の国債の利率は〇・二〜〇・三パーセントで、アメリカの五〜八パーセントに比べるとはるかに低い。財務省のマジックシステムのなかでも、これほど外国の専門家を惹きつけてきた特徴はほかにない。「日本人は世界一の貯蓄率を求められているだけでなく、世界で最も低い、ほとんど無に等しいような利息でがまんさせられている。……資本コストが同等の国よりつねに低ければ、その経済の強みはかなり大きい」と、ダニエル・バースタインは熱っぽく語っている。

一九九〇年代にバブルが弾けたあと、金利はいずれマイナスにする気ではないかと思うほど下がり続けた。一九九七年一月には、普通預金の金利はたった〇・一パーセント、郵便貯金のほうは気前よく〇・二五パーセントをつけていた。一七世紀初期以来、世界の銀行が記録した最も低い利率だ。

○・二五パーセントという利率が、一般国民の生活にどれほどの影響を及ぼすか、平均的なサラリーマンのケースで見てみよう。退職金を約二〇〇〇万円もらい、その半分を住宅ローンの返済に充《あ》て、残り一〇〇〇万円を銀行に預けたとしよう。翌年に受け取る利息はたったの二万五〇〇〇円である。「銀行にわざわざ預金しにいくのは時間のむだです」。大和証券の仙波修は言う。「一年経っても、昼食代分の利息しかつかないんですから」

江戸時代の商人はもっと金の使い方に長《た》けていた。そのころの京都や大坂の町人の生活を活写したのが井原西鶴である。西鶴は、金を貸してもうけた金利を、一貫目一匁《もんめ》一分一厘一毛とおいしそうに数えていた。

（賢い若者は）銀壱貫目有時、……大名借《がし》の銀親《おや》へ頼みて、是を預け置しに、元壱貫目の銀を一分の利にして、三十年其まゝにかし置けるに、元利合て弐拾九貫九百五拾九匁八分四厘一毛になりぬ。此丁銀《てうぎん》箱入にして請取、是より次第に借掛《かしかけ》て、程なく千貫目持と成、それより一代のうちに七千貫目慥《たしか》に有《あり》銀、広《ひろ》き都に三十六人の歌仙分限の内に入ぬ。そも〳〵親の手前より片《へぎ》壱枚、銭二文もらひしを、かく長者になる事、町人の鑑也。

楽しい昔話だが、今日の日本では、引退後に利息で暮らすなど夢のまた夢である。『ニューヨーク・タイムズ』のインタビューに答えて、六七歳のもと自動車技師はこう語っている。「預金通帳を見るでしょう。年に二度利息がつきますね。『なんだこれ』ですよ。少々の利息で大騒ぎをすると思われるかもしれませんが、うちはこれで食ってるんです。死活問題なんですよ」

豊かさの秘訣

経済の専門家はつい最近まで、このもと自動車技師のような人々に犠牲を払わせるのを結構なことだと考えていた。預貯金の利息が低ければ企業は安く資金が得られるからだ。つましく暮らすことが美徳と見なされ、国民に利益を還元するのは国家資源の無駄遣いだと決めつけていた。

小説家のオスカー・ワイルドは、歴史学者の頭のなかは古道具屋に似ていると言っている。「どちらも埃《ほこり》と骨董品が詰まっていて、すべてに本来の価値に見合わぬ高い値段がついている」。日本はまさしくそういう店である。すべてに本来の価値に見合わぬ高い値段がついていれば、金は余計にかかるのに得るものは少ない。言い換えれば資本の効率性が低いのだ。資本効率性が低いと、思わぬ結果が生じる。五〇年にわたって貯蓄率はずっとアメリカ人より高かったのに、今の日本の貯蓄残高はアメリカより低くなっている。

簡単な計算をしてみればわかるが、日米の利率の差を一〇パーセントとすれば、アメリカ人が日本人の三分の一しか貯蓄しないとしても、だいたい二〇年で預金残高は並んでしまう。さらに一〇年経てば、アメリカ人の預金額は日本人の二倍になる。もちろんこの計算は単純すぎる。実際には個人の預貯金の利率の差は小さく、年金基金の利率の差は大きい。アメリカ人が泡風呂につかってシャンパンをがぶ飲みし続け、なおかつ日本よりお金が増える理由はこれでわかる。ここにはなんの不思議もない。複利の原則、資本の鉄則にすぎない。

世界一の高齢化社会

モニュメントなど役所のつけが膨らんでいる一方、目に見えないところでさらに深刻な問題が進行しつつある。これこそまさにゴジラであり、国の債務も財投も特殊法人も、これに比べたらヤモリだ。積み立て不足の保険、医療、年金、福祉の分野に見込まれる膨大な財源不足である。

原因は人口構成の変化のためだ。日本は急激に世界一高齢化の進んだ国になった。出生率が一・四まで下がり（世界で最低。しかも、一〇年以内に一・三まで下がると予想される）、一九九七年、総人口に占める六五歳以上の割合が一七パーセントを超え、スウェーデンを抜いて先進国中最大になった。二〇二〇年には二五パーセントに達すると見られている。ちなみに、同年にアメリカは一五パーセント、中国は九パーセント、韓国は一〇パーセントになると予想されている。

社会の高齢化が進めば、国の年金基金や健康保険制度は苦しくなる。高齢で病気がちの退職者の数は増え続けるのに、それを支える労働力人口は減る。一九六〇年には退職者一人を支える現役労働者の数は一一人だったが、九六年にはこれが四人になり、二〇二五年にはわずか二人に減ってしまう。

健康保険制度の分野では問題はいっそう深刻だ。人口構成の変化に加えて、増え続ける医療費が財源を圧迫している。一九九九年には、一八〇〇ある日本の健康保険組合のうち、八五パーセント以上が赤字を出している。

一九九六年、国民健康保険はあと三〜四年で破綻するというところまで追い込まれ、厚生省（当時）は保険料と自己負担率を両方とも引き上げた。社会保険加入者は医療費の三割を負担しなくてはならなくなり、従来は所得の八・二パーセントだった保険料も八・六パーセントに引き上げられた。さらに、薬剤費に追加負担が加わり、隠れた税が課される。

しかし、これでも健保制度を救済するにはじゅうぶんではない。数パーセントほどの保険料値上げは、赤ん坊のハイハイにすぎないのだ。毎年少しずつ上がりながら、サラリーマンの自己負担は現在の二・五倍、高齢者の負担は二・八倍になると予想される。だがそれでも、今後数十年間の医療費をまかなうにはじゅうぶんでなく、二〇二五年には保険料を給与の二四パーセント、今の三倍にまで引き上げなくてはならないという。

社会の高齢化はだれのせいでもない。原因をあえて求めるなら、日本の近代化が成功を収めた証、すなわち出生率低下のせいである。日本ほど極端ではないが、あらゆる工業国にとって社会の高齢化は避けて通れない宿命だ。日本の真の問題は、その避けられない宿命に対して用意をしなかったことだ。世界有数のGDP、貯蓄率をもって、高齢化社会に対処する資力が日本にはじゅうぶんにあるとだれもがそう思っていた。

沈む保険会社

高齢化の第一戦線は生命保険である。日本の相続税は世界でもとくに高く、相続税を抑えるひとつの手段として、生命保険に加入する。生命保険加入が義務づけられているも同然であり、その保険料が貯蓄の二〇パーセントを占めている。困ったことに、生命保険会社は低利の国債を買うよう財務省に指導され、また株価が下がり始めるとかならず株に投資させられる。なんの利益も生まない株や債券に何年も投資し続けた結果、保険会社の収益はゼロどころかマイナスになっている。

しかし、これだけなら同じ場所で足踏みしているようなものである。だが、実はバブル期に膨らんだ数兆円という不良債権に直面しているのだ。一九九〇年代に大手八社は数兆円の貸し倒れを償却したが、これは氷山の一角にすぎず、不良債権の大半は「飛ばし」でごまかされている。戦後、保険会社の倒産は一度も起きていなかったが、とうとう隠しきれなくなり、一九九七年四月、日産生命は二五二〇億円の損失を出して倒産した。これはほんの始まりで、二〇〇〇年一〇月に日本第一一位の千代田生命と第一二位の協栄生命がつぶれ、損害総計は七兆四〇〇〇億円にのぼった。

溺れる年金基金

極端な低金利は年金基金にも深刻な影響を及ぼしている。一九九一年、アメリカの年金基金が二八パーセントという大幅な運用益をあげたのに対して、日本の年金基金の運用益はわずかに一パーセント。さらに一九九八年には、マイナス三・二パーセントという世界で最も低い運用益になってしまった。同年、アメリカの基金は一四・六パーセントをあげ、その前年は一八パーセントと堂々たる数字だった。莫大な資金のプールに対してこれだけの差が毎年積み重なっていくのだから、両国の公共貯蓄には文字通り何百兆円もの差が生じてくる。

年金制度としては、一九五〇年代から基金の利回りは六パーセントという基準があったが、九一年以降の実績はその率に達していない。一九九六年九月の調査によると、企業年金のうちじゅうぶんな支払い能力があるのはわずか四パーセントだという。何十という年金基金が完全な破産状態にあり、加入者の積立金より資産価値のほうが下がってしまっている。労働省は社内預金の最低金利を九五年には三パーセントに、一九九七年にはわずか一パーセントに引き下げた。

健康保険の場合と同様、年金制度も増税しなければ維持できない。年金保険料は急激に上昇しており、一九九四年には給料の一四・五パーセントだったのが九七年には一七・四パーセントに引き上げられた。今後もますます上昇し、最終的には三〇パーセントに達するという。さらに一九九四年、受給開始年齢も六〇歳から六五歳へ引き上げられた。企業も政府機関も五五歳定年制をとっているところが多いので、退職してから年金を受け取るまでに一〇年の空白が生じることになる。

民間企業では年金の積み立て不足が製造業の足を大きく引っぱっている。九九年の調査の結果、日本企業の七〇パーセントが年金積み立て不足を起こしている。二〇〇〇年まで大蔵省の会計規則では企業は年金の積み立て不足を決算時に債務として計上しなくてよかったので、ほとんどの会社は忘れていた。最近ルールが変わったが、まだまだ粉飾決算のテクニックはたくさん残っている。大手企業数社は積み立て不足を公表したが、その数字を見ると目がさめてしまう。二〇〇〇年春に三菱電機五四〇〇億円、ホンダ五一〇〇億円、トヨタ六〇〇〇億円、ソニー二二二〇億円の不足をそれぞれ明らかにした。

紙幣を刷ればいい

経済専門家がよく言うことだが、日本の国債は外国の国債と違うので心配はない。どういうことかと言えば、大半は国民に対する債務だから、処理は国内ですみ海外に支払う必要がない。そうは言っても、税金を通じて国債の債務を返すのは国民であり、その負担が重くのしかかってくることに変わりはない。ガヴァン・マコーマックによれば、二〇〇五年には国債の額はおよそ一四〇〇兆円、国民ひとりあたり一一〇〇万円になるという。これに利息をつけて返済するには、年に一七〇万円の税金を、全労働者が六〇年間納め続けなくてはならない。マコーマックが指摘するように、この債務を処理する方法は三通り考えられる。GDPの急上昇、増税、インフレだ。

政府が望みをかけているのはGDPの急上昇である。奇跡が起こり一九八〇年代の輝かしい日々がよみがえれば、洪水のように累積債務をすべて洗い流してくれるだろう。しかし、かつてあったような急激な成長はまず起きないだろう。

第二候補はいまわしい税金だ。今後二五年間に、税金は急上昇しスウェーデンなどの福祉国家をしのぐと予想されている。現在のところ、税金および社会保障費が平均的な納税者の所得に占める割合は約三六パーセントである。保険料引き上げを含めると、この数字は六三パーセントを超える可能性がある。しかも、これには膨れ上がる国債は計算に入っていない。

一九九七年、三パーセントだった消費税が五パーセントに引き上げられたが、今後数年でこれは倍の一〇パーセント、あるいはそれ以上になるだろう。年金給付額は引き下げられ、医療費の本人負担額は大きくなる。消費税の引き上げ分を含めると、平均的な国民が国に納める額は、二〇二五年にはじつに所得の八〇パーセントに達することになる。

これでは納税者も我慢できまい。となれば、第三の選択肢をとらざるを得ない。すなわちインフレだ。著名なエコノミストの中には、インフレを起こせば債務などすぐに返済できると、日本政府をせっついている者もいる。インフレを起こすには、マネーサプライを増やせばいいことで、紙幣を発行するか銀行に大金を預けるか、あるいは国が国債を買い漁る方法がある。経済学者タガート・マーフィーが指摘するように、これも危険を伴う。バブルで手をやいた銀行は金が預けられても貸し出ししない。そして、インフレは国債の値を下げ、債券市場にパニックを起こすおそれがある。また、モグラ叩きゲームに逆戻りだ。国の支出を抑えると失業者が数百万人増え（政治家も失業する）、増税しすぎると我慢強い日本人でさえ堪忍袋の緒が切れる。紙幣を発行すると国債の値打ちが下がる。どうしよう？　だれもわからない。

この実態の原因は、不自然な体制をあまりに長く維持し、国全体がそれなしでは立ち行かなくなったことにある。日増しにそのつけは膨れ上がるいっぽうだが、財務省は体制全体が崩壊することのほうが恐ろしい。同様の状況に直面した時、アメリカの大統領エイブラハム・リンカーンはこんなたとえ話をしている。

イリノイ州の二人の少年が、果樹園を突っ切って近道をしようとした。果樹園の真ん中まで来たところで、犬が襲ってきた。ひとりはすかさず機転を利かして木に登ったが、もうひとりは犬に追いかけられてその木のまわりをぐるぐる逃げる破目になった。犬に追いつかれないようにできるだけ小回りに走り続けるうちに、逆に追いついて尻尾《しっぽ》をつかんでしまった。必死で尻尾をつかんでいたが、やがて疲れ果てて、「降りてきて助けてくれ」と木の上の少年に呼びかけた。

「なんのために？」

「尻尾から手を放すのを手伝ってくれよ」

第十三章　国の富——お金の法則

「そんなに怒るなよ、このワインの金だって払えないんだから」

一九世紀 英国画家 ジェームズ・ウィスラーの部屋に借金取りが来た時、上等なワインを差し出しながら言った言葉

「貯蓄大国」日本という常識に反して、日本人は実は借金にのめり込みやすい。「お買い物は今、お支払いはあとで」方式のおかげで、オリックスなどのリース会社や消費者金融会社が巨大企業に成長した。分割払いが日本では非常に普及し、一九九〇年代半ばで消費者ローンの国民一人あたりの額はアメリカを追い越している。

いっぽう、企業はほとんど無料で融資が受けられるから、企業が無責任に借金を重ねるようになるのは当たり前だ。実際そのとおりのことが起きている。数十年前から、日本の企業

債務は、平均して資本の四倍に達している（アメリカは一・五倍）。これは急成長時代にみごとに成功した政策だったが、一九九〇年代に成長が停滞しだした時、急に企業は肩に借金の重みを感じ始めた。

歴史を見れば、日本人には向こう見ずに借金に突っ走る文化的傾向があると言える。歌舞伎や人形浄瑠璃には、借金にまつわる話や、預かった金を使い込む話が驚くほど多い。対照的に、中国の京劇などには不正や裁きの場がやたらに出てくる。金銭がらみより権力がらみなのだ。人形浄瑠璃でとくに有名なのが、『冥途《めいど》の飛脚《ひきやく》』の「封印切」の場面。大坂の飛脚問屋の養子・忠兵衛が、遊女梅川を身請けしたい一心で、預かっていた為替金の封印を切ってしまう。死罪を免れないと知りながらも、そうせずにはいられなかったのだ。

夜逃げ

幕末、大坂の金貸しから借りた諸大名の返済不能な借金で徳川幕府は倒れた。資産—負債—資産というサイクルで動くバブル期の金融システムでは、負債が非常に重要な役割を果たしていた。コントロールのきかない負債、資金の流用は、特殊法人を運用する官僚のトレードマークだ。企業部門では、巨額の負債が手枷足枷《てかせあしかせ》となって身動きできないでいる。要するに、日本人は生まれつき貯蓄好きというわけではないのだ。だいたい、そんな人間がいるだろうか。借金するのは人間の性《さが》だ。この点において、日本の金融システムを指導する官僚は計算を誤り、それが長期的に見て社会に重大なダメージを与えた。その誤りとは、個人の借金を法外な利息によってこらしめたことである。

日本では、四〇パーセントという利息が法律で認められている。ダンテ・アリギエリの『神曲』に、これほどの利息を取る高利貸しは、その罪のため地獄の第七圏第三堀に落とされるとある。企業はゼロに近い利率で資本を調達できるのに、個人はサラ金こと「消費者金融会社」に頼るほかはない。「消費者金融会社」と言えば聞こえはいいが、要は高利貸しである。表向きは年利三〇～四〇パーセントで貸し付けるが、実際には一〇〇パーセントにも達することがある。返済できなければヤクザが取り立てにやってくる。大蔵省がこのシステムを好んで認めてきたのは、これだけ利率が高ければ借金する気も失せるだろうと考えているかららしい。西鶴の言うとおり、「皆人々の覚悟にある事の中にも、第一、身体《しんだい》を持崩して借銭こはるゝほど、おそろしくかなしき物此外に又なし（みな人々の思いの中には第一に身代を持ちくずして、借金取りに責めたてられるほど恐ろしく悲しいものは、他にはない）」。

消費者金融会社すなわちサラ金は、万策尽きた債務者の最後の手段なのだが、一九九〇年代後半では、この高利貸しから借金をしている人はなんと一二〇〇万人（成人八人に一人の割合）もいる。事実、日本の銀行制度において、一九九〇年代に顕著に業績を伸ばした唯一の業種が「武富士」のような大手サラ金であり、その資産は年率二五パーセントの高い成長を示した年もある。

一二〇〇万の「重債務者」のうち、一五〇〇万から二〇〇〇万人ほどは返済の見込みのない「多重債務者」である。その大半が自己破産という選択肢をとらないのは、社会の風当たりが非常に強いからだ。また、破産手続きにくわしい宇都宮健児《うつのみやけんじ》弁護士によれば、「債務者が自己破産の手続きを取らないのは、単にその方法を知らないからだ」と言う。しかし、法的に破産手続きをとっても、パンチパーマの集団が親戚を脅したり、夜中にドアをうるさく叩いたり、一日に何十回も職場に電話をかけてくるのを防ぐことはできない。その結果が、夜逃げという現象だ。

一九九六年に夜逃げをしたのは八万人だが、これが九九年には倍近くの一三万人になった。一方、サラ金の貸し付け額は、同時期に四兆五〇〇〇億円から二〇兆円へと四倍に増加している。夜逃げが頻繁に見られるようになって、「夜逃げ屋」なる新商売が生まれている。夜逃げの手助けをするのと同時に、逃げているあいだ所持品を預かってくれる。一九九九年には『夜逃げ屋本舗』という連続ドラマまで放映された。主人公がさまざまに策を弄して、借金取りから客を逃がしてやるというドラマだった。ほとんど『スパイ大作戦』であり、ディスクジョッキーが生放送中に逃亡を決行したり、花屋の主人が結婚式のどさくさにまぎれて蒸発したりと、逃がし方も毎回趣向を凝らしていた。

信用詐欺

日本の金融システムにひそむ罠はサラ金だけではなく、一般市民はさまざまな方法で金融機関のカモにされる。貸し手の責任を定める法律がないので、疑うことを知らない老人や多重債務者が食い物にされている。最も悪名高い詐欺がいわゆる「変額生命保険」だ。一九八〇年代後半から九〇年代前半にかけて、銀行と保険会社が結託し、相続税対策に有効だという触れ込みで、家を持つ人にこの保険を売ってまわった。持ち家を担保に借金して、その金を保険に投資するわけだ。その際、セールスマンは「変額」の意味を説明しようとしなかったが、これは配当を保証しないという意味である。バブルが弾けると保険の価値は暴落し、その価値を上回る借金が残ることになった。

この種の保険は合計で一二〇万口も販売されており、何兆円もの損失をもたらしている。違法行為であるにもかかわらず、契約の際には銀行・保険会社両方のセールスマンが同席していることが多い。被害者による訴訟件数は四〇〇件を超えたが、すでに原告の自殺者まで出している。「自殺する気持ちはよくわかります。生きれば生きるだけ負債が増える。この保険はそういう仕組みになっているのです」。被害者の会の大石聡幹事はそう語っている。国民がこれだけの損害を被っているのに、今日にいたるまで銀行も保険会社も大した罰は受けていない。

非営利セクターの蓄え

銀行や生命保険会社の金融詐欺を本格的に罰しようともせず、預金にはほとんど利息がつかず、借金をすれば四〇パーセントもの懲罰的な利息がかかる。これでは、国民の貯蓄がどうなるか、専門的な知識などなくても予測がつく。

ダメージは個人レベルではすまない。「公共貯蓄」について評価する時、エコノミストはもっぱら一般家庭や企業貯蓄額にばかり目を向けていて、巨大な資金のプールを見過ごしている。いわゆる財団基金や慈善団体だ。労働力や資金はもっぱら製造業へまわすべきだと考えている政府従来の方針では、寄付やボランティア活動が抑えられた。寄付をしてもほとんど税金の控除対象にはならないし、非営利団体を設立するには厳しい条件がついている。

しかし、こういう財団基金は、真の意味での国の豊かさをあらわす指標である。アメリカには一九九八年現在一五〇万を超す非営利団体があり、その年間収入は六二兆円、なんとGDPの六パーセントに相当する。非営利団体はあまりにも重要になってきたため、「インディペンデントセクター」と呼ばれ、経済の独立した部門として認められ一〇〇〇万人以上の雇用が確保されている。財団の資産は、新会社設立の原資となり、株式市場の時価総額を押し上げる原動力にもなっている。またその収益は、学校、病院、図書館など、さまざまな施設に役立てられている。

アメリカでは、非営利団体に対する免税額は毎年一兆二〇〇〇億円、また個人の寄付に対して認められる免税額が一兆八〇〇〇億円で、合計すれば三兆円になる。この三兆円は、個人にも企業にも属していないが、それでも公共貯蓄の一角をになっている。

日本の場合、宗教団体は別として寄付金は皆無と言っていい。慈善の伝統が薄く、非営利団体の活動を規定する法体系も不備で、さらには税制が妨げになっているためだ。一九九八年にやっと非営利団体の法律を改定したものの、新法律では寄付側に税制メリットはほとんど与えられていない。日本の非営利団体と言えば、十中八九は特殊法人か公益法人であり、天下りの巣、公共貯蓄に貢献どころか国の金を食いつぶす寄生虫である。

アメリカの財団は、巧みな運用技術によって資産をめざましい率で増やしている。具体例を挙げよう。エール大学の資産は一九九六年には三九〇〇億円だったものが、九八年に七二〇〇億円に増加して、同時期にハーバード大学の資産九一〇〇億円は一兆三三〇〇億円に跳ね上がり、投資資産は三年間でエールは八四・六パーセント、ハーバードは九四・九パーセント増えた。もちろん、この三年間は株式市場の最盛期でふつうの年や不況の時にはこれほどは増えない。しかし、アメリカでは持ち株や銀行預金は不況でもいくらかの利益を生む仕組みとなっている。いっぽう、利子がつかない預金と、利回りのない証券を持っている日本の団体は枯れてしまった。一九九七年には、アメリカの上位二〇団体の資産は、日本の上位二〇団体の二二倍にもなっていた。

その違いは、全米ガン協会のような組織のあり方に見ることができる。この協会は二〇〇万人の有志に支えられており、一九九八年には医学研究その他のプロジェクトに一〇〇億円を出している。日本には、これと比べられるような規模で活動している民間組織はまったくない。しかし最近アメリカでは、三兆円を超える「ビル・アンド・メリンダ・ゲイツ」財団のような、とてつもない基金もあらわれてきている。二一世紀の初めには、アメリカの非営利団体の総資産は二〇〇兆円に近づいていると言われ、この額は日本とは比較にならない。そして、金額の差だけでなく、法律や行政面のインフラも日本では皆無に等しく、また非営利団体の運営に携わる何百万人もの経験と智恵は容易に得られない。

日本では財団の資産増加率は国家機密ともいえ、情報不足の最もいい例のひとつにもなる。二〇〇〇年春、調査のために東京、慶應、早稲田、同志社の各大学ウェブページや新聞データベースにアクセスしたり、ウェブマスターや大学事務局にも数十回のメール、手紙を出したが何一つ有効な資料は得られなかった。

はっきりした資料はないにしても、日本の大学を訪れてみれば、資本の収益が低いために大学が貧困化している証拠をその目で見られる。並以下の図書館、老朽化した施設。一九九五年、オウム真理教による地下鉄サリン事件のあと、驚くべき事実が判明した。一流大学のエリート科学者をオウムが獲得できたのは、大学よりずっと整った研究設備を持っていたからだ。オウムの機器についてテレビ番組で説明を求められ、ある大学教授はこう答えた。

「うちの大学のは一〇〇年前のもので、これほど高度な機械ではありませんが、だいたいのことは……」

無法地帯

アメリカは自由放任資本主義の典型で、日本経済は過度に規制されていると言われるが、これも神話のひとつだ。アメリカは法律社会なので、あいまいな行政指導より法律が数多く制定される。かつ賢い弁護士が微に入り細にわたり論争を繰り返してきた結果、法律がさらに小刻みになりあらゆる面から取引を見張っている。インサイダー取引は禁じられ、情報開示は義務づけられ、不法行為責任法によって投資家は保護され、その他さまざまな手段によって市場の透明性と効率を高め——そしてそれと同時に、言うまでもなく弁護士を太らせている。

規制されていないのは日本のほうだ。連邦準備制度理事会には銀行監査官が七〇〇〇人から八〇〇〇人もいるが、金融庁には四〇〇人から六〇〇人しかおらず、しかも野村総合研究所の首席研究員リチャード・クーによれば「そのうちで能力があるのはせいぜい二〇〇人」だという。アメリカの証券取引委員会は三〇〇〇人の職員を抱えているが、日本の証券取引委員会および関連する金融庁の部門の人員は二〇〇人で、しかもおざなりな仕事しかしていない。日本の金融界は、暴力団が借金を取り立て、法外な利息が許され、インサイダー取引が横行し、帳簿が改竄され、高齢者が銀行や保険会社にだまされ、官僚に袖の下を渡し、証券界では役人や政治家を特別口座扱いにする、何でもありの弱肉強食の無法地帯だ。

きちんとした規制を設けるかわりに、金融庁は日本の金融界のまわりに頑丈な壁をめぐらし、その範囲を限ろうとした。ラグーンのサメ退治をするより、小さなラグーンを選んだのだ。その狭い世界のなかをぐるぐる泳ぎまわっていて、外の世界では、新しい技術の登場で金融の概念そのものが変化しつつある時に、新しい技術を学ぶのを怠ってきた。

デリバティブの法制化も進まず、たとえばストックオプション（社員に自社株を持つ権利を報酬として与えるシステム）の場合、手続きはあまりに煩雑で、ほんのひと握りの会社が申し込んだだけだ。いずれにしても、東京証券取引所に上場するのに平均三〇年もかかるのでは、ストックオプションもたいしてインセンティブにはならない。海外では年金基金の運用は最先端の金融分野だが、日本では初歩的なレベルにとどまり、いまだに金融庁の指図を受け、何の利益も生まない株や利率の低い国債を買わされている。そうしている間に二一世紀が明けふと気づいたら、日本は金融市場の育成に失敗し、それにともなう専門技術を養うことにも遅れていた。

鉄の貨幣

ここでまた思い出されるのが古代スパルタである。古代歴史家・プルタルコスによれば、スパルタ建国の父リュクルゴスは鉄の貨幣を使うよう制定した。鉄は価値が低いうえに非常に重いので、押し入れに蓄えておくぐらいのことしかできない。そうこうするうちに金儲けへの興味は薄れ、そのぶん身を入れて軍事的栄光をたてようと努力するようになる。プルタルコスはこう指摘する。「鉄の貨幣は持ち運びができないし、かりに輸出する手段があっても外国ではまず流通しないだろう。ほかのギリシア人は鉄の貨幣など馬鹿にするからである。……ここでは、金持ちが貧乏人より得をすることがない。いくらたくさん富があっても、外へ持ち出す道がなく、家に眠らせておく以外ない」。日本には莫大な貯蓄があるが、その金は重い鉄でできており、家に眠らせておく以外にない。

財務省をはじめとする省庁は、金融システムの無駄と後進性を正当化するために、ユニークな日本モデルを持ち出してくる。そのよい例が、一九九〇年に出た榊原英資の『資本主義を超えた日本――日本型市場経済体制の成立と展開』である。軟弱で退廃した西欧より、大蔵省の分別あるアプローチのほうが優れている、と榊原は説く。大蔵省の官僚が高僧を務める「日本モデル」という聖堂では、日本型システムに文化と伝統の聖なるお恵みが下るのだ。

ここに貴重な教訓がある。真の文化と伝統とは何なのかということだ。筋金入りのアジアの政治のリーダーたちは、権力を正当化する手段として、崇高なる「アジア的価値」を持ち出す。たしかに、自由なマネーフローに対する大蔵省の不信感は、武士の伝統にのっとっている。だがそのいっぽうで、その背景にかかわらず、日本には長い商人文化の歴史があることも忘れてはならない。自由な金の流通に対する不信感はそれほど古くからあるものではなく、これほど大きな影響を及ぼすようになったのは戦後のことだ。

明治に近代化が始まると、大胆な実業家が現れて巨大な企業を育てあげてきた。三井、三菱、住友など、「財閥」としてその多くは今も世界中で知られている。ターニングポイントは第二次世界大戦後の財閥解体で、進駐軍に勧められ官僚が政府を牛耳るようになった。給料で雇われている役人は、戦前の大資本家を信用せず、あらゆる手を尽くしてその金の力を奪おうとした。

こうして、現在のようなシステムが出来上がったが、今となれば財務省や金融庁が金の自由な移動を恐れる理由は、単純に支配力の問題に行き着く。それにしても何より奇妙なのは、官僚が信じられないほど金を軽視していることだ。これだけの借金、不良債権、株価の急落に見舞われれば、ふつうであれば恐怖に悲鳴をあげるところだ。しかし、日本の官庁は妙に平然として見える。甘やかされて育った良家の令嬢のように、金のなんたるかがほんとうには身に沁みていない。必要になったらいつでも「パパ」が与えてくれたからだ。

江戸時代の町人は、金を軽視するほどボンボンではなかった。井原西鶴は、こういましめている。

損銀・化銀《あだがね》年々相積《あひつも》りて、才覚の花もちり、紅葉の錦紙子《かみこ》と成、四季転変の乞食に筋なし。是をおもふに、それそれの家業に油断する事なかれ。（買い置きによる損失とか、遊里での浪費が年々に積もって、以前の才覚もきかなくなり、紅葉の錦を着た者も紙子を着るようになり、四季が移り変わるように、人の身の上にも盛衰があって、しまいには乞食にもおちぶれるが、諺《ことわざ》に「乞食に筋なし」というように、乞食にはだれでもなれるものである。これを思うと、人々はそれぞれの家業に油断なく精を出さなければならない）

金の第二法則

カリフォルニアで新興企業のコンサルタントをしているマイケル・フィリップスは、一九七七年に『金の七つの法則』という本を出した。今では古典となっているこの短い本で、七つの法則の第二は「金には金のルールがある」。つまり、人間の善意、文化的な条件と関係なく、需要と供給、収入と支出、利益と損失、複利などといった法則をくつがえすことはできないということだ。言い換えれば、万国不変の科学的法則に金は従っているのである。

一九八〇年代後半の日本経済は、新しい神秘的なシステムとされ、この第二法則が当てはまらないという考え方が流行した。日本型システムに対して、プリンストン大学のアラン・ブラインダーは次のようにまとめている。

しかし、ほとんど気づかれていないが、日本経済の驚くべき挑戦はもうひとつある。つまり、経済の定説に挑戦しているのである。手短に、かつ大胆に言えば、（標準的な経済理論に照らせば）あらゆる間違いを犯すことによって日本は成功しているのだ。経済学者たちはさぞきまりの悪い思いをしているだろう。

たしかにきまりの悪い思いをしたはずだ。一九八七年、大蔵省のスポークスマン榊原英資は、こう述べている。「おそらくこの二、三年のうちに欧米では破滅的な事態が生じ、新たな法制が必要になるだろう」。欧米ではなかったが、たしかに破滅的な事態は生じた。尾上縫とそのガマを見ればそれはわかる。

マイケル・フィリップスはこう書く。

金の法則は、たぶんベンジャミン・フランクリン的な法則なのだ。浪費をするな、道楽に走るな、慎重に扱え、何に使うのか説明せよ、記録を残せ、金がどうなっているか無視してはならない。

一時的にルールを無視することができたものの、最終的には、飛ばし、粉飾決算、配当のつかない株、ゼロに近い預金金利によって築かれたのはトランプの家で、崩れるべくして崩れたのだ。一九九〇年以降、「資本主義を超えた日本」の金融世界は、長いきりもみ降下を続けている。

経済学では「金の法則」はほんとうに存在するのか、エコノミストの間でホットトピックとして論争されている。カレル・ヴァン・ウォルフレンは、法則の存在を信じすぎてもいけないと指摘した。

金には物理化学のような法則がない。なぜなら、政治的な要素があるからだ。主流エコノミストにとって、これは絶対思いたくない。だが、結局法則などをかたく信じ切っても、それを裏付ける基盤がない。

国によって産業や資本の流れをさまざまなシステムに組み立てることができる。たとえば、「ソビエト流共産主義」「日本流資本主義」「アングロ・アメリカ流資本主義」などである。その意味で、ウォルフレンが指摘したように、数学のように因果関係を設定する法則は存在しない。西洋の基準では日本の銀行はほとんど倒産状態だが、そのまま営業している。その他に日本独特の資金供給システムの中に、海外のエコノミストを当惑させる要素がたくさんあるが、不思議なことにバブルが弾けても社会が苦しんでも、そのシステムは依然としてほぼ完全状態で残り、次の経済拡張期を待っている。

しかし、ソ連の崩壊と日本の一〇年間の不況には、金の基本的法則は存在し、時間が経つとその効果があらわれてくる。「金の法則」に反する経済システムでは、その効果は古典的エコノミストの単純計算では出てこない。むしろ、それは地下にもぐって驚くような形で別のところにあらわれてくる。たとえば、東京の銀行では一〇＋一〇＝三〇を平気で設定できるし、それによって銀行は倒産しない。が、どこか遠いところ、たとえば大阪ではある年金基金が一〇＋一〇＝一五になってしまう。あるいはこの公式のため、もっと離れた北海道では海岸にセメントを流し込まねばならないと答える。

結局、古典的な経済ルールを無視してもバチが当たらないわけではなかった。「金の法則」有無の論争には、もうひとつ大事な要素がある。それは、法則を無視するシステムを維持するために、どこまで社会が犠牲を払うかということだ。犠牲と辛抱が大きければ、かなりひねったシステムでも、いつまでも維持できる。

江戸の商人たちなら異を唱えただろう。西鶴の描いた世界では、負債は返すべきものだったし、預金すればちゃんと利息がついた。機を見るに敏《びん》な商人が富み栄え、競争に負けた者は破産する。謹厳な儒者でさえそれを理解していた。海保青陵《かいほせいりょう》は、一八一三年にこう書いている。

凡《およ》そ天地の間にあるものは皆しろもの（商品）なり、しろものは又しろものをうむは理なり、田より米をうむは、金より利息をうむとちがいたることなし、山の材木をうみ、海の魚塩をうみ、金や米の利息をうむは天地の理なり。

西鶴も儒者も、榊原の言う、負債は返さなくてよく、預金に利息はつかず、大企業は絶対につぶれない「日本型市場経済」はまったく理解できない日本人だろう。

ここで二一世紀に入った金融トラブルの一番深いところまでたどり着く。大きい意味で経済自体は基本的にはまだ強いもので、不況状態ではあるが、崩壊はしない。日本はまもなく崩れてしまうと思うエコノミストは大きく間違っている。日本のシステムはふたつの理由をもって持続する。ひとつは大きな資産蓄積、もうひとつは犠牲的精神だ。資産蓄積で見れば、莫大な工業キャパシティーと膨大な国民貯蓄の積み重ねで、現状態を数年もしくは数十年まで維持していけるだろう。いっぽう、現実離れしたシステムを守るために犠牲はますます大きくなるが、何を犠牲にすればよいのかという問題になる。その答えは……すべて。日本は国債を天まで積み上げ、山を平らげ、川を塗りつぶし、国民の貯蓄をすべて吸い上げ、システムを維持するためにどんな犠牲も惜しまない。だからシステムは不動だ。

バブルを生んだ「日本型市場経済」を支えようとして、社会は筆舌に尽くしがたい被害に遭っている。最近はどんな分野のスペシャリストでも、日本の経済や金融問題を政治の問題として分析する傾向がある。「経済トラブルの一番深いところ」はそこにあるというわけだ。しかし、私としては政治的問題より文化的危機として見ている。きっと、私が言う文化的危機と政治的問題は同じもので表裏一体だろう。日本の金融システムはかなり落ち込んでいるが、「実価」にもどるまではまだまだ時間が必要だ。それまでは、金融界のゆがみは社会を苦しませ、自然環境を蝕み続けるだろう。

「どんなところにも固い底はある」とソローは言う。

旅人が少年に、「この沼の底は固いか」と尋ねた。少年が固いと答えたので馬を進めたが、すぐに腰まで沈み込んでしまった。「この沼は底が固いと言ったじゃないか」と旅人が言うと、少年は「だってほんとだもん」と答えた。「だけど、もっともっと沈まないと着かないよ」

第十四章　教育——規則に従う

聖人は国を治める時、人の心を虚にして、人の腹を満たし、意志を弱めて、骨を強くし、民を無知無欲にする。そして、知者を敢えて行動しないようにさせる。

老子『道徳経』

日本の近・現代史の特徴のひとつは、極端に走りやすいことだ。土建依存の実態や財政赤字の数字に共通するのは、ブレーキがないということだ。スピードを緩めることもUターンすることもできず、破滅的な政策がどこまでも実施される。では、なぜそうなのだろう。そこで、本章では教育に目を向けてみよう。

二度目の危機

古代歴史家・プルタルコスいわく、「ある者がテオポンポス王に『スパルタが長く持ちこたえたのは、歴代の王がよく支配しているからだ』と言うと、王は『いや、人民が従うことをよく心得ているからだ』」。

日本人が自分の主張を遠慮する風潮は、封建時代にまでさかのぼることは言うまでもない。鎖国と武家支配の三五〇年間に、社会全体をくまなく管理する方策が確立された。倹約令が布告され、士農工商の四階級ごとに、家に使う建材、門や玄関の形、衣服の素材が定められた。社寺は幕府が定めた宗派のいずれかに属さねばならず、異端の信仰は御法度《ごはっと》となる。主君の子供を守るためにわが子を殺す親とか、自己犠牲という美徳は、歌舞伎や人形浄瑠璃の人気テーマとなってくりかえし描かれた。

しかし、マインドコントロールはそう簡単にはできないものだ。現代ほど通信手段が発達しておらず、また識字率も低いとなればなおさらである。伝統社会の締めつけは厳しかったが、それでもそこからのがれた人物や地域は数多く残っていた。独自の方言や地域性を誇りとし、外様大名はほとんど独立国家の王だった。たとえば、四国の祖谷渓《いやだに》に政府の支配が及ぶようになったのは、一九二〇年にその谷間に通じる道が人手によって初めて切り開かれてからである。また都市では、「士農工商」制度自体が多様性を生み出していた。傲慢《ごうまん》な武士、瞑想にふける僧侶、物腰やわらかな職人、けんかっ早く好色な町人と、江戸の「浮き世」ほど多彩で混沌とした社会はなかった。

絶対的なコントロールは幕府の夢だったが、その夢が実現可能になったのは、時代が明治に変わり、西洋から近代的な教育制度が導入されてからのことだ。明治維新のスローガンは「和魂洋才」だったが、教育で言えば、それは「和魂」（トータルコントロール）と「洋才」（義務教育）の結婚だった。標準化された教科書、制服や校則、校庭を軍隊式に行進し、いっせいにお辞儀する——こうして、二一五年におよぶ鎖国でも成し得なかったことが達成され、地方と個人の個性に対して勝利を収めた。結果的にこれは、日本の近代化に大きな影響を及ぼす一大誤算だった。

最初の危機は二〇世紀初頭に訪れた。開国は、爆発的創造力を引き起こし、「大正デモクラシー」で頂点に達した。岡倉天心《おかくらてんしん》（覚三）が茶道など伝統文化を海外に紹介する本を著し、武道、絵画、舞踊など古来の芸術・芸能は近代化と上手に統合され、現在目にするような形にまで洗練された。また、芥川龍之介や泉鏡花などのすぐれた作家があらわれ、着物のデザインや建築、音楽といった分野も華やかな発展を遂げ、民主主義運動が胎動を始めた時期でもあった。

だが、大正デモクラシーの自由な空気を満喫したのは、ごく一部の層にすぎなかった。大多数の国民は学校で軍隊式の教育を受け、校庭に列を作って「万歳！」と叫んでいたのだ。一九三〇年代にはこの世代が実権をにぎり始め、大正期に花開いた自由を一掃し、憲兵隊や検閲制度、そして軍国主義が肥大化し、日本は戦争への道を突き進むことになった。

そして、二度目の危機は今だ。

羊たち

現代日本の教育を「災厄」と評すれば、とんでもない言いがかりと思われるかもしれない。「すぐれた教育制度」は「優秀な官僚」に次いで海外の専門家にとっては魅力的であり、欧米に比べていかに日本の子供たちが大量の事柄を暗記し、数学の技能を身につけているか、著作や論文で賞賛されている。教育システムが生み出した「企業戦士」が経済基盤を支える強力な原動力となっていることはまちがいない。権威に服従することを子供のころから教え込まれているため、社会はきわめて円滑に機能し、西欧社会に蔓延する社会不安や暴力犯罪ははるかに少ない。これらはすべて「プラス」面の話だ。しかし、これらの著書では「マイナス」面にはほとんど触れていない。

それは、厚生官僚で精神医学研究者の宮本政於《みやもとまさお》は、海外の専門家は学校で実際に行われている教育の「本音」を見ずに、「建て前」のほうを鵜呑みにしたためだと言う。宮本は日本の教育制度の精神分析を行った。彼によれば、受験のため暗記した知識はたんなる副産物にすぎない。教育システムが真に目指しているのは教育ではない。集団への服従であり、宮本の厳しいことばを借りれば「去勢」ということになる。

「イギリスの田舎を旅すると、なだらかな丘陵地帯で羊の群れが草を食べているのを見かける。その眺めは平和そのものだ。そしてこれこそ、日本の官僚が社会に実現したいと願った情景にほかならない。だがここでぜひ指摘したいのは、官僚が平和を願うのは、国民が従順でおとなしいほうが都合がいいからだ。そのような集団なら容易にコントロールできるから、システムを変える必要がない。官僚はいかにして、かくも効果的に日本人を去勢しているのか。その答えは学校にある。学校のシステムが、去勢を実践する場となっているのだ」

その「去勢」がどのように行われているか見るために、幼稚園から大学、そしてさらにその先まで、子供たちが進む道をたどってみよう。

幼稚園

レッスンその一、足並みそろえて行動すること。作家のピーター・ハドフィールドが、娘のジョイに付き添って初めて日本の幼稚園に行った時のことだ。最初に点呼があり、そのあとは全員がおとなしく座って、先生から折り紙を教わる。それがすむと、ようやく園児たちは外で遊ぶことを許される。

「子供たちはてんでに散らばり、ジョイはまっすぐブランコめがけて走っていった。だが遊び始めたと思う間もなく、あちこちにあるスピーカーからピアノが鳴り響き、園児たちは閲兵式の兵士のようにいっせいに運動場のまん中に集まった。そのあとは、音楽に合わせて体操である。ブランコやジャングルジムで遊ぶのも運動にはちがいないが、つまり今度はみんなそろって規則に従って運動し始めたわけだ。最後に、子供たちはようやく走り回ることを許された――だがどこを走ってもよいわけではない。みな一緒に、逆時計回りに円を描いて走りだしたのだ」

だが、みんな一緒ではなかった。ショッキングなことに、ジョイが時計回りに走りだした。

「先生たちはジョイに『正しい』向きで走るよう優しく呼びかけ、目配せしてこちらに助けを求めてきた。その他大勢に合わせようとせず、自己主張した娘を私は誇らしく思った。だが、結局はシステムに順応せざるを得ない。でないと娘が苦労する。『反対に走りなさい、ジョイ』。私はしまいにそう言って、手をふって向きを変えさせた。『みんなと同じようにするんだよ』」

レッスンその二、人と違うのは悪いこと。宮本はこんなエピソードを挙げている。友人の娘が幼稚園に上がることになった時、先生から弁当には白飯を持たせるようにと言われた。「なぜですか?」と尋ねると、先生はこう答えた。「チャーハンやサンドウィッチを持ってくると、ほかの子が欲しがりますから。子供が違うものを欲しがるのはよくありません。でも、みんなが白いごはんを持ってきたら、ないものを欲しがることもないでしょう」

小学校

幼稚園を出た子供はいよいよ義務教育に入り、教育の場は今や「軍隊」さながらの様相を呈し始め、それは高校を卒業するまで続く。「気をつけ！」は、私のいとこのイーダンが一九九三年、九歳のときに亀岡市の小学校で最初に覚えた日本語だった。

最初の日に、教師は生徒を「組」に分ける。卒業するまで、「組」は生徒についてまわる。「同じ組の生徒はたいてい休み時間も一緒に遊び、長い授業時間をずっといっしょに勉強し、なんと昼休みまで決められた席で一緒に昼食をとる。二年間ずっと、その『組』という壁のなかで過ごすのである」と、著書『ジャパニーズ・スクール——工業国アメリカのための教訓』にベンジャミン・デューク教授は書いている。教授は、「組」のシステムをこう説明する。

組という制度が、「我々と彼等」という強い意識を植えつけるのは明らかだ。彼等すなわち部外者は、文字通りその集団の外にいる。日本の子供たちは、遊ぶときに「仲間はずれ」という独特の表現を使って、集団の中にいる者と外にいる者とを区別する。「仲間はずれ」には、親密なグループに属しておらず、したがって拒絶されているという特別な感情がともなう。これはしばしば嘲《あざけ》りとともに使われる言葉だ。仲間から拒絶されてうれしい子供などいないから、集団に受け入れられよう、つねにしっかりそのなかにとどまろうと子供たちは最大限の努力をする。

「組」というシステムはたしかに工業国日本にとって大切な要素になっている。元駐日大使のエドウィン・ライシャワー教授は、次のようにコメントしている。
「重視されるのは、個々の人間が属する集団である。クラスでも会社でも国でも、そこに属する『我々』がいて、それに対立する者としての『彼ら』がいる。考えてみるといささか背筋が寒くなるが、日本の均一な教育システムの下では、ある年齢集団の子供たちはみな、日本中どこでも、同じ日に、ほとんど同じ方法で、まったく同じことを勉強している。そして、自分の属する小さな集団、あるいは日本という大きな集団について、まったく同じ明確な——そしてしばしば排他的な——思想を抱くようになる。より広い世界の利益を尊重するようなうわべでは教わるが、現実問題として、人類という真の『我々』のことはほとんど考えられていない」

レッスンその三、日本の学校教育には、苦痛がともなう。暑い日でも冬服を替えることはできない。決まった衣替えの日まで、みんな汗をかかなくてはならないのだ。

苦しみが生徒に教えるのは「がんばる」こと、つまり「耐え忍ぶ」ことである。デューク教授いわく、「生き残るために、日本の人々は常にがんばらなくてはならなかった。これは今も変わらない。なぜなら多くの日本人にとって、生活は楽でも快適でもなかったからだ。これは今も変わらない」。まったくその通り。苦痛がない時は、学校がわざわざ創り出してくれる。小学生は生理現象さえ規則に合わせなくてはならない――さもないとひどい目にあう。たとえば、京都市は一〇年以上ものあいだ、小中学校のトイレにトイレットペーパーを置かなかった。京都市教育委員会の森原良浩が言うには、「生徒は各自ティッシュペーパーを持ってくるべきです。それに朝、家で用を足してくれれば、学校でトイレに行かなくてもすむでしょう」。

中学校と高校

小学校での生活は、その後に続く中学・高校生活に比べれば気ままで、放任されている。小学校では制服や髪形が決まっているところは少ないが、中学・高校はたいてい決まっている。大阪の羽曳野《はびきの》市では、教師まで制服を着ることになったという。髪形や服装から始まって、校則は学校の外にまで及ぶ。週末にも外では制服を着るよう指導している学校は多いし、学校からの帰り道に飲食を禁じている学校もある。

規則に従わせるために暴力が用いられることも少なくない。日本の法律では体罰は禁止されているが、それは「建て前」で「本音」は違う。福岡県のある教師は女子生徒の頭と肩を殴って死なせたが、その裁判では、教師が生徒を叩くのはよくあることなのだから、教師ひとりを罰するのは不当であると弁護側が主張したほどだ。正規の教育制度はこれでもまだましで、更生施設や精神訓練セミナーに送り込まれる生徒は悲惨だ。そういう施設はだいたいにおいて「新兵訓練所」も同然である。その目的は、怒鳴り散らし、体罰を加え、身体的な窮乏状態に置くことで子供を鍛えることだ。

教師がおかす暴力もあるが、校内暴力はほとんどが生徒どうしで起こる。集団の結束が高まるから弱いものは虐待《ぎやくたい》してもよい。幼稚園時代から団体に溶け込むように強いプレッシャーを受け、子供たちは「いじめ」にはしりやすい。いじめられた時、頼れる者はだれもいない。なぜなら、日本の学校ではいじめられる方が悪いからだ。先生は公にはいじめに反対のスタンスを取っているが、集団や規則に従わせることに重点をおいているため、結果としていじめ精神を植えつけている。一九九六年の日教組総会では、共同通信社の調査に応じた教師のほとんどが、「深刻ないじめのケースでは、いじめられている生徒をしばらく仕方なく欠席させる」という意見だった。いじめる側を欠席させるのが適当だと考える教師はわずか一一パーセントにすぎなかった。ベストセラーになった『いじめ撃退マニュアル』の著者・小寺やす子によると、娘がいじめにあっていると訴えた時、学校からもいじめっ子の父母からも、それはこちらの問題ではなく小寺親子の問題だと片付けられたという。

海外で勉強してきた子供たちは、明らかに違っているのでいじめの対象になりやすい。「帰国子女」はその専門の学校に通い、日本社会に溶け込めるよう再訓練される。

いずれにせよ、集団意識を作る手段として最も効果的なのは、ラウドスピーカーから流れる音楽やアナウンスに合わせ、一緒に歩く、立つ、座る、話すことなどだ。訓練の中でもとくに挨拶は重要だ。挨拶の習慣は日本の美しさのひとつで、そっけないニューヨークや失礼な上海と対照的である。同時に挨拶も協調を教える最高の道具であり、考えずに挨拶すれば生徒が自分なりのオリジナルの言葉を使わなくてすむ。

いじめ、訓練、儀式、集団行動、挨拶が子供たちを実にいい子にさせてしまう。宮本政於は、有名なSM小説『O《オー》嬢の物語』の城に社会をなぞらえた。O嬢は城に監禁され、あらゆる規則に従うことにより申し分ない性の奴隷となる。規則に従わなければムチで打たれる——そして行儀良く振る舞ったときに褒美《ほうび》としてもらうムチ打ちにも、悦《よろこ》びを感じるようになる。宮本いわく、「O嬢はマゾヒズムの快楽のとりことなった……ここで、O嬢が監禁された城を日本の従順な社会に、O嬢をサラリーマンに、そしてマゾヒスティックなセックスを労働に置き換えてみよう」。

授業内容

ここまで見てきたのは、学校が子供にいかに振る舞い、いかに規則に従うかを教えることで、カリキュラムについてではない。というのも、服従を教えることこそ日本の学校教育の眼目と言える。「ある意味で、日本の学校は子供を教えるというよりも訓練しているようだ」と、レイとシンダリンのエバーツ夫妻は指摘している。宮本にいたっては、文部省を「訓練省」と呼んだほどだ。

それはそれとして、外国の専門家の羨望の的、算数や理科について膨大な知識を詰め込むカリキュラムのほうはどうだろうか。日本の子供は、たしかにほかの国の子供に比べるとたいていい算数の点数はいつも高い。しかし、理科では中くらいの成績だし、公式をそのまま当てはめる問題のうちはいいが、分析や創造的な思考が問われる問題になったとたんに点数は落ちる。

試験に合格するには知識を詰め込まなくてはならない。だが、その知識自体は、相対的な知恵としてでなく、個々のファクトの集まりだけで、生きていく上で役に立つわけでもない。重要なのは、ただ記憶力なのだ。教科書はすべて文部科学省の検定を受け、内容を標準化されているから、公立、私立の別なく、日本中どこでも生徒はみな同じ内容の教科書を読むことになる。残念ながら、文部科学省が教える「事実」は、世界の見方と一致しているとはかぎらない。第二次世界大戦の歴史的事実についてはとくにそうである。

裁判所の裁定によれば、教科書検定の目的は厳密に事実のチェックのみにある。しかし、教科書検定は近年では、戦争以外の問題にまで及ぶようになった。文部省は小学校六年生用のある教科書を却下した。というのも、ある詩人が川の流れを描写するのに使った擬音語が、公的に認められる音と違っていたからだ。教科書には離婚とか一人親家庭という言葉は出てこない。またピザもだめだ。文部省は、家庭科の教科書からピザの作り方を削除している。「ピザは家庭料理の定番ではない」というのがその理由だ。

始終忙しい

学生にとって一番深刻な問題がほかにある。なんと、学校で教わることは入学試験には出ないのだ。というわけで、放課後に塾や予備校に通わなくてはならない。一二～一五歳の子供の約三分の二が塾に通い、毎日二～四時間勉強している。また、スポーツや音楽クラブなどの課外活動は軍隊並みの組織として機能しており、そのため生徒も先生もつねに疲れきっている。

ここで、日本の学校教育のもうひとつの重要なルールに気がつく。これはおそらくは北朝鮮（朝鮮民主主義人民共和国）を別にして、世界中のどの国にも見られないものだ。そのルールとは、始終忙しくさせるという原則である。自主的な興味・関心に向ける時間はなくなり、またいつでも疲れているという結果になる。学校カウンセリングを専門とする早稲田大学の菅野純教授はこう指摘する。「子供たちはしょっちゅう『疲れた』と言う。学校やら塾やらで疲れ果てているのです。その忙しさは、生物としての限界をはるかに超えている」

睡眠不足は典型的な軍隊の訓練手段であり、戦前の日本軍も詳細に記録している。ある民間の調査機関によれば、東京の小学六年生の三人に一人は、塾の勉強のため、就寝時間が早くて一二時だという。

がんじがらめの規則、身体的な不快、教師やいじめっ子の暴力、標準化された教科書、塾通い、軍隊さながらのクラブ、睡眠不足——これがどんな効果をもたらすか予測がつくだろう。日本の子供は学校が嫌いだ。一ヵ月以上登校拒否をした高校生が数万人にものぼっている。一九九六年一一月の『ジャパン・タイムズ』の社説によれば、六ヵ国の小学五年生を対象にした調査の結果、最も担任の教師に不満を抱き、学校をつまらないと感じているのは日本の子供で、二位以下に大差をつけていた。別の調査（一九九〇年）では、授業をおもしろいと答えた児童・生徒は日本ではたった二一パーセントだった。いっぽう、世界の平均は七八・二パーセントである。

こうした統計からわかるように、教育システムの地下に大きな問題が潜在している。個人的な趣味に力をいれる時間もなければ、好きな本も読めない、ボランティア活動にも余裕がない。動物園へ行こう、自然をちょっと冒険しよう、外国について学んでみよう……身動きが取れない。簡単に言えば、学校は楽しくない。試験地獄と戦って大学に入り、将来はダークスーツに身を包むサラリーマン、あるいはそのサラリーマンの妻になりたい人ならこれでも辛抱する。しかし、そうでない人はどうしよう。いい子なら問題ないがワルは……？　親と違って貧困の苦しみを知らない、豊かな時代に育てられた子供たちは、教育そのものを否定することになる。学校と社会のプレッシャーに切れてしまう。その時から自分の髪の色、バイクのスピードにしか関心がなくなる。結果は反抗的な、場合によって危険な子供たちが教室に溢れる。従順な人間社会を作るための堅苦しいシステムが、まったく反対の現象を生み出してしまった。

若者についての本“*Speed Tribes: Days and Nights with Japan's Next Generation*”の著者カール・タロー・グリーンフィールドは東京近郊の高校で英語教師を務めた体験を書いた。その高校は生徒の大半が大学を目指してはいない。グリーンフィールドは言う。

この子たちはフレンドリーでよく笑い、そして英語学習なんてまったく興味がない。授業中はだいたい寝ていたり、私語は尽きず、教室を静かにさせようとすれば、生徒たちはすんなり教室を出ていった。これがあの有名な日本の教育制度なのか？　私が偶然に出くわした現象は、まさに「キレる」世界で、社会に取り残された日本の子供たちの中にあるニヒリズムは、私が想像するよりずっと広く深いものだった。

タトゥーとピアスが精神解放の印であれば、この現象は日本にとって良いことかもしれない。けれども、どうも個人性の開花かどうか疑問だ。タトゥー、茶髪、舌のピアスなどはだいたいワンパターンで、反抗している不良でさえ集団にちゃんと従っている。こうした若者は、土建国家を超越して自然環境を救おうとすること、自分の街を考えて政治に参加することと、外国人と友好を結ぶことなどまずないだろう。逆にまったく予測できないニヒリズムが生まれ、最近まで日本にはなかった、社会から疎外された新しい階級が誕生した。これが将来の日本社会にどういう影響を及ぼすかだれにも読めない。

おまけの大学

中学、高校で子供たちが受けた苦しい訓練と抑圧は、不思議にも大学生になったとたん消え去る。成績評価は手ぬるいし、企業は成績にほとんど無関心だ。大学を卒業し就職すれば、大学で何を学んでいようが関係なく、新入社員研修で一から訓練を受け直さなくてはならない。大学の勉強は将来にほとんど影響しないので、高校を卒業すればあとの四年間は遊んで過ごすだけだ。

日本の大学教育で奇妙なのは、社会のニーズにまったく関係ないように見えることだ。大学院は資金不足で体制も不備で、アメリカのマサチューセッツ工科大学などで行われているような、重要な研究開発はほとんど生み出していない。

最高の大学ですら、施設は老朽化し、どの大学のキャンパスを歩いても、研究室はおんぼろで打ち捨てられているように見えるし、地面にはゴミが散らかり、雑草がはびこっていて、図書館は蔵書が少なく整備もされていない。東京理科大学の森謙治教授によれば、「(一九九〇年代初頭に) 日本の産業界は窮地に陥り、独自の技術を開発したければ基礎研究が必要だと気がついた」。そこで産業界のリーダーたちは東京大学を訪れてみた。「そこで行われていることを見て、彼らはショックを受けた。彼らが学生だったころからほとんど進歩していなかったのだ」

東京大学はまさにエリートの頂点に立つ大学だが、欧米の基準で見れば学問の園どころか学問の墓場である。大学本来の一大目的は学生に社会奉仕精神、一種の倫理観を育てることだが、東大では全く心得ていない。卒業生はまっすぐ政府の省庁に入り、そこで賄賂を受け取り、暴力団に金を貸し、カルテを改竄し、河川や海岸を破壊する計画を立てる——同僚も教授も、それに対してうんともすんとも言わない。先進国の名だたる学府で、世界にも自国の社会にもこれほど貢献していない大学はまずないだろう。『日本経済新聞』が書いているように、エリート大学の仕事は「出来上がった製品にラベルを張り、出荷する『缶詰工場』に似ている。『工場』からは『○○大学』といったラベルを張られた『均質な製品』しか出荷されない」。

カレル・ヴァン・ウォルフレンによると、東大の卒業生がエリートとなった背景は、本当の意味で優秀な才能の人より、受験上手なほうがエリートとされるからだ。東大卒はたしかに頭はいいが、ちょっと変わった別の才能をもった人は、社会の本流から外され、外縁で活躍しなければならない。そうすると、オリジナルな創造力が活かされていない日本のエリートクラスは、教養を身につけるというより調教されているだけだ。

エドウィン・ライシャワー元駐日大使はこう述べている。「大学で四年間、つまらない講義を受け、ほとんど勉強しないで無為に過ごすのは、効率優先の国にしては信じられないほどの時間の浪費ではないか」。とすれば答えはただひとつ、日本はほんとうは大学など必要としていないとしか考えられない。「一八歳になるころには、日本の子供は完全な羊になっている」と宮本は言った。「牧草地の羊が自由など意識しないように、日本の大学生は、自由には無関心なのだ」。つまり、大学生になるころには訓練はすでに終わっているわけだ。大学はおまけなのである。

大学は、高等教育という巨大な「建て前」だ。社会人としての訓練が企業や省庁で始まる官僚国家では、大学には真の意味での社会的必要性がない。だから施設は老朽化するし、学生はプレッシャーから解放され、それからの四年間をのんびり暮らせるわけである。真剣に勉強するのが学生時代でなく就職してからという事実を考えれば、日本ではごく狭い分野でしかテクノロジーが発達しない理由もよく理解できる。多岐にわたる創造的な研究（環境や科学理論についての新たな発見につながる）が大学で行われていないために、学問のなかでも狭い分野にばかり日本の頭脳は向けられている。すなわち、製造・建設の技術だけである。

習っていない課題

教育哲学者のヘンリー・アダムズいわく、「無意味な知識が頭に積もると、意外とそれは無知の蓄積となるのだ」。文部省が子供向けに知識を詰め込ませたせいで、日本の学生は常識に欠けている。一九九六年二月、大学の建築学科で教えるアメリカ人のアズビー・ブラウンは、その実態を公表した。建築デザイン学科の学生に試験を実施したところ、一〇〇ページの論文を読める者も、日本語の本を要約できる者もいなかった。グッゲンハイム美術館を知らず、平等院が何世紀に建てられたのか知らない。第二次世界大戦がいつあったか知っていたのは一人だけ。イスラム教を知らず、マホメットの名前すら知らない。キリスト教が紀元後六〇〇年に始まったと思っていた学生もいた。ちなみに、これは大学院生の話である。

日本の教育システムで学生たちが教わっていない重要課題がある——分析的な思考法や、変わった、もしくは独創的な質問をする能力、人類みな兄弟という意識、自然環境に対する愛情などだ。とくに、環境破壊の責任は、教育システムにあると断言できる。自分の環境に責任を負うことを教えない。そのため、少数の反骨精神の持ち主を除けば、河川や山がコンクリートで塗りつぶされても、だれもそれに気づいて抗議の声を上げようとはしない。

大衆が無知になってきているのに気づいた文部省は、「生涯学習」というもうひとつの「鬼」を思いついた。退職者人口が増加しつつあるから、英会話や茶道など、その他さまざまな趣味を高齢者が学習できるよう、社会がその機会を提供すべきだというのだ。「生涯学習」は土建国家にぴったりのアイデアで、「生涯学習ホール」なるものを、日本全国に次々と建設する口実ができる。しかし、「生涯学習」には問題がひとつある。それは「生涯」という表現だ。学校では自分でものを考えさせないようにし、大学を遊びですごし、社会人になってからも、関心分野を追求する時間は奪われている。そんな人々が、年をとってから急に学習意欲に目覚めるものだろうか。

ひとたび成功した政策ほど変えにくいものはない。国民を企業の歯車として訓練することで成功したのは、製造と建設業がすべての富の源であり、海外から技術をほとんど無料で簡単に輸入できた時代のことだった。それが気がついてみれば、サービス業と情報管理の時代の幕が開き、ソフトウェアは巨大で金のかかる産業となっている。柔軟で独創的な人材が求められているが、それはまさに日本のシステムが抹殺してきた種類の人材なのだ。

二一世紀日本の構想

一九九〇年代、アメリカでは一〇年前には存在すらしなかったまったく新しい産業で、何百万という雇用が生まれているが、日本は古い産業に固執している。アップルやマイクロソフト、ネットスケープ、オラクル、アマゾン——日本はしぶしぶ後を追いかけ始めた。日本の二大ソフトウェア開発会社（アスキーとジャストシステム）はマイクロソフトが日本の市場を食い尽くすにつれて、どちらも赤字を垂れ流している。

しかし、いやでも日本は世界の流れについていかねばならない。とくに産業に関しては必要だ。二一世紀になり日本にもインターネットがやっと受け入れられ、政府が積極的に起業家を支援し始めた。しかし、変化は実現しにくい。集団から排斥されるのが怖くて、労働者は新しいアイデアを提案しようとしない。いじめのパターンは組織内に深く根を下ろしている。厚生省でかつて宮本政於が上司の面々を怒らせた時、上司たちは他の職員に宮本と口をきかないように指示し、女性にお茶を出すなとまで命じている。こうしたやり方に対して、ふつうのサラリーマンなら子供時代から集団に絶対逆らわないよう教えられているため、心理的な保護壁はない。このような教育を受けた若者をどのようにして、冒険的な起業家にするのか。

日本人は自国の教育システムに満足していない。マスコミには改革を求める声が渦巻いているし、総理大臣・橋本龍太郎は、一九九七年の年頭会見でこう述べている。「今の教育は子供たちの頭に知識を詰め込むばかりだ。暗記を過度に重視しすぎている。今のシステムは夢や希望が設定できるものになっていない」。二〇〇〇年一月に、学者や著名人で構成する「二一世紀日本の構想」懇談会（河合隼雄・国際日本文化研究センター所長が座長）が、当時の小渕恵三首相に提出した報告書の中に、日本社会は「硬直化」してしまい、規則などが日本のバイタリティーを弱めた。個性がありリスクを怖がらない人間が必要だとある。だが問題は、教育が規格化をゆるめるどころか強化する方向に進んでいることだ。ピザを食べようと思うことさえ許されないというのに、どうして「夢や希望が設定」できるというのだろうか。

第十五章　教育のつけ――生け花と映画

やさしい花よ、星のしずくよ、首をかしげて、朝露と陽光の歌をうたう蜜蜂を迎える庭の花よ、前途に恐ろしい運命が待っているのを知っているのか。

岡倉天心（覚三）『茶の本』

ある人が画家ウィスラーの霧にかすむロンドンの橋の絵を褒めて、現実の風景にそっくりだと感想を述べた。するとウィスラーは言った。「悲しいかな、現実が絵に追いついてきている」。日本の現実もまた、小学校の管理体制に追いつこうとしている。前出の『清貧の思想』の著者、中野孝次は次のように書いている。

今の日本は、どういうものかいたるところに目に見えないきまりが出来ていて、生活、交際、服装、ふるまいに枠を設けているように見える。結婚式で司会者のうながすままに拍手したり立ったり坐ったりカメラを向けたりするように、法で定めたわけでも命令されているわけでもないが、それに従わないと仲間外れにされるきまりが人を束縛している。若者ほどその人間生活におけるしきたりを強く感じているらしく、かれらは服装、持物、髪型、言葉遣い、話題にいたるまでみんなのするとおりにして、外国人が見れば一つの同じユニフォームに型どられているのかと驚くほどだ。

雑誌『AERA』によると、東京の公園で子供を遊ばせる若い母親は派閥を作っているという。派閥のメンバーは服装も髪形も話し方も似ていて、たとえばあるグループではみな茶髪にし、子供たちにも似たような服を着せている。最初に公園に入った時ほかの母親たちから無視されたある女性は、仲間として受け入れられてから「何がいけなかったのかしら」と尋ねた。まずかったのは、子供の叱り方だった。ほかの母親たちと叱り方が違っていたのだ。新聞や雑誌ではこういうグループを「公園ママ」と呼び、グループに入れてもらえず遠くの公園を渡り歩く母親がいる。一九九五年に出版された『公園デビュー――母たちのオキテ』（本山ちさと著）という本では、新米の母親に公園でうまくやっていく方法が伝授されている。それによると、「新入りは常に腰を低くし」「年上のリーダーのまねをしなくてはならない」。

「公園ママ」のサークルに受け入れられたら、次のステップはグループ活動に参加することだ。グループに所属すると、誕生会だの遠足だの、交替で子供たちの面倒をみたり、互いの家を訪問しあうことで息つく暇もなくなる。まさしく学校時代に経験した、制服や校則や絶え間ない忙しさの再現にほかならない。メアリ・ジョーデンは、『ワシントンポスト』にこう書いている。

これらの女性の中には、日本の政治やビジネスの世界とさほど変わらない、厳しい階級システムを押しつける者もいる。古参の母親は権威をかさにきて、だれを受け入れだれを受け入れないか指示を出し、いつ、どんな活動をするかを決める。服装規定を設ける者さえいる。

ありがとうございます、ごめんなさい、危険です！

拡声器が発する命令に従うよう訓練されて、現代の日本人は公共放送中毒にかかっている。ホテルのロビーでも、デパートでも、駅でも、エンドレステープのアナウンスがわめき続ける——忘れ物をするな、切符を出せ、通路は右側を歩け。

日本は深刻な騒音公害に蝕まれている。エスカレーターには拡声器が取り付けられていて、テープの声があれしろこうしろと、四歳児にでも言って聞かせるようなことを指図する。駅では、「エスカレーターではベルトにおつかまりになり、黄色い線の内側にお立ちください。お子様をお連れの方は、手をつないで中央にお立ちください。ブーツやかかとの細い靴を履いている方は、溝にはさまれないようお気をつけください。手や頭をベルトの外に出すと危険です」と言われる。

学校教育で重視されるのは挨拶である。言うまでもなく「挨拶」はこの国の魅力的な一面だ。その半面、録音された挨拶や指示の中毒になるあまり、人々はそれがないと寂しく感じるほどになっている。来店を感謝したり、さまざまな情報を伝えたり、迷惑や不便を詫びたり、あるいは命令や警告を伝える言葉から逃れる場所はどこにもない。そのうえに、ブザー、チャイム、ベルのピンポン伴奏が入るのである。

最もよく耳にするのは、「危険」と「危ない」の二語だ。日常生活は危険に満ち満ちているかのようだ——規則に従っていないと。バスや電車や地下鉄に乗れば果てしない「キケン」の連続で、「お忘れ物のないように」「電車が来ますので後ろにお下がりください」「駆け込み乗車はやめましょう」「ドアに指をはさまれないようご注意ください」「列にお並びください」などの指示がついてまわる。だが騒音はこれだけでは終わらない。国立公園にも京都の石庭にも、スキー場にも大学のキャンパスにも、社寺にも、音響効果つきの録音されたアナウンスが響きわたる。鳥のさえずりと電子音のチャイムがひっきりなしに流れ、甲高《かんだか》い女性の声が、ここは名高い景勝地であるとか、危険だ、迷惑をかけて申し訳ない、としゃべりまくっている。

「閑《しず》かさや岩にしみ入る蟬の声」と芭蕉は詠んだが、今では芭蕉の岩にしみ入るのは、警察がチャーターしたセスナ機から降ってくるアナウンス——「シートベルトを締めましょう。歩行者は左右をよく見て、横断歩道をわたりましょう。こちらは○○警察署です」。『静かさとはなにか——文化騒音から日本を読む』の著者のひとり福田喜一郎《ふくだきいちろう》は、この種の放送に税金を使う公共機関は、「公共サービス」のなんたるかがわかっていないのだと指摘する。真の公共サービスはどうすればよいかわかっていない官僚は、アナウンスをするぐらいしか思いつかないのだ。福田は、「さしずめ、交通安全協会あたりが、活動しているぞというアリバイ工作のためにでも仕組んだ茶番劇であるのだろう」と書いている。

幼児化

しかし、アナウンスの送り手についてはこれでわかるとしても、受け取る側の人々がこんな指示や警告を受容し、それどころか求めるのはなぜなのかということだ。アナウンス文化のおしつけがましさについて、福田は次のように書いている。

日本における管理社会化は極端に私的領域にまで介入していると言えるであろう。もちろん管理化というのは、管理したい人たちがいるだけでは成立しない。それと同時に管理されたいマジョリティが必要条件である。これは社会学で言われている「自発的服従」ということと同質の構造をもつ。つまり管理化は自ら管理されたい人たちが競って実現しているのである。それは高校生や大学生になっても教師に注意してもらいたい生徒や学生が絶えないという事態に結びつく。日本の大学生は、権利と義務を担った大人ではなく、自他ともに「子ども」と称されている。

キーワードは「子供」である。アナウンスの最大の特徴は、その徹底した子供っぽさである。福田はこう指摘する。

そもそも、あのエスカレーターのそばに流れる「手すりにつかまって」も、駅員の「降り乗り続いて」も、「手回り品に気をつけて」も、どれもこれもが幼稚園向きでありながら、これがれっきとした大人に向けて流されているのだから驚くべき状況であるわけだ。

「幼稚園国家」に見られるナンセンスは度を越していて、とうてい信じられないところまで達している。伊丹《いたみ》市のバスでは、乗客に石鹼を使いましょうとアナウンスしている。葉山《はやま》の海岸では、「遠くから来られた方はゆっくり休んでから海に入りましょう！　溺れそうになったときは大声で助けを求めましょう！」と注意してくれる。

かいつまんで言えば、戦後日本の教育システムは、日本の次世代を幼児化しようとしている。どこに行っても「危険！」と「危ない！」の警告が鳴り響いていることは、心理学的な研究が必要だと思わせる。

幼児化は、現代文化に広範な影響を及ぼしている。たとえば、日本の出版業界の約半分のシェアをマンガが占めている。日本文化の特徴だった「わび」とか「しぶい」などの古い言葉は、一九九〇年代には影をひそめ、代わって登場したのが「かわいい」である。日本には、赤ん坊のような大きくて丸い目をした、カエル、子猫、子犬、ウサギが氾濫している。大きな目はとくに少女たちに好まれるが、彼女らこそ現代日本のデザインを決定づける消費者なのだ。マンガ雑誌『りぼん』の編集者、今井鈴人によると、「目はどんどん大きくなって、そのせいで顔の形が歪《ゆが》むところまで来ている」。石鹸、鉛筆、毛布、ゴミ箱、扇風機、ステレオセットといった日用品を買うにも、大きな目をしたベビーフェイスがどこかにプリントされている。しゃれたウォークマンが日本の工業デザインのトレードマークだった時代は過ぎ去った。今日、アップル社や台湾のコンピュータ・メーカーは、世界中を革新的でエレガントなデザインで席捲している。一方、日本工業デザインの最先端は小豚の形をしたピンク色のトースターだ。

宮本政於が指摘したように、日本の教育システムは人間が自立する能力を身につけて、大人として人生に対し責任をとる以前の段階で人間性を凍結させる効果がある。そのシステムが数十年続いたあげく、国中があどけない幼児にもどりたいノスタルジアに陥ってしまった。"*The Material Child: Coming of Age in Japan and America*"の著者メリー・ワイトは言う。

アメリカでは私たちはユースソサエティーと呼ばれているが、実際は思春期ソサエティーと言ったほうがよく、皆が戻りたがるのは思春期だ。しかし、日本ではワイルドな思春期ではなく、あこがれは、幼稚、おかあちゃん、おうち。

日本の新世代が社会のしきたりから一気に解放され、国に革命をもたらすと希望する人々は、メリー・ワイトのコメントにはいささか失望するだろう。タトゥーやヘアスタイルが、ワイルドな精神をもった新人類を意味するなら望みはある。が、実態はワイルドな精神がメインポイントではなく、かわいい赤ちゃんにもどることだ。

「かわいい」漬け

日本がどんな分野で海外に文化的影響を与えているか見てみよう。ゲームの分野では、日本製品はほとんど一四歳未満の少年に受けている。それ以上の年齢になると、「ミスト」や「ドゥーム」といった英米のデザイナーによるゲームを好むようになり、男子はポケモンをやめ、女子はハローキティを棚に置き『ヴォーグ』を読み始める。

文化の輸出で大きな利益をあげているのはアニメ映画である。しかし、ドリームワークスの『プリンス・オブ・エジプト』のように、大人にも訴えるアニメは少ない。日本製アニメの主流は、九歳の少年に受ける「ドラゴンボール」シリーズや、一〇歳から一五歳の少女に人気の『美少女戦士セーラームーン』なのだ。

子供向けマンガは日本が世界に贈る文化であり、日本から輸出されるテレビ番組の大半のシェアを占める。一四〜一五歳を超えると子供向けマンガから、大人志向に転換していくのが海外の常識的な傾向だが、日本では違う。国内ではポケモンのようなキャラクターが大人をもターゲットにし、これらを作る関連会社は一九九〇年代の不況でも珍しく売り上げを伸ばした。ハローキティはじめ五〇以上のキャラクターを持つメーカーのサンリオ社は、セールスやライセンスで年商一〇〇〇億円を超している。一九八〇年代以降、アニメ映画はつねに邦画の第一、二位の座を占め、一般の邦画は興行成績の上ではまったく振るわなかった。一九九五年以降、日本映画の興行収入の半分以上はアニメによるものだった。

「かわいい」の日本征伐はゆっくり起こり、約三〇年かかった。まず、一九七〇年代にかわいいおもちゃができ、八〇年代に大人の女性向けマニアオブジェとなった。一九九〇年代に日本が不況に陥った時、今度は若い男性サラリーマンが大きい目の抱きしめたくなるようなぬいぐるみが好きになり、世紀末には「かわいい」は完全勝利を収めた。一九九九年に丸い顔、下がり目、柔らかい身体のぬいぐるみ、「たれぱんだ」がブームを起こし、一年で二五

○億円売られたが、買ったのは多くが大人の男性だった。東京のサラリーマン（三四歳）はインタビューに答えて「それを見るだけで、心がとろけてしまう」と言った。『ワイヤード』にメリー・ローチは、こう書いている。

「かわいい」は非常に強い力となっていて、どこに行ってもその引力を感じられる。日本人はかわいいに生まれ、かわいいに育つ。大人になったらかわいく貯金する（ミッフィーのあさひ銀行ATMカードで）、かわいくお祈りする（神社のハローキティのお守りで）、かわいくセックスする（モンキーモンチッチのコンドームで）。見渡せば、きりんの形をした孫の手、おとぎ話にでてくるお菓子の家をイメージした交番などなど。ティーンエイジの男子はサンリオ社のちゃめっけのあるペンギン「ばつ丸」の入れ墨をし、グレースーツで同じに見えるサラリーマンは携帯電話のストラップに好きなキャラクターをぶらさげる――サンダーバニー、クッキーモンスター、ロボットねこのドラえもん。かわいいは不変だ。国民は「かわいい」漬けになった。

生け花展での出会い

一九九七年三月に行われた池坊《いけのぼう》東京支部の華道展に足を運んでみた。池坊は日本で最も古く権威のある華道の流派で、創立は一六世紀にさかのぼる。この展覧会では、作品のおよそ五〇パーセントがプラスチックパーツででき、ハート模様のアルミホイルで葉を包み、茎や葉をワイヤーやロッドでとめ、枝にはファイバーグラスの霧をまとわせ、四角形や楕円形に切り抜いた、ブルーやオレンジ色のビニール片が付いている。トゲにはアクリルで着色をほどこし、葉の表面は銀紙の飾りで覆われている。醜い都市と、傷めつけられた風景に囲まれた生活が致命的な結果を与えているのだ。これらの華道家にとって、自然はプラスチックと針金とゴムと塗料で成り立っている。こういう生け花にセールスポイントがあるとすれば、生活環境を偽りなく反映しているということだ。

この華道展でさらに考えさせられたのは、花を生ける技術レベルである。切り抜いた葉っぱやハート形をホッチキスでとめた作品は、一生懸命なのはよくわかるが素人っぽく、まるで小学生の工作のようだ。接着剤でくっつけた花々が、ピンクの透明チューブとともに生けられる。どう見ても大人がつくるものではない。にもかかわらず、ほかでもない池坊流が、その作品にお墨付きを与えているのだ。

生け花の話が出たが、「マニュアル的アプローチ」を考察するなら、これにまさる分野はない。この「マニュアル的アプローチ」が生まれてきたのは、すべてについて何を考え何をすべきか、きっちり指示する学校の教科書やアナウンスのせいだと考えられる。池坊や小原などの流派は、花の生け方を図式化するという方針をとっている。枝Aは平面に対して八七パーセントの角度をとり、枝Bは右に三二パーセント、枝Cは左にちょうど五五パーセント傾いている。枝先は、これこれの長さの辺の三角形の中におさまらなければならない、といった具合だ。

外国人はもちろん、伝統芸術を新たに学ぶ日本人でさえ、この厳密に図式化されたアプローチを「伝統」の一部だと、当然のように思い込んでいる。だが実際はちがう。図解本は古くからあることはあるが、禅の影響を強く受けた華道はもともと瞑想の一環で、のびやかな技術と繊細な自然観察を最大限に要求されるものだった。幾何学的な形状をなぞろうとすることが重視されていたはずはない。池坊専応《いけのぼうせんおう》（池坊流の創始者で、生け花の父と呼ばれる人物）は、後世に大きな影響を与えた『池坊専応口伝《くでん》』を一五四二年に著したが、その序文において、生け花の目的は形を楽しむことではないとわざわざ断っている。生け花は、花の咲く枝や木の本来の姿を際立たせ、それによって宇宙の真理に至る道を指し示すものだった。

それを考えてみると、現代の生け花のマニュアルに書かれていることは、かつての生け花が意味していたことの否定である。同じことは現代の茶道にも言える。茶道にもやはりマニュアルがあって、茶の湯の最初から最後まで、どのように座りどのように立つか、ことこまかに書かれている。また、茶器はどこに――畳の縁《へり》から何センチ離して置くか、ということさえ書かれている。いずれも伝統的形式を装っているが、決して伝統ではない。こういう規則は新しく作り上げたもので、戦後教育を卒業した人のために書かれたものなのだ。

現代のものにしろ伝統的なものにしろ、日本の文化が本来「子供っぽい」ということでは決してない。世界に活躍しているすぐれたファッションデザイナー、華道家、建築家は、深く伝統を理解すると同時に現代的な感覚も備えているし、世界は彼らを正しく評価している。だが、母国日本で主流なのはそういう人々ではない。彼らは自国で周囲に起こりつつある事象に内心絶望している。東京の青山で、世界的に有名な日本人デザイナーのシンプルでしゃれた服が一枚売れる間に、原宿では若者が無数の「かわいい」を買っている。ルーズソックスや、ふりふりレースのセーラー服、ハローキティのバッグ、キュッキュッと音をたてる靴など。また、建築家の巨匠が打ちっぱなしのすっきりした建築を一つ完成させる間に、長谷川逸子らが、何十という「浮遊」タイプのモニュメントを建てている。どれも、ファイバーグラスや金属や合板をつなげた幼稚なスタイルだ。五枚の花びら、三本の枝を使った華師の素朴な作品を喜ぶ婦人一人に対して、アルミホイルやビニールの作品を作る池坊の弟子は何千何万といる。未来はそういう多数派のものであり、巨匠たちのものではない。

だが――ちょっと待て。あの華道展で私には面白い出会いと体験があった。日本の文化危機に対する日本人と外国人の反応にどれだけの隔たりがあるのかよくわかった。私は作品が並んでいる展示場を歩きながら、東京で生け花を学ぶ若いアメリカ女性と、連れの中年日本女性と出会った。

「日本の自然愛は素晴らしいですね」とアメリカ女性が私に話しかけてきた。私は「さあ、そうでしょうかね」と答え、「だけど、ここにビニール、ここにファイバーグラス、ここには葉っぱが厚紙にホッチキスでとめられている、どこが自然なの」と言った。するとアメリカ人女性華道家は怒りだし「花をこういうふうにするのは伝統なのです」と反論した。ところが、それまで一言も言わなかった連れの日本女性が、私の言葉を聞くなり、それまでの緊張が取れたかのように「そうよ、こんなものモンスターよ、自然破壊だわ……」と言い切った。彼女は生け花を習っている人ではなく、外国の友人が熱っぽく愛している芸術をお付き合いで見に来ただけだった。何となく違和感をもって鑑賞していたが、場所も場所だし、アメリカの友人がため息まじりで感動しているので、自分のほうがおかしいのかと思い静かに何も言わなかったようだ。

アメリカ女性は典型的なパターンをあらわしている。つまり、外国人が日本に来ると、新しい宗教に改宗したかのように日本文化に入信してしまう。こうした作品は「伝統的」だと言った時に、それは彼女にとって聖書を引用したのと同じ重みがあった。悲劇的なことは、本物の伝統からどれほどかけ離れてしまっているか彼女が気づいていないことだ。しかし、日本文化を専門にしている海外のライターの多くは、彼女と同じように疑いもなく、「信者」の目で現代日本芸術を世界に紹介し続けている。海外にこうした信者が多いから日本の自然環境、デザイン、設計、映画が病んでいることに気づかず、深刻な日本の問題は海外のメディアにはほとんど出てこない。ジャパノロジストは、何十年もハダカの王様を見ている。

一方、日本女性は健全で自然な反応をした。伝統なんてどうでもいい。醜いものは醜い。もっと深いレベルで彼女は本能的に伝統文化の流れを感じ取り、何気なくこの作品はいけないと思った。日本人は自国の文化に対して、外国人ほどのノスタルジーを持っていないので、諸問題を冷静に見ることができる。そこに将来の大きな望みが潜んでいる。

ファッション

ニュージャパンのおもしろい現象のひとつに、突飛な若者ファッションの爆発的エネルギーがある。近年これは東アジアに大きな影響を与え、欧米のメディアで話題となっている。雑誌などでお馴染みの、とげとげした茶髪、ガングロ、剃《そ》りまゆ毛にペインティング、厚底靴などなど——もちろんハローキティのアクセサリー。東アジアではいよいよ自分たちのアイデンティティを発見し始め、日本から流れるニュースタイルはある意味で自国の文化にマッチしている。『タイム』誌のテリー・マッカーシーはこう書いている。

> アメリカのレコード会社や映画スタジオは大きなマーケティングパワーを持っているが、どこかもうひとつ文化的にパッとしないことがある。アジア人はアメリカの番組を見るかもしれないが、その中に出てくる筋肉モリモリの巨体にアジアのティーンエイジャーの多くはまず憧れていないし、仮に憧れても体型的にはそうはなれない。

ファッション専門学校生のワタナベエリコは端的に言う。「日本人が西洋のデザイナーと張り合うのはばかげたことだ。アジア人は日本のデザインにマッチした体型とファッションセンスを持っているから、我々の東洋的スタイルはアジアで売ったほうがいい。ヨーロッパまで行って、背の高い金髪女性に服を着せる必要はない。私たちのセンスは黒髪とスリムな身体に合っている」

これらは結構としても、欧米のコメンテーターたちはニューファッションを見て日本にルネッサンスが起こっていると信じている。問題はこれがルネッサンスなのか、それとも単なるファッション（流行）なのかだ。

第二次世界大戦以降、西洋のジャーナリズムに最も人気がある日本についてのテーマのひとつはニュー・ユース（新人類）で、一年か二年おきに必ず『タイム』や『ニューズウィーク』がその特集を組む。ひと昔前であれば超ミニスカート、今なら髪を染め、鼻ピアスをしていることを理由に挙げ「日本の若者が国をくつがえし革命を起こす」と主張する。西洋では昔からファッションと性習慣は自由思想につながっていた。しかし、日本は違う。昔から家、仕事などをきちんと守りさえすれば、人にはかなりのファッションと性的自由が許されていた。一七世紀にヨーロッパの宣教師が北京で見た光景は、単調な紺や黒の服を着た人たちばかり。それに対し、日本に到着するとカラフルな「浮き世」の世界と出合った。輝かしく染められた着物、そびえ立つ女性の結い髪、そして長くたれる振り袖など。中国に比べると江戸の生活は自由きわまりなく見えたが、実は当時の日本は世界で最も厳しく統制された国のひとつであった。つまり日本ではファッションとセックスライフは、社会のしきたりと思想とが西洋のように一体のものではない。

ジャーナリストのイアン・ブルマは映画監督・大島渚《おおしまなぎさ》のエッセイを引用して言う。大島が保守的な政治家と話をする中で、政治家が習慣は社会を変える力があると言うと、監督は反論した。「自由民主党の議員が主張するように政治より習慣に社会を変える力があるのでなく、むしろ政治を通じて社会を変えられないエネルギーがファッションや習慣に流れる」。今日の若者の突飛なファッションはそういうものかもしれない。日本のシステムに対しての無言の抵抗でありながら、最終的に社会を本格的に変える力はない。

いずれにせよ、若者ファッションは極端なまでの集団性をあらわしている。一七歳の女の子はトレンドセッターだ。『ティーンマガジン』の編集者オギノヨーコは言う。「彼女たちはそれほどたくさんのお金を使わないが、皆同じものを買う。だから、一〇〇〇円の商品を売るにしても、膨大な量が売られる」。『タイム』のティム・ラリマーは「たとえばポケットベルのようなホットアイテムなら、アッという間に一〇〇パーセントの市場支配ができる」と書いた。オギノが言うには、ティーンエイジャーの女性人口の五パーセントが商品を好きになれば、一ヵ月のうちに六〇パーセントがそれについていく。数週間後には、みんなノリノりだ。難しいのは、浮気なティーンエイジギャルが次に何にかわいいと飛びつくか予測することだ。

映画

日常生活、伝統芸術、現代芸術、社会現象をすべて含めた一大芸術がある。それは映画だ。映画ほど国の実態をはっきり映し出すものはないので、ここで日本映画の歴史を振り返ってみよう。

この三〇年間の日本映画は、下降の一途をたどってきた。かつては黒澤明《くろさわあきら》や小津安二郎《おづやすじろう》のような巨匠がいたというのに、近年、世界的に成功をおさめた日本映画はわずか二、三本にすぎない。新作映画の質があまりに低いので、一九九四年の京都国際映画祭では、恒例の「今日の日本映画」という企画は取り止めになり、代わって上映されたのは古い映画だった——最も新しいもので一九六四年の作品というありさま。松竹の元専務、奥山和由《おくやまかずよし》は「日本の観客は、日本の芸術映画を内向的で暗く湿っぽい、娯楽映画はくずだと思っている」「要はもう見放しているのだ」と言っている。

日本映画の黄金期は一九五〇年代から七〇年代初めごろ、高度成長時代に当たっている。一九六〇年には、五四五本の日本映画が制作され、七八・三パーセントのマーケット・シェアを占めていた。七四五七館で一〇億人の観客を集めた。これを頂点として、以後映画産業はがらっと縮小し、一九九三年には、邦画の制作数はわずか二三八本になり、マーケット・シェアも三五・八パーセントまで落ちている。一九九六年、一八二八館で集めた観客数は一億二〇〇〇万人。要するに、映画の制作数は半分に、映画館の数は四分の一に、観客数は八分の一に減ったということだ。この弱まった市場で外国映画のシェアは、一九九八年には七二・四パーセントに達している。過去四〇年間に日本映画は徹底的に観客を失い、現実の産業というよりほとんど象徴的な存在になってしまった。

一九五〇年代から六〇年代にかけて、黒澤監督は『羅生門』など多数の時代映画を制作し、そのすぐれた芸術性は国際的に高く評価された。今日でも、黒澤や小津の映画は不朽の名作と称えられ、今も欧米の監督に計りしれない影響を与えている。

不幸にして、映画も他の分野と同様のパターンをたどり、一九七〇年代前半どういうわけか急に風が止まった。制作スタジオはリメークものをつくるという安易な道をとった。たとえば、寅さんで知られる『男はつらいよ』シリーズ。一九六九年から毎年ほぼ二作のペースで制作され、九五年には四八作を数えるまでになった。

一九九六年八月、主演男優が死去した時、『男はつらいよ』の収益は松竹映画部門の五〇パーセント以上を占めるに至っていた。

一九八〇年代後半、伊丹十三《いたみじゅうぞう》監督の型やぶりなコメディが登場し、日本映画は短い復興期を迎えた。とくに有名なのが一九八五年の『タンポポ』である。しかし、それから一一年後の一九九六年、アメリカでも一定の成功を収めた周防正行《すおまさゆき》の『Ｓｈａｌｌ ｗｅ ダンス？』が出るまで、国内でも海外でも、大衆の心をつかむ日本映画はほとんど存在しなかった。奇妙なことに、環境や古都の荒廃と同様、日本映画の衰退も海外ではほとんど気づかれなかった。本書には海外の専門家と日本人との見方の差がたびたび出てくる。その違いには文化的相違もあるが、一種の「時差」もある。たとえば一九七〇年代では、すでにホンダやソニーがすごい競争相手として成長していたにもかかわらず、アメリカ工業界は日本の車や電気製品のハイクオリティーを認めなかった。一〇年、二〇年前の日本が輸出していたおもちゃをイメージしていたので、時代が変わったことに気づかなかった。産業界としての時差は約一〇年だったが、海外の日本映画のファンの場合は半世紀の時差がある。黒澤と小津の傑作は、「現代映画」として持ち上げられているが、どちらかと言えば、『アラビアのロレンス』や『ローマの休日』の時代のものだ。

映画会社の飯の種、大衆が観る『男はつらいよ』シリーズのような作品は、まず海外に出されることはない。海外のアートシアターで上映されるのは、日本の独立プロダクションによる最良の作品であり、この小規模ながらも才能ある映画人グループは、一九九〇年代にルネッサンスを迎えた。北野武《きたのたけし》の『ＨＡＮＡ－ＢＩ』、今村昌平《いまむらしようへい》の『うなぎ』は、海外の評論家から絶賛されている。『うなぎ』は一九九七年カンヌ国際映画祭でパルムドールを獲得したし（他作品と同時受賞）、『ＨＡＮＡ－ＢＩ』は一九九七年ヴェネチア国際映画祭で金獅子賞を受賞している。

映画の哲学

しかし、独立プロダクションによる芸術映画だけでは映画産業が健全とは言えない。国内の客が避けた、あるいは聞いたことさえない芸術映画の前衛的効果は、コンペの審査員を喜ばせているが、興行成績から判断すると、一九七〇年代以降邦画が日本人を喜ばせていないことは明白だ。パルムドール受賞作『うなぎ』を制作した松竹の奥山和由は、難解な芸術映画をつくって赤字を出したという理由で専務を解任された。

現在国内で制作される映画の非常に大きなシェアは、ポルノ映画になっている（一九九〇年代前半にポルノは約半分のシェアを占めていたが、最近ではビデオにおされポルノでさえマーケットを奪われている）。残りの映画の多くは子供向けだ。一九九八年の夏、邦画の人気第一位は『ポケットモンスター』だった。テレビゲームを基にした、六歳から一〇歳児向けのアニメ映画である。歴史上第六位のヒット作になったし、一九九九年一〇月にこの続編はアメリカ映画チャートのトップに躍り出て、一週間だけで五二億円を稼いだ。子供の圧倒的人気を集め、『ＨＡＮＡ－ＢＩ』も『Ｓｈａｌｌ ｗｅ ダンス？』も吹っ飛んでしまう勢いだ。

とは言っても独立プロダクションに言い分がないわけでもない。チケット売り上げ成績だけで、映画の成否を測っていいのだろうかという論争が絶えない。映画評論家ドナルド・リッチーは言う。「世界での成功は、映画が売れたかどうかで決まる。つまり『商品』とみなされ、真のクオリティーより売れ行きによって評価される。日本の独立プロの作品は、初めから一般に売れることを目的としていないので、この秤《はかり》で評価するのは間違いだ。毎年、日本の現実をちゃんと映した映画が数点作られ、小さいけれども影響力のある客層がついている」

ここで映画の哲学について触れよう。映画の「芸術性」とは何か。どの芸術の場合でも、アーティストの作意があるいっぽう、その芸術独得のあらかじめ決まった枠がある。たとえば俳句の五七五のように、作者の意図をいかに上手にその枠にはめられるかによって、初めて俳句が生まれる。映画はサイレント時代から一般向けのものだったので、大衆の心をつかむことが映画の本質とも言える。こう考えれば大衆に対するアピールは二義的問題ではない。監督は自分のユニークな感覚を表現しながら、同時にエンターテインメントになった時、初めて芸術作品が生まれるのだ。それがなければ、中核的な要素が欠けていることになる。

日本映画は昔から不人気であったわけではない。一九五四年に公開された黒澤の『七人の侍』は当時の大ヒットだった。ここで「筒に活けたる牡丹が水を上げかねる風情かな」という文句を思い出す。リッチーによると毎年二五〇作品のうち、約一〇～一二点は良いものがある。しかし、大衆はほとんどそれを避けてしまう。クオリティーの高い映画と、マーケットとの間につながりがなくなった。クオリティーは日本映画にもあるが、大衆の心にアピールする技術がなくなった。水が筒にあっても牡丹まで上げかねる風情だ。

興行的成功はまた別の理由で重要だ。どの時代でも前衛的映画は一種の贅沢であり、大きな観客層が存在して映画が繁栄するからこそ、小さなアートハウスやエクスペリメンタル映画もそのすき間に生きていける。健全な映画産業には一風変わった映画を作る余裕がある。リッチーは「今なら黒澤や小津は映画を作らせてもらえないだろう。映画スタジオはお金の回収が出来ないからだ」と指摘する。

売り上げが減ると、質も落ちた。リッチーは言う。「三〇年前日本映画の最優秀作品を選定する委員を務めたが、あの頃はほんとうに困った。いい作品が多すぎたから。今はまた困った。ほとんどないのだから。映画会社が興行的に失敗したので、プロダクションは財布をしめた。決まったパターンをくりかえす大映画会社の下働きサラリーマンしか映画を作れなくなった」

おそらく最も深刻な理由は、子供を優先するあまり、大人の市場がなおざりにされていることだ。映画の研究者マーク・シリングはこう書いている。「日本映画の主流といえば、かつては黒澤の『七人の侍』（一九五四年）や、小津の『東京物語』（一九五三年）だったが、今では主に学校休みに公開される子供向け娯楽映画となっている」

この寂しい状況にも、明るい光の射しているスポットが一ヵ所ある。「アニメ」だ。独立プロの気取った芸術作品が多くの観客を惹きつけられないのとは対照的に、一〇年以上にわたってアニメは稼ぎ頭だった。しかも、悪徳商法など、主流の映画にはめったに描かれないテーマにも挑んできた。『平成狸合戦ぽんぽこ』（一九九四年）などは、現代の環境破壊をあざやかに描きだしている。斬新で芸術的にもすぐれたアニメは、一九九〇年代には毎年のように、洋画とならんで興行成績の上位を分かちあってきた。独立プロのアートフィルムも、三大映画会社のシリーズものも、実は別のローカル支線を走っているのかもしれない。金と観客が集まるのは、ポルノとアニメ映画なのだ。

日本のアニメは、海外にも輸出され人気を博している。『ドラえもん』は、世界数十ヵ国で上映されている。特に一九九七年の『もののけ姫』や二〇〇一年の日本映画史上最高の配給収入を記録した『千と千尋の神隠し』（二〇〇二年二月、ベルリン国際映画祭で金熊賞受賞）の監督宮崎駿《みやざきはやお》によるアニメ映画は、非常に洗練された芸術性の高いものになる。独立プロ映画とは異なり、大衆に愛されるという真の映画たる資格を得ている。それも日本の大衆だけでなく、世界中の若年層に受け入れられている。

しかし、これほど成功したアニメにも停滞の兆しが見えている。究極のところ、アニメはやはり子供向けメディアであるという事実はどうしようもない。ポケモンやセーラームーンのように、世界的にヒットした日本アニメの多くは、宮崎駿の作品のような美的観念も深みもない——子供のためのかわいいスクリーンプレイだ。その成功は、大人のための映画の不在をいっそう際立たせる。黒澤は晩年、あるインタビューでこう嘆いている。「日本の映画会社に希望はない。あれは一度壊して、作り直すべきだ。……大衆はわかりやすい映画しか受けつけないし、大衆に理解できるのは猫や犬が出てくる映画だけで、現代社会が出てくるものではないんだ」

暗黒時代

現代日本の抱える問題を眺めるには、映画は最適の窓である。ひとつは独占である。「三大」映画会社の東宝、東映、松竹がほとんどの映画館を押さえていて、映画産業を独占している。年功序列システムに支配されているため、プロデューサーは社内の監督、あるいはすでに名のある監督とばかり仕事をしたがる。ハリウッドと香港なら、映画会社にはしょっちゅう電話がかかってきて、新しいアイデアの「押し売り」がひきもきらないが、日本の映画会社のオフィスは死んだように静かである。無名の脚本家、監督、俳優は、会ってもらう機会も話を聞いてもらう機会もまずない。三大映画制作会社は居心地のよい独占体制に依存してきた。

独占は大衆の中に退屈感を生んだ。それには意外といい結果もあった。そのため、大手三社は自社のつまらない作品が徐々に作れなくなり、独立プロのものを買い自社ロゴを付け配り始めた。これが独立プロの成功への糸口のひとつになった。同時に大手三社の系列にない映画館が少しずつ増えている。一九九六年には半世紀ぶりに映画館の数が増え、大都会の郊外にアメリカスタイルのマルチプレックス（シネコン＝複合映画館）も開業された。ただし、マルチプレックスはだいたいワーナーやユニバーサルのような外資系が多いので、映画館が増えても邦画のためにはならないかもしれない。

一九九〇年代後半、大手三社は資金力が弱くなり、邦画の予算はせいぜい数億円。一九九七年、三大会社のひとつ松竹の映画部門の年間収入は、わずか三四億円だった。中程度のハリウッド映画を一本制作できるかできないかという程度の額だ。二〇〇〇年には松竹はお手上げだった。歴史的に有名な大船撮影所を売り払い、制作スタッフはほとんどリストラされ、基本的に映画制作から撤退し配給ライセンスだけを残した。大手三社は大手二社となった。

こうして資金が干上がるにつれ、映画の技術的進歩も止まってしまった。一九九五年、私は松竹映画の字幕制作を手伝うことになり、有名な日活撮影所を訪ねた。戦後、数々の映画が制作された場所だが、まるでタイムトンネルを通って一九六〇年代に足を踏み入れたようだった。機材は何十年も前のものだし、高所から撮影するためにカメラマンはみかん箱に乗ったり、むきだしの土の床にはワイヤーが縦横に這っていたり、コンピュータ化もされていなければ、高度な照明技術もない。そしてすべてが、プレハブの兵舎のような場所で行われていた。
時代遅れのテクノロジー以外にも問題はある。とくに大きいのは環境の悪化で、都市も田舎もすっかり変わってしまい、美しい景色を背景にして撮影するのがむずかしくなった、と晩年の黒澤は語っている。『夢』（一九九〇年）でヴァン・ゴッホのエピソードを撮影した時は、フランスの麦畑を再現するために、現代建築や鉄塔のない場所を国中探しまわらなくてはならなかった。ふつうの映画監督は、時間も予算も、また黒澤ほどの美への執着もないから、景色を描いた幕や、木の葉や流水のクローズアップ、手入れの行き届いた社寺の境内ですませてしまう。だから、自然を背景にした最近の邦画はどことなく人為的な印象を与えるのだ。

日本映画が沼に少しずつ沈んでいく間に、他の国々は先へ行ってしまった。近年の中国映画の人気の高さと対比すると、あまりの差に愕然《がくぜん》とする（もちろん中国というと、大陸・台湾・香港の三つのかなり異なった社会をひっくるめて言うが）。中国映画は国際映画祭で賞を獲得しているだけでなく、世界中で観客を集めている。一九九三年のアン・リー監督作品『ウェディング・バンケット』はアカデミー賞にノミネートされ、各国で興行的成功をおさめた。チェン・カイコーの『さらば、わが愛／覇王別姫《はおうべつき》』は世界的なヒット作となり、一九九三年のカンヌ映画祭でパルムドールを受賞し、ロサンゼルスとニューヨークの映画評論家のアンケートで最優秀外国映画に選ばれている。二〇〇〇年にアン・リーが『グリーン・デスティニー／臥虎蔵龍』という斬新なカンフー映画で世界的ヒットを放ち、またニューヨークとロサンゼルスの評論家の関心を集めた。

日本が一六歳未満の層に的を絞っているのに対して、中国映画は大人の観客に――しかも高齢者、中年、若者という三層にアピールする。チェン・カイコーの壮大な歴史ドラマ、アン・リーの家庭コメディ、そしてジャッキー・チェンやジョン・ウーのアクション・スリラーがあるのだ。さまざまな不正がはびこる中国社会は、想像力を刺激する豊かな映画の土壌になっている。日本の丁寧に管理された均一な現代生活には、壮大なドラマやアクション・スリラーが生まれる余地はほとんど残されていない。

中国の現代映画のおもしろい点は、自国のマーケットが元気ではなかったので、海外進出に展開したところだ。香港で香港映画が売れなかったので監督はハリウッドに移ったし、中国大陸では世界的に名のある監督が必ずしも自国で人気がなく、人気はあっても政府の厳しい取り締まりに制約された。中国の監督は最初、日本の独立プロと同じ立場で非常に特殊な映画を作り、国際的コンペを目指していた。しかし、第二段階で、中国映画と日本映画は別の道を選んだ。中国映画はアートハウスから出て、国際ヒット作として成長していった。

それとは対照的に、これまで欧米と日本との合作映画が成功したことはなく、他国を舞台にした注目すべき日本映画も出ていない。一九六〇～七〇年代に三船敏郎が少し活躍したもののの、チョウ・ユンファやミシェル・ヨーや、ヴィヴィアン・ウーのように海外で有名な日本人俳優はいない。ロサンゼルスの映画会社の専属弁護士、トマス・マクレインはひと言でこうまとめている。「日本のエンターテインメント産業は、ハリウッドと比べると暗黒時代にある」

新しいもの

教育はどうしても感情的な問題をともなう。政治家や文部科学省は、ユニークな文化的アイデンティティを守るために、日本の教育制度を保護している。しかし問題は、どの文化的アイデンティティを守っているのかということだ。華道や茶道で見てきたように、今日「尊い伝統」を装っているものの多くは、実際にはまったく新しいものだ。

堅苦しくマニュアルにこだわる現代の茶道家は、遊び心にあふれた先達とは似ても似つかない。一九九〇年代の茶道の教師は、梅雨時に床の間に飾る花を書物で調べなければならない。だが江戸初期の小堀遠州《こぼりえんしゅう》は、激しい夕立のあとに客人たちが茶室に入ってくると、手桶の水を床の間にビシャッとかけた。生け花の生徒は、枝の角度をいちいち真面目に測って「伝統」を学んだつもりになっているかもしれないが、そんな角度や三角形は、池坊専応の神秘的な世界とはまったく別惑星に属している。

作家の中野孝次が、現代の日常生活に見られる新しい規則にはとまどいを感じると言っているように、今日の硬直したマニュアル化したライフスタイルは結局新しいものだ。今日目にする規則への執着は、過去の日本には存在しなかった。幕府の統制の試みにもかかわらず、江戸時代は多様性と逸脱という反乱の時代だった。井原西鶴の描いた自由な気風の町人たちなら、たえまないアナウンスや、いつ何をせよと人々に押しつける規則は、かつて経験したことのないまったく異質なものと感じるにちがいない。

第二次世界大戦の帝国主義的な熱狂が最高潮に達していた時期でさえ、個性を尊重する個人主義の余地はずっと残っていた。戦前派の日本人に会えばそれがわかる。戦前には読書する時間があり、句作にせよ書道にせよ、個人的な興味を深めるだけの余裕があった。詰め込み主義の学校や画一化された教科書は存在しなかった。拡声器がどこにでも待ち構えていて、終始、警告や指示をわめくこともなかった。自然がまだコンクリートに埋もれていなかった時代の子供たちは、森や田んぼで遊んだり川で泳いだりすることができた。したがって、戦前に教育を受けた人は、現代の学生より人間味を多く残している。こういった古い世代の人々のなかには、教養と自分の意見をもち、眼光も舌鋒も鋭い人々が少なくない。

第二次世界大戦直後の混乱期、教育は格別にゆるやかだった。戦争責任の判決はいまだに記憶に新しく、左翼と右翼は激烈に論争をしていたし、文部省は離婚やピザを規制するほど体制が整っていなかった。塾はなかったし、子供には自分たちの時間があった。この比較的解放的だった時期の教育が一九六〇年代から七〇年代にかけて実を結び、大正デモクラシーと同様の文化的復興が見られた。ビジネスの世界では、ホンダやソニーの新進起業家が大規模な系列グループとは無縁の、巨大な国際企業を創った時代だ。文化的な面でも黒澤や小津などの映画監督、三島由紀夫のような作家、そして、それより若いグループでは建築家の安藤忠雄、歌舞伎俳優の坂東玉三郎らを輩出した。いずれも現代に花開いた日本文化を代表する人々だが、この全員が戦前または戦後二〇年の間に教育を受けている。

だがその機会も、およそ二〇年ほど、たった一世代に開かれていたにすぎなかった。舞台裏では、これに反対する力が働いていた。すぐれたアーティストが活躍した一九六〇年代から七〇年代、学校は次世代の若者を事細かな規則に基づいて訓練していた。それは、日本も世界もかつて経験したことのない、きわめて徹底した規則だった。一九八〇年代にはこの世代が成人し、大正デモクラシーの悲しい歴史はふたたびくりかえされた。灰色のカーテン——いや大きい目のベビーフェイスがプリントされた、色とりどりの垂れ幕——が、日本におおいかぶさってきた。世界を魅了したアーティストでも、その仕事を受け継ぎ、あるいは超えていくと期待される後継者をもつ者は少ない。その後に登場するのはハローキティであり、ピンクのチューブに貼りつけた生け花なのだ。

一九三〇年代には、棍棒と手錠を携えた特高（特別高等警察）が知識人や芸術家の自由を圧殺した。一九九〇年代には、幼稚園の先生がそれと同じ役目を果たしている——それも、ただ拡声器ひとつでもっと効率よく。

第十六章　国際化——亡命者と在日外国人

内なるものは内へ外なるものは外へ出せば、内なるものはすべて内に入る。

前衛作家・ガートルード・スタイン　一九四五年

一九九六年に、メリット・ジェノウ女史とバンコクのオリエンタルホテルのテラスでコーヒーを飲みながらこの本を書こうと思った時、私たちが一番に感じたことはタイの国際的な活気だった。バンコクではドイツ人、中国人、アメリカ人などがビジネスでも社交の場でもタイ人と交流する。一方、日本ではそんな光景はまれにしか見られない。

日本ほど、「国際」とか「インターナショナル」という言葉にとりつかれている国は少ない。ホテルからタクシー、石鹼にいたるまで、あらゆるもののネーミングにこの単語が使われて、それを見たり聞いたりせずには一日も過ごせない。にもかかわらず、外国人や外国の考え方にこれほど障壁を築いている国も珍しい。

海外のオブザーバーは、時代とともに日本が着実に「国際化」していると当然のことのように思ってきた。ところが、実のところ日本は逆の方向に向かっていると言えるかもしれない。真の意味で外国と交わる道は閉ざされたまま、才能と国際感覚を備えた若者は日本を出て行く。このような傾向は昔からあったが、一九九〇年代に入って拍車がかかり、海外に成功のチャンスを求める才能ある日本人「亡命者」はもとより、長年暮らしてきた在日外国人も日本を去ろうとしている。

医者

国内の窮屈なシステムから逃げる逃亡者は一九世紀から始まった。何かの形で家あるいは組織とかみ合わなかった人たちが多かった。海外で成功すると日本で英雄となり、自国に戻り本来ならできなかった大きな仕事を成し遂げる。福沢諭吉もそうだし、NHK交響楽団と大げんかして一九六〇年代にアメリカに移った小澤征爾《おざわせいじ》もそうだった（NHK交響楽団がストを起こし小澤の指揮を拒んだ）。

小澤征爾に限らず、著名なアーティストはたくさん海外に住んでいる。『ラスト・エンペラー』の音楽を手がけた作曲家の坂本龍一《さかもとりゅういち》、コッポラの『ドラキュラ』で衣装を担当しアカデミー賞を受賞した石岡瑛子《いしおかえいこ》、一九九五年にヴェネツィア・ビエンナーレの日本館に「ウォーターフォール」を出品して高く評価された画家の千住博《せんじゅひろし》など、いずれもニューヨークに住んでいる。

このパターンは情報化時代の一九九〇年代でも続いている。しばしば「日本のビル・ゲイツ」と呼ばれるソフトバンクの孫正義は、在日韓国人として生まれた。「韓国籍であるということで、子供心に人生楽ではなさそうだと思った」と孫は言う。そこで、まだ高校生の時にアメリカ西海岸に渡った。カリフォルニア大学バークレー校に入学するころには、すでに若き起業家として成功していた。二〇代前半に、シャープにポケット翻訳器を売って一〇〇万ドルを稼いだ。「アメリカには世界中から人が集まってくる。人種も国籍も千差万別だ。だれもが自分のやりたいことをやり、多くの人間がものすごい成功を収めている。それを知って気が楽になった。束縛から解放されたようだった」と孫は語っている。一九八〇年代前半に日本に戻った孫が設立したソフトバンク社は、一〇年で大きく成長し、今や孫は日本の情報産業の第一人者だ。

日本からの逃避は古くからある現象だが、江戸末期から明治にかけての状況と今日の状況では大きな違いがある。一九世紀の変わり目、日本は貧しい発展途上国で、数世紀にわたる封建時代の停滞から抜け出そうとしていた。政治的な自由はなく、外の世界について詳しく知っている者もほとんどいなかった。医者や技術者、実業家などは、必要な技能を身につけるには外国へ出るしか道はなかった。また、農民や肉体労働者もハワイやブラジルに移住し、貧困から逃れようとした。

今の日本は、政治的に自由な国であり、メディアが表立って統制されることもほとんどなく、ハイテクノロジーで名を馳せている。子供は皆学校で英語を学んでいるし、何千万という人々が海外旅行に出かけている。しかも、日本は金持ちだ。一人あたりのＧＤＰで見れば世界で最も裕福な国ということになる。最先端の情報やビジネスの機会を国内でじゅうぶんに得ることができないとすれば、それは実に信じがたいことだ。それでもなお、亡命の流れは続いている。

才能の流出は医師たちから始まっている。メリーランド州ベセスダの国立衛生研究所（ＮＩＨ）には、つねに三五〇人を超える日本人医師が勤務している。いくつかの日本の病院から科を代表して派遣されてきて、三年の任期が終わると同じ科の別の医師と入れ替わる仕組みだ。この制度はすでに数十年続いている。日本で基礎研究を行うには腰の重い役所に足を引っ張られたり、医学界の縄張り意識で信頼性の高いデータを自由に交換することができなかったりするからだ。

医師が全員日本に戻るとはかぎらない。優秀で意欲的な医師ほどアメリカに残ることが多い。たとえば、ガン細胞の分裂の専門家である掛札堅《かけふだつよし》医師は、一九六七年以来ＮＩＨにとどまっている。「私がＮＩＨに居着いてしまったのは、やはり自分の好きな基礎研究が自由にできるからです」と掛札は言う。「アメリカの医学研究ではクリエイティブな仕事が尊重されます。日本では一定の枠内の研究しかできない。各医学機関がタテ割りで人的交流がないことも、米国とは違います」

医学の分野は、日本が欧米から学ぶプロセスの代表例だ。江戸時代、日本で公的に歓迎された舶来品は医学だった。一八世紀から一九世紀にかけて、オランダ人が長崎を通じて西洋医学の初歩を伝え、それが蘭学ブームを巻き起こした。ある意味で、唯一医学はほんとうに欠けてはならない現代技術かもしれない。私たちの多くは過去にもどり、ローソクの光で生活し、馬で旅をすることを楽しくも思うが、だれが現代的医学なしで生きていけるだろう。この観点で医学は正しくテクノロジーの女王であり、また近代以前の日本が西洋から望んだたったひとつの知識だった。だからこそペリー来航から一五〇年もたった今、医学の進歩は日本から発信せず相変わらず欧米から入ってくるし、医者が欧米に逃亡して帰って来ないのはおおいなる皮肉だ。『産経新聞』は、海外で働く日本人医師を取り上げた記事をこう結んでいる。「基礎医学面での日米の人的交流は日本が米国から吸収するというパターンの一方通行に近いようである」。一九八七年からＮＩＨの常勤の研究員を務める木村芝生子は、「女性でも外国人でも、実績さえ示せば、目標の研究が続けられる魅力」に惹かれてＮＩＨで働いているという。

エンジニアと野球選手

医学界で起こっているこのような問題は、先端技術にも見られる。たとえば、日本の最も輝かしい発明のひとつ、ブルーレーザーの長時間持続光線を開発した中村修二《なかむらしゅうじ》がいる。所属していた会社、日亜化学工業では、昇格もなければ報賞もほとんどなかった（一九九〇年代に五〇〇もの特許を取っている者に対して一点につき一万円のボーナスがついただけ）。そして転職を考えた時にも、ほかの会社は一社たりともオファーしなかった。そこで二〇〇〇年二月カリフォルニア大学サンタバーバラ校の教授になった。「ボーナスなし、ポジションなし、これが日本の会社だ。それでアメリカに移った」と中村は言った。

日本貿易振興会（ジェトロ）は日本人の若いインターネット起業家を育てる「タイガーズゲート２０００」という基金を設立した。しかし、ジェトロに支援してもらう第一条件は、若いタイガーたちがまずアメリカに移って、そこで勉強すること。つまり、二〇年前の孫正義と同じように有望な若い起業家の成功の鍵は日本を去ることだ。個人だけでなく企業も日本を逃げ出している。最も有名なのがホンダで、同社は一九八〇年代からひそかに事業拠点を海外に移してきた。今では、ホンダの生産と販売の大部分がアメリカで行われている。

同じようにして、数百、数千もの企業が、徐々にではあるが着実に、事業の拠点を海外に移している。こうした背景を考えれば、ソニーが二五億ドルという巨額の損失もおしまず、ハリウッドのコロンビア映画社を買収した理由もわかる。日本の映画産業は過去三〇年間衰退の一途をたどってきたので、今さら日本の映画会社を買収するメリットはない。ソニーの進む道は、アメリカでの事業拡大しかなかった。

スポーツの世界では、一九九五年春に野茂英雄《のもひでお》が近鉄をやめた後に、堰を切ったように、伊良部秀輝《いらぶひでき》、佐々木主浩《ささきかづひろ》、イチローなど大スターが次々と日本野球を離れた。球界の現状は、ソビエト時代のロシア・バレエに似ている。スターを育てても、彼らは何よりも亡命を望むということだ。

中村修二のような発明者や野球スターは、亡命者としては意外とキャリアのトップに上がった人たちが多い。その点で日本は、一九六〇〜七〇年代のソ連、あるいは天安門事件後の中国とは異なっている。平和を謳歌している自由で裕福な国が、そこに属する最も優秀で野心ある人々にとって魅力がないというのは、世界史を見てもほかに例のないことだ。

逃げ出す在日外国人

国内の才能が海外に流出するというのは昔からあったことで、ほとんど周知の事実になっている。しかし一九八〇年代以降、日本に暮らす外国人の構成に大きな変化が起こっていることはあまり知られていない。長期滞在していた外国人が日本を離れ始めている。一九九五年一二月、京都の在日外国人の古参オーティス・ケアリー教授（当時七四歳）が、アメリカに戻ると発表した。ケアリーは一九二一年に日本で生まれ、人生のほとんどを日本で過ごしてきた。四〇年間にわたって同志社大学の教授を務め、そのすぐれた貢献を称えて勲章が贈られている。京都で暮らす外国人の間では、彼の名は京都びいきの代名詞だった。そんな人物が日本を去るなど誰も予想しなかった。しかし、ケアリーには惜しむ様子はなく、「これで肩の荷がおりる」と語っている。

何十年も日本に住んだ外国人たちが、ひっそりと日本を去っている。有名な美術コレクターのデイヴィッド・キッド（京都在住四〇年）、演劇界で活躍したダン・ファースト（日本在住一〇年）が、それぞれ一九八〇年代後半、九〇年代前半にホノルルに移住した。そして多くの外国人が後を追った。裏千家の国際部長を務めた、カナダ人のジョン・マギーは一九九九年に辞任し、二七年間暮らした京都を離れた。このごろ昔なじみの友人に会うと、すぐにだれそれはアメリカに、南米に、香港に、バンコクに移るそうだという話になる。それに次いでよく出る話題は、足をとられて、離れたくても離れられない不運な友人たちのことだ。

成田から飛び立って戻って来ないのは文化人だけではない。一九九〇年代初頭、出世街道まっしぐらの投資銀行業界のエリートは香港やシンガポールへ移り、東京には二流の金融マンが残った。外国人記者クラブは会員数が激減して財政危機に陥りつつある。また神戸や横浜のインターナショナル・スクールは次々に閉鎖に追い込まれている。日本に滞在する欧米人には明瞭な変化が起こっている。長期滞在者が減少し、短期間日本で勤めて小金を稼ぎ、すぐに出ていく人々が増えている。

とはいえ、在日外国人の絶対数は一〇年前から二倍に増えている。しかし、その内訳を詳しく見てみると実態が浮かび上がってくる。在日外国人に占める最大のグループは六四万人の韓国人だ。多くは三世、四世で、日本で育ち、韓国語を話さず、普通の日本人となんら区別がつかない。だから、いわゆる「外国人」と呼ぶのは誤解のもとだ。日本在住の外国人の数を正確に把握するには、在日韓国人を除いて考える必要がある。

日本は現在も厳しい移民規制をしいている（ベトナムその他の国からの難民の受け入れ数は先進国中最低だし、配偶者の永住権が認められるには数十年かかる、など）。しかし、肉体労働者に対する需要が大きいため、南米の日系移民の子孫は受け入れを認められている。在日外国人の数が大幅に増加したのは南米日系二世や三世が増えたことが原因だ。一九八六年に二六八八人だったブラジルやペルー出身の在日日系人は、九七年には二七万五〇〇〇人に増加している。知性と野心のある若者も少なくないが、社会の高い壁を乗り越えて表舞台に立ち、成功を勝ち得ることができる者は少ない。残念ながら、大半は社会の底辺で生活し、日本の若者がいやがる仕事に従事している。彼らが日本社会に同化するには、おそらく孫の代までかかるだろう。このように、増加した在日外国人のほとんどは単純労働についており、社会に与える影響は極めて小さいのが現状だ。

韓国人と南米の日系移民を除くと、外国人は日本の人口のわずか〇・四パーセントにすぎない。一九八〇年代後半には、日系以外の外国人も受け入れようとする気運が高まった。しかしバブル崩壊後、政府は規制や慣習を強化した。もう一歩で開かれた日本になる寸前で態度を翻した。

鎖国時代にはオランダ人が「出島」という人工の島に滞在させられ、特別に許可を得なくては本土への橋を渡れず、その許可も通常は一日限りのものだった。夜には出島に戻らねばならず、戻ればその背後で番人が門扉《もんぴ》を固く閉ざしていた。日本社会の一角に外国人を隔離して主流から排除する今日の規制も、その根っこはこの出島にある。

外国人を物理的に隔離したいという「出島の夢」は今も消えていない。私がトラメル・クロー（アメリカの不動産開発会社）で働いていたころ、専用のアパートメントを建ててそこに外国人をすべて移すという案を含んだ国や地方の開発プランに幾度となく出くわした。そしてたいてい、そういうアパートメントは神戸の六甲アイランドのような人工島に建てられることになっていた。

先ごろ、私の若い友人——中国人の父と日本人の母の間に生まれた——がある大きなコーヒー会社に就職した。人事部は彼を呼び出して言ったそうだ。「きみは中国のパスポートを持っているね。わが社は外国人には管理職のポストを与えない方針だから、日本に帰化してください」。要するに、外国人が日本で出世することは不可能に近い。

プロパガンダ産業

ただし、ひとつだけ外国人に優先的に開かれた、「労働市場の出島」ともいうべき特殊職業がある。プロパガンダの製作・販売という仕事だ。日本は国内外向けに自国の宣伝や情報を相当量発信しており、プロパガンダの製作はそれだけでひとつの産業と見なすことができるくらいだ。とくに欧米人の場合、日本で雇用されている者のうち、海外に宣伝する仕事についている者の割合は驚くほど高い。プロパガンダ産業の例としては、地方自治体、伝統芸能の本部、宗教団体、銀行、商社などに雇われている数千人もの外国人スポークスマンが挙げられる。彼らは責任ある立場にいるのはひと握りで、たいていは「海外事業部」や「国際部」というような部署に所属し、スピーチ原稿を校正したり、ニューズレターや雑誌——その会社や産業、町、芸術を絶賛する内容の——を編集したりしている。

パトリック・スミスは著書の〝*Japan, A Reinterpretation*〟で、熱心な親日家を「菊クラブ」と呼んでいる。日本の大きな謎は、外国人の日本専門家が日本に対して宗教的とでも言えるほどの情熱をもっていることだ。それは日本の社会と文化の魅力の証でもある。典型的なパターンでは、外国人が日本に来て現代建築、映画、教育制度などに興味をいだき研究し、以来それを世界に宣伝することを使命とする。自分の専門分野について語る時、当然その長所を主張し、批判することは少ない。

私の友人の一人に映画評論家がいる。邦画のメルトダウンをよくわかっているし、プライベートな会話では鋭い分析をするが、文章を書くとなると砂山から一粒の金を探しだすような努力をして、何とか二〜三人の監督を見いだし、彼らの特殊的な美意識について書くのだ。海外の読者は、日本映画の素晴らしさについてばかり読み、この分野の深刻な問題は活字にならない。

　これは別におかしなことではなく、ほんとうにいいものを海外に紹介するのだから悪いことではない。その意味で私も菊クラブの一メンバーであり、それをプライドに思っている。私もいずれ歌舞伎について本を書きたいが、その時歌舞伎の退廃だとか、創造性が薄れているなどと書くつもりはない。私が知ったり見たりしてきた偉大な役者と、オペラやバレエに匹敵するほどの素晴らしい業績について書きたい。それが歌舞伎紹介本の本来あるべき姿であろう。

　問題は選択眼にある。ジャパノロジストのすべてが、熱狂的な日本崇拝者ではない。ただ日本の良き紹介者という立場から必然的に編集者の役割になって、ドラマチックで美しいフィルムだけを選び、残りをゴミ箱に捨てる。いずれにしても、日本文化の海外コメンテイターは中立的リポーターではなく、結局日本の宣伝をしている。

　菊クラブの会員たちが心底日本に傾倒しているのは間違いないが、その多くが日本を生活の糧《かて》にしていることもまた事実だ。あけすけに言えば、プロパガンダは儲かる。とくにワシントンの政治ロビイストや、エリート大学の教授たちにとってとてもよい商売だ。しかし、日本国内で国際部の下働きをしている外国人にとって、プロパガンダは決して高給取りの仕事にならず、自分で会社を興す、あるいは日本企業の中で管理職に出世することに比べれば寂しい人生だ。よほど熱心な菊クラブの会員でなければ長居はしていられない。

「その他大勢」としての日本

一九九〇年代、国際社会における日本の立場は大きく変化したが、それは中国と東南アジアが力をつけてきたことと関係がある。北京に住みたい外国人にとって、一九七〇年代の中国は安心して暮らせるような国ではなかったし、八〇年代にも状況はさほど改善されなかった。東南アジアはまだ貧しく、ベトナム、ビルマ（現・ミャンマー）、カンボジア、ラオスは外国人には閉ざされていた。ほかのアジア諸国をあきらめて、日本に行くのが手っ取り早い選択だった。

一九八〇年代半ば以降、この状況は一変した。東南アジアは好況と不況のサイクルに揺れながらも、活発な経済活動の舞台となり、外国人はクアラルンプールやバンコクのほうがよい暮らしができるようになった。新たなビジネスチャンスがいくらでもあり、外国人が「国際部」的な低い立場に甘んじるしかない日本とは違って、出世する真のチャンスがある。自分で会社を経営している外国人が、バンコクには私が知っているだけで何百人もいる。しかし、日本ではそうした経営者にめったにお目にかかれない。

戦後四〇年、日本はたしかにアジアの「ナンバーワン」だったが、現在では「その他大勢」の一員にすぎない。二一世紀に入ると、アジアに関心を持つ人にとって（西欧人だけでなくアジア人も含む)、野心を実現するための場は大きく広がった。その結果有能な起業家、ライター、ジャーナリスト、デザイナー、芸術家など、現代文化に火の粉《こ》を飛ばすエネルギーをもたらす人たちを引っ張る競争が始まった。外国人にとって日本にいる魅力がなければ、超一級の人たちは日本にますます来なくなってしまう。

日本の国際的な人気の低下は、交換留学生プログラムの伸び悩みにもあらわれている。一九八三年、中曾根内閣は留学生の受け入れ数を二〇世紀末までに一〇万人に拡大する計画を発表した。国の奨学金は年々増加しているにもかかわらず、一九九九年にその数は五万六〇〇〇人にとどまっている。

交換留学生の数が伸び悩んでいるというだけでなく、日本に来る留学生の多くはしかたなく日本を選んでいる。神戸のある中国人学生と話をした時、アジア人が日本に来ることに関心がない理由がわかったような気がした。彼が大学院で勉強するために日本に行くと決めたところ、台湾の家族に猛反対されたという。「日本は貧乏人の行くところだ」というのが両親の言い分だ。これを聞いて思い出したのが、タイの友人たちはふたつのグループに分かれるということだ。ひとつのグループは、私がよく訪れるタイ北部の水田地帯、高床式の家々の並ぶ貧しい村の小作農たちである。彼らには、日本に住んでいる姉妹がいる者、あるいは自分も日本に行きたいと思っている者が意外と多い。もうひとつのグループは、バンコクに住む国際派の友人たち。裕福な家庭の子弟で、将来タイの大企業や銀行のトップに立つ人々だ。彼らが訪れる先はアメリカ、香港、シンガポール、中国、オーストラリアであり、日本はほとんど眼中にない。

なぜなら、日本は多くの産業でそこそこの水準を保ってはいるが、どの分野でも先頭を走ってはいないからだ。技術の最先端を追求している人々が、日本に来ることは少ない。これはとくに大学に関して言える。前の章で触れたように、国の力がすべて中学・高校に注がれ、大学はなおざりにされた。結果、国際レベルで競争できる大学コースはほとんど存在しない。二〇〇〇年五月に『アジアウィーク』が大学院のMBA（経営学修士）プログラムについての特集を掲載したが、アジアのトップ50に日本の大学は五校しか入らず、トップ10には一校もない。オーストラリア、タイ、シンガポール、香港、韓国より後についている。しかし、これはあくまでもアジアでのリストだから、世界のリストになると日本は名も挙がらないだろう。

文化の裏表

ほんとうの国際化のかわりに、日本には「犬と鬼」のような国際イベントが溢れている。外国人が日本に憧れをもってたくさん来ているような印象を日本人に与える。企業や自治体は莫大な金を費やして、コンベンションを開催し、そうした会議でのスピーチや発表をメディアに取り上げさせている。雑誌には外国のエキスパートたちのインタビューを載せ、テレビではバラエティーショーに外国人タレントを欠かすことはない。テレビ番組の中でも、ビートたけしが司会の『ここがヘンだよ日本人』がとくに人気だった。日本語の流暢《りゅうちょう》な外国人を視聴者に紹介することは、これほど日本語を話せる外国人の存在を知らない人もいるので、その意味ではいい番組だろう。いっぽう番組はコメディータッチで、日本社会での外国人の立場は基本的にエイリアンであると逆に感じさせる効果もある。討論では司会者も節度なく、それぞれの外国人は、「韓国」、「フランス」など国名のついたプラカードを首にぶら下げながらお互い叫びあっている。『ニューヨーク・タイムズ』のリポーター、ハワード・フレンチはこう指摘した。

この番組は見る人にとって、世界に窓を開く効果もあるだろうが、やかましい渾沌《こんとん》とした動物園で起こっているような討論は、逆に見る側に日本の伝統的な美徳を自覚させる材料になるだろう。外国人の自由な精神は楽しいと思いながらも、番組の混乱の裏側で、日本は均一でルールのわかった平和な社会だなと静かに印象づけている。

いずれにしても、コンベンションスピーチ、雑誌のインタビュー、テレビの討論はエキゾチックに感じるかもしれないが、外国人の本格的参入とはほとんど関係がない。「ＨＡＬの声」で「日本は国際的だよ」と気持ちよく呼び続けているにすぎない。

「国際化」の行き詰まりを見ていくと、またしても「和魂洋才」という原理に戻ってくる。明治維新以来、日本はこのスローガンを掲げ続けてきた。福沢諭吉は、ヨーロッパから帰国後書いた本の中で、オランダで外国人が自由に土地を買うことができることに驚いたと述べている。「外国人が土地を買うことができれば、そこに城か砦を作ることもできるか」とオランダ人に聞くと、友人はそんなことは非現実的で、考えたこともないと言った。しかし、外国人を本格的に参入させると、恐ろしい力になるのではないかといまだに警戒しているようだ。だから、一定の距離を今でもおいている。

プルタルコスは、スパルタの立法者リュクルゴスについてこう書いている。「リュクルゴスは、外国の悪しき風習が入り込まないように国を慎重に守った。あたかも疫病の侵入を防ぐように」。日本も同じである。政府や企業の上層部を見れば、一時期スタンフォードの大学院で過ごした人や、なかには交換プログラムでハーバードで教わったという人もいる。しかし、影響力のある地位についている人のなかには、若いころに外国流の考え方を身につけてきた者はほとんどいない。

一九八〇年代末のバブルの時代、アメリカの大学十数校が日本に分校を開設した。しかし、文部省が卒業資格認可を与えなかったため、これらの大学は学生を集めることができず、一九九〇年代末にはおよそ二〇の大学のうち一校を除いて撤退した。かくして、日本国内で外国流の教育を行うという試みは幕を閉じた。

対照的なのはシンガポールだ。政治の面では決して開放的とはいえないが、シンガポールはアジアの教育の中心になることを目指し、世界のトップクラスの大学を積極的に誘致している。シカゴ大学の経営大学院はシンガポール・キャンパスを開設する予定（アジア初）だし、ヨーロッパ経営大学もシンガポール校の計画を打ち出している。さらに、カーネギーメロン大学やマサチューセッツ工科大学も、シンガポールで大学院教育に乗り出すべく協議中である。

いっぽう日本では、文部省は一九九〇年代に日本の国公立大学で長年教鞭をとってきた外国人教員をほとんど解雇し、三年以上勤めさせない方針を採った。外国人教師を皆ショートタイマーにして、無事に「外国の悪しき風習」から国を守ったのだ。

外国の教育に対する嫌悪感は、真の意味での変化を妨げるものである。企業や官僚たちが、みなまったく同じ思考回路を教え込まれていれば、権力をもつ者のなかには新しいアイデアに耳を貸す者がいなくなってしまう。違う見方をする者はトップに立てない。

世界中どこの伝統文化も、圧倒的な西洋（主としてアメリカ）文化の洪水からいかに身を守るかという問題に直面している。なにもアジアやアフリカに限ったことではなく、フランスもこの問題で苦悩している。なかには、法制、宗教、社会慣習上の防壁を築いて、外の世界を締め出す道を選んでいる国もある。このようなアプローチの例を研究したければ、日本はいいテストケースである。

ここで大きなパラドックスが見えてくる。防壁を設けたことがかえって裏目に出る。逆説的ではあるが、地元の文化を守るうえで外国人が役に立つこともある。「日本的」なる文化遺産は、その真価を認めることのできる外国人がもっと大勢いれば、もう少しよく保存されていたかもしれない。「国際化」と「伝統文化」は表裏一体のもので、自国の文化と自然をもっと大切にすれば、国際的魅力がより増しただろうし、また、社会を外国人に本格的に開いていれば日本的なものはより健全に残っただろう。

歴史ある町がだめになったのは、ひとつには外国人観光客が来ないせいもある。もちろん観光客も大事だが、リゾートやホテルの経営者、学者、芸術家や起業家も地方の活性化に大きな影響を与える。ヨーロッパでは自然と史跡の美しさの保存は観光客を喜ばすために起こったのではない。それは、コミュニティーを守ろうとする、昔からある市民意識から生じ、観光はその副産物であった。しかし、アジアでは近代化があまりにも早く進みすぎ、そうした市民の伝統が成長する間もなかった。乱開発が何もかも荒らしてしまっている。その乱開発の波を防ぐ数少ない力は観光だ。ベトナムでは、外国からの観光客が爆発的に増えたことで、デザインやサービスの質が向上し、ハノイの古い町並みの修復が進んでいる。どこを旅しても、形も照明もすっきりした木造のバンガローやカフェ、レストランがある。これらは外国人の客を引くためのものだが、ベトナム人は次の段階に移行しつつある。つまり、自分たちが楽しむ場所を作ることだ。一方日本は、世界志向にアピールする必要はなかったので、アルミと蛍光灯とプラスチックに国土が覆い尽くされてしまった。一般概念に反することだが、外国人を入れると自国の文化がより栄え、排斥すると逆に色あせてしまう傾向がある。

狭い国

日本人は自国を「狭い」とよく口にする。つまり、国土が狭いので、人口をじゅうぶんに支えきれないと考えられている。言うまでもなく、日本より居住可能な土地の面積が少なく、人口密度が同程度の国は他にもある。ヨーロッパや東南アジアのとくに生活水準の高い国の多くもそうだ。「狭い」というのは物理的な性質ではなく、個人の自由を束縛し、外国の新しいアイデアという新鮮な空気を取り込もうとしないシステムがもたらした心理的な成果である。

その結果、国民は外へ逃げ出したくてたまらなくなる。爆発はかつて実際に起こっている。第二次世界大戦の戦前戦中、ドイツはオーストリア併合やポーランド侵攻を「生活圏《レーベンスラウム》」、すなわち「適正な生活空間」の名のもとに正当化した。ドイツは窮屈で人口過密だから、国境を外へ広げなければゆとりのある暮らしができない、という考え方だった。日本も、似たような論理で一九一〇年の朝鮮併合と三〇年代の満州国建国を正当化している。

第二次世界大戦のあと、近隣諸国の土地に対する欲望は落ち着いたが、完全になくなったわけではない。一九八〇年代に通産省が力を入れていた計画に、オーストラリアの広々とした都市に日本の何万という高齢者を送り込むというものがあった。この発想の基にあったのは、高齢者に豊かな暮らしを提供できるだけの土地も資源も日本にはない、だから土地の安い外国に住むのがよいという考え方である。

今日の日本は、一九三〇年代と同じく「レーベンスラウム」的発想に染まっている。ただし、今、皆が欲しがっているのは土地そのものではなく、人生、ビジネスチャンスだ。

見方を変えれば、有能な人材と有力企業を国外に押し出す圧力は日本の強みとも言える。外へ向かって拡大する原動力になるからだ。東南アジアでの日本の存在は大きく、マレーシアでは日系工場の生産がGDPの一〇パーセントを占めるまでになっているという。『タイの日系企業ガイド』を手にとってみると圧倒される。その厚さときたら地方都市の電話帳ほどもあるし、何千もの企業が掲載されている。企業にとって国際事業に重点を置くことは、長期的には有利かもしれない。しかし、短期的に見るといっそうの景気低迷をもたらす。国内の事業が減るということは、雇用の減少につながる。

日本を逃れたいという願望については、『ニューズウィーク』日本版一九九六年八月一四日号を読むと感じをつかむことができる。この号の特集記事では、住みたい外国の都市のトップ10が紹介されている。ペナン、オークランドなどいずれも自然が豊かで、広くて快適な住まいが整い、活気ある伝統文化が息づく都市だ。日本の商社マンの妻でストラスブールに住む佐藤さち子は「日本に帰ることを思うと気が重い」と言う。

なぜ気が重いのか？「狭い」という言葉にその理由が潜んでいる。教育と官僚システムから生まれた陰鬱なルールとゆとりのない社会のしくみが魂に重くのしかかっている。つまり、日本は楽しくないところになってきているのだ。一九九九年五月、『アジアウィーク』にインタビューされた中学生、佐々木りゅう（一五歳）はこう言った。「僕の夢はアメリカの大学に行くこと。日本の若者は、今夢がない。僕はそうはなりたくない」

このコメントには国際化の究極の意味が隠れている。「国際性」「国際観念」等を突き詰めて追求していくと、最終的にたどり着くのは、自国に対してどう思っているかということだ。進まない国際性は何も国際状況に関係なく、問題はみな内にある。

若者には「夢がない」、スーパー発明家には「ボーナスなし、ポジションなし」、スポーツは楽しみより忍耐、街と田舎には美しさとロマンがない。それは楽しい国ではない。日本本来の魂からすれば、何という様《ざま》だ！　芭蕉の俳句からでも、少し以前までの外国人旅行者の話からもわかるように、日本の自然風景はロマンそのものだった。厳しい統制下の江戸時代でもじゅうぶんに人生を楽しむ余裕があった。商人や学者は、浮き世の娯楽を洗練させ、あらゆる職業や趣味は芸術にまで達した。

そして、一九世紀に日本の楽しい部分が終わったわけではない。四〇年前までは、ソニーやパイオニアを作った起業家は、大きな夢を抱き世界レベルのニュービジネスを築くことができた。第二次世界大戦後もしばらくは外国人に対してオープンで、その比較的開けた時代は一九八〇年代初頭まで続いた。楽しくないということは、日本は日本でなくなったということだ。

第十七章　革命は可能か――ゆでガエル

公園のまわりをドライブして時間をつぶすのをやめたら
わたしはきっと成功できる。
毎晩十時にベッドに入れば
また若さが戻ってくるかも。
お楽しみをがまんすれば
大物になれるんじゃないかな。
でもわたしはこのままやってゆく。
だってどうでもいい、そんなこと。

一九三〇年代『ニューヨーカー』の詩人・ドロシー・パーカー

二一世紀初頭の課題は、日本が変われるかどうかだ。希望がないわけではない。この一世紀半に二度も百八十度の方向転換をし、完全に作り替えている。同じことがまた起きるかもしれない。しかし、変われなかったらどうだろうか。その答えを探すために、もう一度官僚制を見てみよう。

官僚は政府の中核的組織で、その役目は国の資源（資金、人的エネルギー、企画力、学問知識）をうまく配分することにある。その務めを効率よく果たしているかどうかが、官僚制度の正否の目安となる。その点から見ると、日本の官僚は腐敗と怠慢に蝕まれ、ほとんどすべての分野で資源の配分を大きく誤り、このテストは落第だ。ほかの先進国と比べると、金融の専門知識、環境保護、道路建設、産業廃棄物の管理、林業、漁業、農業、ゾーニングおよび都市計画、高等教育の水準、薬品の検査、どれも時代遅れで旧態依然としている。にもかかわらず、外国の専門家からはこういう声がつねに聞こえてくる――「日本の官僚にはモラルの水準が高いという貴重な利点がある」（エーモン・フィングルトン）、日本の「エリート官僚」は、「世界に並ぶものはない」（エズラ・ヴォーゲル）。

日本人自身は、ヴォーゲルやフィングルトンほど自国の官僚を愛していない。明瞭な事実として言えることは、硬直した官僚制は一九九〇年代にこの国を破滅の一歩手前まで追い込んだ元凶だ。大前研一《おおまえけんいち》の言葉を借りれば、破綻した住専は「大蔵省が作り、トップを派遣して純粋に経営した例だが、……すべて大蔵省の自作自演である」。大蔵省は、その大失敗にもかかわらず、数ある官庁のひとつにすぎないし、それがおよぼしたダメージは、国土をコンクリートで埋めつくした建設省や、国の森林を破壊し続けている林野庁、長良川に不用な河口堰を建設した通産省に比べれば足元にもおよばない。

「番犬がほんとうは番をしていなかったらどうなるか。これは今の環境庁に突きつけられた厳しい問いだ」と、内藤洋介は『ジャパン・タイムズ』に書いている。よい質問だ——なぜ環境庁は、諫早湾や博多湾のような干潟の破壊を唯々《いい》諾々《だくだく》と承認するのか、そしてまた、これらが誤りだったとわかったときに、なぜそれを阻止するために指一本動かそうとしなかったのか。またなぜ、ダイオキシンやアスベストのコントロール——あるいはその存在を試験することさえできなかったのか、あるいは有害廃棄物の蔓延する不法投棄に歯止めをかけられなかったのか、と問うこともできるだろう。それを言うなら、なぜ厚生省は、非加熱製剤によって一四〇〇人以上もの人々がＨＩＶ感染するのを傍観していたのかという疑問もある。どの省庁もそれぞれに腐敗しているのだが、その理由は似たようなものだ。利益の追求と時代遅れの考え方への固執は、公務員という生地に深く染みついているようだ。

三度の革命

ここ数年、日本の「三度の革命」を取り上げることが流行した。最初は一八五三年、ペリー提督が「黒船」でやってきて開国を迫ったあとに起きた。それからたった二〇年間で、ほとんど八〇〇年も続いた封建制を捨て、軍隊と強大な資本家の集団によって支配される近代国家に生まれ変わった。

第二次世界大戦のあと、二度目の革命が起こった。今度はダグラス・マッカーサー元帥率いる進駐軍の指導のもとである。マッカーサーは軍を解体し、戦前の大資本家の権力を弱体化させた。その穴埋めに官僚が登場し、そして今日のような日本が生まれた。

多くの人々が、三度目の革命は今起きるべきだと考えている。前の二回は日本人自身の中から自発的に生じた革命ではなかったが、今度の革命はひとつの重要な点で異なり、黒船も元帥の指令も存在しない。外のだれも日本の山や川の運命など気にしないし、軍艦でやってきてもっとよい映画を作れ、破綻した年金基金を救済せよ、子供たちの創造性を養う教育をせよ、国民をもっと快適な住宅に住まわせよと要求する者はいない。今回の革命は内からのものでなくてはならない。その可能性はないことはない。本書で引用した多くの怒りやいら立ちの声から想像されるように、不満の声は高まっている。

外国人として日本をこれほど批判的に書いていいのか、と心配する友人もいる。しかし、こういうことを言っているのは私ではない。前出の福田喜一郎は日本を「幼稚園国家」と呼んでいるし、映画監督の黒澤は、日本の映画会社はもうどうしようもないからつぶすほうがいいと言っている。経済ジャーナリストの浅井隆《あさいたかし》は自著に「くたばれ官僚！」という題をつけ、大前研一は住専の失敗は大蔵省に直接の責任があると論じている。宮本政於は日本の教育を「去勢」と言ったし、作家の猪瀬直樹は環境破壊と不良債権危機を、一九三〇年代の戦争へ突っ走った時代になぞらえている。京都市民は立ち上がって、ポン・デ・ザールの建設に反対した。要するに、問題に気づき発言力のある層が日本国内には存在する。ここに大きな希望がある。ただ、不満というこの気分だけで、日本の進む進路を左右する勢いを獲得できるかどうかだ。

さて、革命の要素は整っている。同時に残念ながら、しばらく続く停滞の要因はもっと強いかもしれない。政治の分野では、やっと二〇〇一年春に、自民党の中でも不満が溢れ出し、改革派の総理が選出された。小泉政権の誕生だ。しかし、この本でもわかるように、日本の官僚制は非常に複雑に仕組まれ、社会に深く根を下ろしている。同時に改革派といっても、自民党の政権下で、はたして政界と建設業界の関わりなど突破できるかどうか大きな疑問だ。今、その成績を述べるのは時期尚早で、ただ、現段階で言えることは、以前と同じく現状維持派の政治家は一点、改革派はいまだ〇点というところだろう。

カレル・ヴァン・ウォルフレンは、日本の官僚制度は権力を維持するために、国民の支持に頼る必要はなかったと鋭く指摘する。その働きは民主プロセスと遠く離れた別次元で動く。長野県知事の脱ダム宣言や徳島県吉野川可動堰の例に見るように、地方で反対運動に大多数の有権者が署名しても、議会や官庁はそれを平気で無視する。海外ジャーナリストは、国内メディアから上がる批判や一般市民の愚痴を聞くと、これが政治的アクションに反映されると錯覚してしまう。「不満に満ちた日本国民は一斉に立ち上がり、権力を自分たちに取り戻すことになる！」と書いてしまう。が、今までそんなことは一度も起こっていない。

ドファルジュ夫人のショール

とはいえ、水面下では動きがある。マルクス理論の教えるところとは異なり、大衆が革命を起こすことはめったにない。煽動するのは、教育のある中流階級と、不満を抱く下級官吏、「エリートのアキレス腱」と呼ばれる層だ。そして今、アキレス腱は痛んでいる。

『美しき日本の残像』の出版以来、私はときどきパネリストとして会議に出席したり、専門書に文章を書くよう依頼されたり、なんと政府機関の顧問を依頼されたりしたことさえある。そこで私が気づいたのは、多くの組織の中間層（ほとんどが四〇代）は現状に幻滅していて、変化を起こせないことにいら立っているということだった。「中間層の幻滅感」に関しては統計は存在しないし、出世街道を歩んでいる官僚や企業幹部は本や論文を書かないから、文献から引用することは難しく自分の経験で語るしかない。

一九九四年、私は上野の国立美術館のみすぼらしい展示と粗雑な内装を批判する記事を書いた。その直後、展覧会のオープニングの席で、その美術館を運営するトップの官僚の一人に出会った。問題の記事に対する怒りの言葉を予期して私は身構えた。しかし彼の口から聞かされたのは、個人的には日本の美術館の管理のまずさは国の恥だと思っている、という言葉だった。しかし、彼ほど高い地位にあっても、できることはほとんどない。

同じ官僚が、現代的な美術館の運営について助言を得るため、スミソニアン(アメリカ国立博物館)から専門家のチームを呼び寄せることに成功した。しかし、そのアドバイスの多くを実行するには、時節を待たなくてはならない。同じように日本国中、中間層の幹部が、旧式な上役が退職するか、省庁が劇的な難局に落ち込み、自分たちがイニシアティブを握れる時を待っている。未来の改革者たちであるこのグループは、ディケンズの『二都物語』に出てくるドファルジュ夫人のようだ。何年間も酒場に黙って座って、憎い貴族の名前をショールに編み込んでいた陰の革命家。ついに革命が起きた時、彼女はギロチンの足元に陣取り、首が落ちるたびに編み込んだ名前をほどいていった。日本でも多くの人々が毛糸をほどく日を待っている。

来《きた》る革命の足音が聞こえる。日本と欧米、そして新たに富を得たアジア諸国とのギャップが広がるにつれて、無念の思いは高まっている。昔から日本には社会的仕組みのひとつとして上下関係が存在し、国民の意識の中では人間関係だけでなく、国にも当てはめたがる。そのランク付けに当然日本をトップに置きたいが、海外との比較の中に遅れがあらわになるとひじょうに不満度が増す。

何百万という人々が海外旅行に出かけ、シンガポールの美しく効率的なチャンギ空港から、不快な成田に戻ってくる。その格差は甚《はなは》だしくてとても無視できない。金融界では、東京の株式市場が凋落《ちょうらく》し、二〇〇一年には時価総額でニューヨークの四分の一以下に落ち込んでいた。中国人の映画監督が世界で興行収入のトップを争っているというのに、日本の一大成功作は「ポケモン」だ。海外の明るい光と興奮、そして国内の灰色の平凡さとの対比を感じ取り恥じている。それは恥とは言っても、ある意味で素晴らしい改革を起こす原動力にもなり得る。

革命の難航

国民の感じる不満や恥の一方で、官僚支配の複雑なシステムが眼前に立ちふさがっている。共産主義の最盛期のロシアや中国にも達成できなかった、はるかに精妙な支配体制である。ここで「仮想実験」をしてみよう。官僚の小さな殿堂――たとえばエアロビクスのインストラクターの許認可システム――から、いくつかブロックを取り除いてみよう。だが、想像しようとしても心の画面は空白のままだ。「日本体育協会」「中央労働災害防止協会」「日本健康スポーツ連盟」が、儲かる許認可事業を自発的に手放すというシナリオは問題外だ。エアロビクスという微々たることでさえこれだから、他の何千何万という公的機関や特殊法人に対していったい何ができるだろう。すべてが秘密裏に活動していて、それに対する責任追及ができない。

国民は、ポン・デ・ザールのような目立つプロジェクトに対しては、時々官僚と戦うことができるかもしれない。しかし、権力は細部に宿っている。無数のポン・デ・ザール式のモニュメントがあらゆる市や村にいつのまにか建ち、個々としては小さい現象なので運動しようもない。

日本が開かれた方向に進んでいると思う人々にとっては、まったく新しい業界までがカルテルをつくっていることを知れば夢もさめるだろう。インターネットの分野で、プロバイダが日本ネットワークインフォメーションセンター（JPNIC）というドメイン・アドレスを認可する団体を結成している。JPNICはただちに、かつてのカルテルの場合とまったく同じように、アウトサイダーや新興企業を締め出すための障壁を設けにかかった。たとえば、国際的なガイドラインでは、各国の当局は「特定のデータ・ネットワークの顧客に有利な扱いをしてはならない」と定められているのに、日本のインターネット・プロバイダを使っていないユーザーに対しては、JPNICはアドレス登録を認めていない。これは、外国企業を締め出すためにカルテルを用いるといういつもの手段である。またJPNICは、新しいドメインを取得するのにアメリカの四倍も高い登録料を取る。その結果、日本の産業界に新鮮な風が吹き込む入り口になると期待された、インターネットの窓が塞《ふさ》がれることになり、一九九八年に日本のドメインの数はアメリカのわずか〇・三パーセント、人口あたりのドメイン数では世界で二一位にとどまっている。

このぬくぬくとしたカルテルを一〇〇万倍にすれば、このシステムの複雑さとパワーの感じをつかめるかもしれない。官僚制という巨大な構造を改革しようとすることは、気の遠くなるような規模の企てであり、まさしく社会慣行を根底から作り替えることで、国全体が上下表裏ひっくり返ることになるだろう。それこそ日本の指導者が恐れていることだ。あまりに多くを変えてしまったら、官僚支配という継ぎはぎの殿堂は完全に崩れ、国が混乱状態に陥ってしまうのではないかと心配している。この恐怖が、改革に対する強力なブレーキとなり、ドファルジュ夫人はとうぶん待たなくてはならないだろう。

近年では「改革」が声高に語られており、とくに金融や貿易の分野では官僚も恐る恐るながら改革に向かって進み始めている。が、日本の改革の概念には、前向きの姿勢がないという大きな欠陥がある。改革の目的が、おおむね現状維持に留まるということで、いつもの「犬と鬼」的方法によって、深刻な構造的問題に取り組むのではなく、表面だけの変化で済ます方法を見いだしている。

一九九〇年代、国民の批判に応えて政府は行政改革の旗を上げたが、根本的な改革は進んでいない。たとえば、「犬」つまり実質的な措置としては、各省庁の管轄下の事業から、官僚が営利をとってはいけないという規定が考えられる。数年以内に公務員組合などの積立基金や、こうした事業の特権を処分しなければならないといったことをすれば、役所はたちまち改善されるだろう。が、その代わりに「鬼」原則の傑作例として、各省庁の名称変更に大エネルギーが注がれた。二〇〇一年、各省庁の統廃合操作の結果名称が改められた。その名称に関して論議が激しく、「厚生労働」「文部科学」など四文字省が増えたことには、「芸がない」と批判した政治家もいたが、どれほど激しい政治的駆け引きのエネルギーが費やされたか計りしれない。そして、どんなに看板取り替えや合併された省庁の移動費に莫大な資金が使われようが、中央省庁の仕事内容はいっこうに変わっていない。この種の「改革」はほかの国なら「停滞」と呼ばれるだろう。

兄プロメテウスと弟エピメテウス

人体測定学研究で名高いウィリアム・シェルドンは、ギリシア神話のプロメテウスとエピメテウスという兄弟にヒントを得て、人間の心理のふたつの基本型の違いについて述べた。エピメテウスはつねに過去を向いており、いっぽう人類に火をもたらしたプロメテウスは未来を見ている。エピメテウス型の人は前例を尊重し、プロメテウス型は人類の進歩に必要と思えば神々から火を盗んでくる。ここでその心理について考えてみよう。

これまでのところ、改革の心理はほぼ例外なくエピメテウス型である。世論に押されて、政府はささいな、しばしば象徴的な意味しかない対策を打ち出し、その一方で全精力を傾けて現状を守ろうとしている。改革は既存のシステムを維持するための後ろ向きのもので、新世界に目を向けようとしていない。全般的にいえば、日本はエピメテウス的心情に安住しており、このことは改革のみならず、近代国家になりそこねたことと関係がある。近代化こそ、新しいものへの旅である。しかし、カメラや車などのように輸出産業に役立つものでないかぎり、新しいテクノロジーは根づかなかった。社会は、神々から火を盗む人々に眉をひそめる。あまりに早くあまりに大量の火がもたらされれば、火のない炉を管理する「冷たい炉の省庁」は困り、火がないことで成り立っている強大な「焼け石カルテル」は崩壊する。

今のところ、趨勢《すうせい》はいよいよエピメテウス的傾向を強める方向に進んでいる。社会の高齢化が進むにつれて、変化は起こしやすくなるどころか難しくなる。大胆に改革する冒険心に富む人々を必要としている今、社会はすでに世界一高齢化し、学生の数は急激に減少している。高齢者は本質的に、若者より保守的になる傾向が強く、変化を起こすのは難しくなるだろう。

いっぽう、エネルギーとイニシアティブに満ちているはずの若者は、学校で従順であるよう、物事に疑問を抱かないよう教え込まれている。若者は、環境などの深刻な問題ではなく、ウサギや猫のプリントされたシャツや、それによく合う靴のことを考えている。

エピメテウス的過去へのノスタルジアは、自然な反応である。今国の足を引っぱっているシステムの多くは、ほんの十数年前までは成功のもとでもあった。世界をシャットアウトし、温室の中で眠りこんだ状態に依存してしまったので、ほんとうの意味でのグローバリゼーションと改革が実際に起これば大変なショックになる。格付け機関創設者・三國陽夫はこう指摘する。

「強い経済的、政治的圧力の結果、日産自動車や長期信用銀行などある限られたセクターに外国人の参加が許された。しかし、ほんとうの市場原理の序の口にすぎないのに、それによって失業した人などの生活保障は政府にとって難問である。完全自由化された経済になると、数百万人の労働者の不安にどう対処するか、怖くて考えたくもないのだ。これ以上の自由化、規制緩和に対して反対の声がだんだんと強くなってきている」

過去への憧れがあまりに強いため、日本が反動に走る恐れは大いにある。右翼政治家は、古いやり方への復帰を強く主張しており、諸問題を外国のせいにするような新しい国粋主義は人の目をくらましている。

ジャパン・ウォッチャーの間で、日本が国際化するにつれて国内のシステムは、徐々に世界と協調するという定説がある。この論には一面の真理がある。というのも公的レベルでの「国際化」はおおむね失敗だが、何千万という日本人は海外旅行をしたり、外国で暮らしている。どの組織にも、少なくとも一人、あるいは何十人もの国際経験のある人々が加わっている。

その一方で、海外旅行が日本人の視野を広げると考えるのは単純すぎたかもしれない。一九八〇年代から九〇年代にかけての注目すべき現象のひとつは、日本人のために作られた、特別な世界だ。多くの観光客は団体で旅行し、彼らの旅行はパックツアーで構成される。セットアップされたアトラクション、日本人のためだけに用意されるホテルやレストラン。

先ごろ、日本学の重鎮ドナルド・リッチーは、一九七一年に書いた『瀬戸内海旅行記』〔『日本人への旅』山本喜久男訳〕の一文についてインタビューを受けた。そこで彼は、外国へ旅行する人々が増えるにつれて、日本人はほかの国の人々と似てくるだろうと予言していた。リッチーはインタビューに答えて、「私が言いたかったのは、外へ出てほかの人々がどんなふうに生き、何を考えているか見てくれれば、もう自己満足にひたってはいられなくなるということでした。しかし、私は完全に間違っていた。ジャルパックを予想していなかった。日本人はパッケージで外国へ行き、日本人観光客向けのワニ園を見て、独自の旗を振り、独自の必見スポットをもっている。これが大多数の日本人の旅行のしかたであり、これでは感動などありません」。

日本人の逃亡者や長期滞在の在日外国人については、その脱出を嘆く者はほとんどいない。彼らが離れたことは、社会を不安定化する要因を少なくするのに役立つだけだ。予算たっぷりの「海外事業部」は、外国人が出て行ってもすぐに代わりを見つけてくる。もっと行儀がよくて、もっと管理しやすい外国人を。

ゆでガエル

「ゆでガエル症候群」という説がある。沸騰するお湯に放り込まれたら、カエルはすぐに飛び出して命は助かる。しかし、ぬるま湯に入れると居心地がよいので、ゆっくりと水温が上がっていっても、何が起きているか気づかない。そのうちにカエルはゆだってしまうのだ。

金融業では飛ばしのようなテクニックがぬるま湯を保ち、失敗を覆い隠している。破綻した会社や無駄な政府機関は国の金で支えられているから、責任者はまちがいを反省するきっかけがない。一方、政府は国民を寝かしつけるために、耳に快い子守歌を歌い続けている。退廃する欧米に対する日本の優越を唱えた、榊原英資の『文明としての日本型資本主義』がよい例だ。

海や川や山、そして町や都市の景観の悲しむべき状況の陰にあるのも、やはりゆでガエル症候群である。でたらめな開発、モニュメント、奇怪な公共工事が、国の文化財産を台無しにしている。しかし、熱さは火傷《やけど》するほどではない。なぜなら「古い文化」と「自然を愛する心」という子守歌が国民をうとうとさせているのだ。

急激な変化が起きるとしたら、それは耐えられない状況になった時だろう。けれども日本の場合、その日ははるか未来にある。財政危機を大きな目で見るには、銀行が破綻しても株価が暴落しても、ほとんどの国民はテレビも冷蔵庫も車も失っていないという事実を見落としてはいけない。この観点から見れば、日本は今もそこそこ生きやすい国なのだ。

「生きやすい」と言っても、欧米人や東南アジアの中産階級の人々がうらやむような生活だと言っているわけではない。日本人にとっては、狭い家屋、少ない自由時間、都市や地方の環境悪化は当たり前のことなので、ほかの選択肢があることすらもう想像できなくなっている。歴史家のマコーレー卿の言葉を借りれば、「贅沢と赤貧は知ったが、快適さを知らなかった」。これはまさしく日本の姿だ。一九五〇年代から六〇年代にかけて設定された、テレビ、クーラー、車を所有する目標は固定化し、今でも日本の近代化の限界となっている。クーラー、今なら携帯電話を所有しているかぎり、家を買うのが少々むずかしくなっても、残業が増えても、環境が醜くなっても、文句を言う人はほとんどいない。そういうことはごく当たり前の、避けがたい宿命のように見えるので、改めて考えても意味がないのだ。人々は困難に耐えながらも、それを避けたり減らしたりすることを考えなくなっている。とくに、その困難が静かに近づいてくる時には。

中途半端

現在の苦境を表現するのにぴったりの言葉は「中途半端」である。美しい自然景観は存在するが、真の感動が得られることはめったにない。視野のどこかに、建設省が建てた醜く不要なものが必ず目に入ってくる。京都は何百という寺院や石庭を保存しているが、録音されたアナウンスがその瞑想的な静けさを乱しているし、苔むした門を一歩出れば、そこにはゴミゴミした都市が広がっている。教育制度は子供たちに試験のための知識を効率的に教え込んでいるが、自分で思考する方法は教えない。どの国の人々よりも多額の貯蓄を積み上げているが、その一方で個人も企業も国も深い負債の沼に沈み込んでいる。どこを見てもこうした矛盾が目に入り、そこそこうまく行っているが、目ざましい成功はほとんどない——まさしく中途半端だ。

日本の救済は産業技術の進歩の速さにもかかっている。しかしここでも中途半端が支配している。産業構造はひたすら海外進出をねらったにもかかわらず、一九九〇年代には日本のテクノロジーは世界に後れをとった。企業も政府機関も、新たなパラダイムシフトの局面を迎えた時、それを見逃したことはたびたびある。たとえば、テレビはアナログからデジタルに移行した。一九九〇年代前半、通産省の指導で、家電メーカーは巨額の資金をアナログ技術に基づく高解像度テレビの開発につぎ込んだ。再び日本の独占が確立されつつあるかに見えたが、シリコンバレーの小さな新興企業が、同じことをデジタル式で実現する方法を開発し、つぎ込んだ資金は一夜にして煙と化した。

日本が古い技術に懸けたのは不運だった。このようなことは日進月歩のテクノロジー世界ではままあることだが、これらの失敗でとくに目を引くのは、失敗後も時代遅れの技術を使い続けるよう政府が強制しようとしたことである。同様のパターンは医学界にもある。厚生省が国内の製薬会社を保護するために外国の薬品の認可を遅らせている。その結果、日本人は頭痛、関節炎、ガンからマラリアなどあらゆる治療をする場合、世界では一般的に使われている薬を使うことができない。厚生省は効果を証明された外国の薬を使うより、効果がないどころかときには恐ろしい副作用のある模倣薬を製造するよう国内企業の尻を叩いている。これらは「ゾロ薬」（「ゾロゾロ出てくる薬」の意）と呼ばれる。ゾロ薬の利益を守るため、厚生省は製薬会社とつるんで副作用による死者を隠している。一九八〇年代のある有名なケースでは、何十人という子供がそのために死んだ後ですら、薬を回収することによる経済的な損失から市場を保護するために、ゾロ薬のひとつであるポリオワクチンを製薬会社が販売するのを許していた。

何十年もの間、試験も監視も怠り、その結果としてゾロ薬を製造し続けてきた。アメリカのＦＤＡ（食品医薬品局）は薬物の調査官を一〇〇人抱えているが、厚生省は二人である。ＦＤＡは高度な薬品試験法を開発しているが、厚生省にはほとんどないため、日本の製薬会社の技術は今日では国際的な地位は無に等しい。欧米の巨大な薬品メーカーが、バイアグラやロゲインなどは言うまでもなく、関節炎やアルツハイマーやガンの革命的な治療法を開発している時に、大正製薬が望みをかけているのは、医療効果のほとんどない、リポビタンＤという清涼飲料水のアジアにおける販売拡大だ。ゾロ薬という言葉の存在自体が、「技術立国日本」を自負する人には警報のはずだ。医学とバイオテクノロジーは、二一世紀の成長産業だが、日本はそれに乗り遅れた。

開発を怠ったもうひとつの主要産業が、コンピュータ・ソフトである。マイクロソフトやアップルやオラクルから最先端のソフトウェアを輸入し、子供向けのテレビゲームを輸出している。最も驚くべきことは、得意な分野だったチップ製造でも飛躍し損ねたことである。

メーカーはＤＲＡＭ製造からマイクロプロセッサに進まなかったため、最高価格帯のシェアはインテルに譲り渡している。そうこうするうちに、下から韓国と台湾が上がってきて、チップ産業の低価格帯では日本は生きながら食い荒らされている。ロケットや衛星の分野では、宇宙開発事業団が何年も時間と労力をかけ純国産ロケットを開発しようとしたが、打ち上げ失敗や故障が続き、宇宙開発業界の笑い物だった。

新しい技術は遅れているものの、高度な工業のインフラを持っていて、それは毎年巨大な貿易黒字を出している。ミノルタやキヤノンなどの会社は、事実上カメラとレンズでは世界的な独占を維持している。ソニーの先見的なリーダーたちは、真に国際的な企業文化を作り上げている。また、精密機械分野の特殊市場のほか、液晶技術では世界をリードしている。自動車メーカーは、今も世界の市場を圧する存在感をもっている。製鉄会社や造船会社は世界でも指折りの効率的な工場をもっている。

これは一九七〇年代の産業から受け継がれた強みであり、二一世紀の産業の深刻な弱体ぶりを支えている。日本のテクノロジーはすぐれているが、かつて考えられていたほど優秀ではない、つまり中途半端なのだ。こういう玉石混淆《ぎょくせきこんこう》の状況だから、日本は破滅することはないだろう。おおむね現在の生活水準を維持できる体力はある。そのいっぽうで、金融およびテクノロジーの体系的な弱さのゆえに、大きく浮上することもないだろう。長期的な診断はさらなる中途半端だ。ＧＤＰの成長は停滞し、失業率は徐々に上昇し、負債は年々降り積もっていくだろう。

アジアの夢

東南アジアが日本と手をたずさえて、産業成長の新たなエンジンとして機能してくれるという夢がある。そうなれば、日本はふたたび舞台の中央に躍り出て、従来の政策の正しさが証明される。新しい共栄圏の音頭をとっている理論家のグループの典型が、京都大学東南アジア研究センターの白石隆《しらいしたかし》教授である。教授によれば、一九九〇年代末の東南アジアはそのモデルおよび支配的パートナーとしてアメリカか日本を「選択」しなくてはならない。そしてその選択は、もちろん日本であるべきだ、と言う。

白石教授の見解は、外国の日本批判、なかでも白石の言う「ジャパニーズ・モデルも開発至上権威主義も今は破綻したという、英米の勝利主義的論調」に憤っている。「法に基づく契約、公平な規制、透明性という自由市場の考え方はどれも結構であり、おそらくこれらはみな投資家が必要とするポートフォリオなのだろう」と苦い思いを込めて述べ、「しかし、工業化、技術開発、そしてなにより人的資源の開発のための長期的投資法として、市場に依存して大丈夫なのだろうか」。

教授の疑問――何に依存するべきか――は、本書でとりあげた疑問の多くに関わっている。自由市場の価値はそのうちのひとつにすぎない。官僚の役割、正確な情報といった問題が山積している。その答えを明らかにするのは時間だろう。

東南アジアに対して、アメリカと日本のどちらかを「選択する」よう迫ることは、二一世紀の日本にとって大きな賭けである。日本がこの賭けに勝って、東南アジアに対するかつてのヘゲモニーを回復することもありうる。それに基づく新たな産業力に支えられて、日本の学者や官僚は国内の荒廃した都市やコンクリートに埋もれた田舎やベビーフェイスという文化を振り返る必要はない。不平不満はすべて、「英米の勝利主義」としてあっさり片づけられ、日本はこれまで通りいそいそと仕事に戻れるかもしれない。

しかし、そうならない可能性もある。ひとつには、東南アジア諸国はアメリカと日本の二者択一以外に選択肢がないとは思わないかもしれない。統合を果たしたヨーロッパもあるし、力をつけてきた中国もある。またアジア自体にも、香港、シンガポール、韓国、台湾といった豊かな竜虎が存在する。これらの諸国のエリートは、日本はこれまで予想していたような文化的経済的パラダイスではないと気がつきつつある。理想的な「人的資源の開発」が、政府の資金で谷間を埋めていく何百万もの建設労働者、そして活気のない観光業やソフトウェア産業を意味するのかどうか疑問に思っている。タイの通信業界が、失敗したPHSを導入するよう強制されてこうむった莫大な損失に苦しんでいる時、その指導者達が絶対的なモデルとして日本を「選択する」という希望は薄れている。

アジアへの賭けは、その他多くの政策と同様、中途半端で終わりそうだ。日本の産業はすでに東南アジア諸国に大きな地位を占めており、政治の分野における日本の声は大きくなっていくだろう。そのいっぽうで、これらの諸国が完全に日本のリーダーシップに従うかどうかは疑わしい。

墓碑銘

これからの数十年間、このままやっていけるだけの蓄えはある。これこそ日本の悲劇だ。中途半端から日本を目覚めさせることができるのは破産だけだろう。貯蓄に頼るという贅沢の許されなかった韓国は、一九九七年から九八年のアジア危機以後、大幅な構造改革を余儀なくされた。一九九九年には、その結果が急激な経済成長と政治の復活となってあらわれている。

日本では評論家や専門家が声高に変化を求めているにもかかわらず、国民はまだ眠っている。学校は人々に疑問を抱かせず、決まったパターンに従い、「耐え忍ぶ」よう教えてきた。プロパガンダ・マシンはフルパワーで動き続けていて、川や湖は今も美しく、銀行の借金は清算され、景気回復はすぐそこまで来ており、日本はアジアのモデルになるだろうと、『２００１年宇宙の旅』のＨＡＬの声が人々をなだめている。

そして、都会も田舎もすでに修復不能なダメージをこうむっているのに、新たにゾーニングや環境規制を導入してもなんの得があるのかと、人々は心の底で思ってしまう。日本の自然をどうすれば元のように取り戻せるのか、すでに想像可能な域を超えている。どうしろというのか。川底からセメントをはがし、コンクリートの土手に蔦《つた》をはわせ、植林した杉を伐り倒すのか。建設業界に依存している膨大な数の労働者をどうやって養うのか。これらはむずかしい問題であり、真っ向から取り組む腹のすわった人は少ない。

そのいっぽうで、官僚は自動操縦で進み続ける。理由は簡単、資金が今も流れ込んでいるからだ。大蛇の形をしたハイウェイループや、大根のための空港を建設する資金にはなんの不足もない。経済専門家は、日本は建設への過剰な投資を抑制しなければならないと主張するが、なぜそんなことが言えるのか。当分の間は、何百兆円もの資産の蓄えが、郵便貯金という巨大な貯金箱に預けられている。

新世紀にあって革命と停滞は天秤にかけられ、針は真ん中で止まっている。経済が一度に崩壊してしまうようなショックが起こらない限り、停滞は続くだろう。しかし、世界は想像できないような大変動に満ちている。一九八五年の段階で、五年後に東欧が共産主義から解放されるなどと言われても、誰が信じただろうか。何百万というドファルジュ夫人が静かに待っているのはまさしくそういう大変動である。

残念なことだが、経済崩壊はまず起きないだろう。水はしばらくぬるいままで、国民は中途半端というスープのなかでぬくぬくと眠り続け、国は徐々に衰退していく。「文明としての日本型資本主義」への墓碑銘を刻む時がくれば、その銘は「ゆでガエル」だろう。

結論

E pur si muove.
それでも地球は動いている。

ガリレオ・ガリレイ　一六三三年
——地球は太陽を公転しているという説を撤回するよう強要された際、
つぶやいた言葉

欧米人が日本について書くとなると、「日本はこうすべきである」といった表現が多くなりがちだが、本書はそれを避けている。これは外国人が日本に対して何かを要求するのはおかしい、という私の信念からだ。たとえばワシントンからの「内需拡大せよ」等のうるさい強要ほど、日米関係に害を及ぼすものはない。これはアメリカの傲慢さに憤慨する石原慎太郎《いしはらしんたろう》のような政治家を（もっともなことだが）怒らせている。また、多くの場合この手のアドバイスが見当違いであるとわかっている一般市民も数多い。たとえば景気刺激策として政府の援助を増やせとのアメリカ側からの圧力は過剰な公共事業につながり、真のダメージを与えるものだ。

本書を完成させるのは、簡単なことではなかった。殊《こと》に英語版ではこの中で取り上げた多くの問題は、海外ではほとんど知られていない。西洋諸国の人たちの常識をはるかに超えているという意味で、信憑性《しんぴょうせい》に欠けると思われる心配があった。そのため、日本の文化危機を信じてもらえるように説明することは大きなチャレンジであった。未来への希望は現代の日本のあるがままの姿、その現状を直視するところにこそあると私は信じている。気づき、そして理解し、初めて変化は訪れるものなのだ。本書で私は病状を述べたにすぎず、解決策を処方したわけではない。

そう言いながらも、私個人としては当然日本に対してある期待を持っている。日本文化、川と山を愛する者として、街や田舎に襲いかかる悲劇を目の当たりにするのは、胸を引き裂かれる思いだ。本書は、私と同じように悲しみと怒りを感じている日本の友人たちや、その他大勢の人たちのために捧げたい。日本がはたして変われるのかは疑問だが（悲劇の原因は、変化を抑制するシステムにある）、それでも心の中では変化を夢見ている。

日本は外国の専門家にとって感情の地雷原だ。正統派ジャパノロジストは、自分たちの任務は日本の栄光について伝道することであると信じきっているため、このような話題には大変脅《おび》えるだろう。暗い押し入れを開けて、中から出てくる骸骨を目にしてしまえば、自分の日本に対する愛情が崩れてしまうのではないかと恐れている。そして職業柄、所属する有力な国際フォーラムから、その後の会合のお誘いが来なくなるのではないかと心配している。経済に関しては、ここ数年、学者はほんとうのことを書き始めたが、文化の分野においては問題提起する人は少なく、禅や華道、映画、茶道、建築など日本文化を普及させる人々は、エデンの園にヘビが入ってしまったことに気づいていないようだ。しかし、事実ヘビはいる。

今の問題は、前世紀にも一度起きたことだ。同じようなプロセスを経て、国家は悲劇的結末に陥った。一九一〇〜二〇年代の「大正ルネッサンス」の崩壊と、九〇年代の「平成不況」は類似したものだ。どちらの場合も柔軟性のない政府と教育が、自由と独創性の時代を抑圧した。第二次世界大戦の前に、日本を軌道外に転ずるよう仕向けたメカニズムは、ひたすら国力拡大だけを目標にした体制であった。今回も同じである。

「日本のパラダイム」とは「強国・貧民」をいい、過去に、海外のオブザーバーはこれをうらやましく思い続けてきた。このパラダイムの美徳は国民が大きな犠牲を払うことにより、国家の経済力が増してゆくことである。しかし、今こそこのパラダイムを見直し、日本のコンクリートに覆われた川、ゴミゴミした街、金融界の不振、「ハローキティ」化された文化、みすぼらしいリゾート、公園、そして病院などを直視することが必要だ。

日本はいったいなぜこうなってしまったのかと考える時、意外と生け花の世界からひとつの答えが得られる。先日、ある華道家に質問をした。それは長い間、気にかかっていたことだった。昔ながらの生け花と、奇抜な今日のそれとの、真の違いは何なのか。針金やビニールの使用、花と葉がホッチキスでとめられ、折り曲げられるよう、マニュアルで示されたX度の角度などを私は変に思うが、ある意味でこれらはすべて伝統に由来するものなのだ。ではその決定的な違いとは。友人の答えは、現代の生け花には「実《じつ》がない」というものだった。伝統的な生け花には宗教上あるいは儀式という目的があった。昔の人々は自然の神秘に尊敬の念を持っていた。宇宙の創造力にあふれた息吹を見出し、応えるための手段として生け花を用いたのだ。しかし今日、それも失われ、単なる飾り物としての目的しか持たず、植物や花そのものの本質を問うことはない。代わりに、花は生け手の気まぐれなニーズに応えるためだけに使われる、ビニールや針金などの材料と、ほとんど変わらない「素材」として扱われている。要するに、「実」もなければ精神的な目的もなく、自然が本来持つ力に通ずるものも何もない、ただ空っぽなデザインなのだ。

華道家のコメントは問題の核心をつくものであった。というのも、「実」がないというのは現代日本のすべての事柄にも言える。土木工事（目的もなく進める）、建造物（周りの環境とニーズに無関係）、教育（歴史や方程式を暗記させ、独自の創造力や分析力を教えない）、街並み（古きを壊す）、株式市場（配当を払わない）、不動産（利潤を生まない）、大学ズ（就職までのつなぎ・社会に貢献しない）、国際化（世界を締め出す）、官僚制（真のニーズに関係ないところで金を使う）、企業のバランスシート（粉飾決算）、環境省（環境保護に無頓着）、薬品（テストされていない模倣薬）、情報（曖昧、秘密、嘘）、空港（人間に適さず、大根には適す）——体系全体に「実」がないのだ。

日本のものごとのやり方と、現代生活との間には、内外を問わず予想をはるかに超えたギャップがあるとしか言いようがない。だから、私は日本を近代化に失敗した例であると申し上げている。手の込んだ「鬼」のモニュメントは、「実」の重みに対する一種の防護壁なのだ。しかし、最後には「実」が勝つ——それでも地球は太陽の周りを回るから。

古典的な「近代化論」では、日本は西洋から入ってくる新しい発想をうまく取り入れた国になっているが、ほんとうはこれらの発想と長きにわたり苦しい戦いを繰り広げてきたのだ。一九三〇年代と同様に、初期の大きな成功が、時間が経つにつれ惨劇に変わってしまうというパターンを、今再びくりかえしている。初期の段階では、日本はたしかに西洋の発想を上手に取り入れ、独自の方法でみごとな結果をおさめる。つい最近まで世界中が日本の品質管理、製造、経済そしてマーチャンダイジングのテクニックを研究していたことを忘れてはいけない。しかしながら第二段階に及ぶと、自動操縦にギヤを切り替え、その時から新しい発想を入れなくなり、既存のシステムに頼ってしまう。方向を変えられる人がいないから最後に行き過ぎ、座礁してしまうのだ。

文化の問題は立ち直りにくいが、打開する道はある。それは「実」を持つことだ。日本が立ち戻らなくてはならない「実」とは、かならずしも西洋で見られる真実ではないかもしれない。日本独自の精神といったものであろう。本書の中でもくりかえしご覧いただいたが、昨今「日本的」なものの典型として罷《まか》り通っているもの——たとえば利子の付かない金や失敗することのあり得ない会社——などは、西鶴や威勢の良い商人には考えもつかなかったことだ。マニュアル化された生け花は、本来の花を完全に否定したものだ。仰々しい建築物は、素朴で繊細な美意識といった伝統への屈辱で、ニコニコグッズは、能、俳句、石庭など、洗練された大人の文化から見れば情けない終焉《しゅうえん》だ。土木工事の狂乱が大昔から尊んできた神聖なる国土そのものを破壊している。

「実」との戦いの結末は、日本文化の中で最も大事なものを引き裂き、そして消滅させる結果となってしまった。日本が本来の姿からかけ離れたこと——それが日本人が憂えていることだ。

過去の二世紀に、日本の課題は鎖国から脱却し、世界で活躍することだった。それにみごと成功し、最も力のある国になった。しかし、この成功はその裏に途方もなく大きい代償を伴ったものであった。日本は日本でなくなった。

家路を探し求める——これが今世紀の課題だ。

あとがき

一九九五年にこの本を思いついた時から、これは私の人生の中でも大きな挑戦となり、完成まで六年かかるとは夢にも想像していなかった。その間、研究する過程で次々考えを改め修正しなければならなかった。というのは、この本のテーマが日本の近代史の中でも最も難解なもので、調査と整理された概念が必要だった。これを積み重ねてゆく道程で、日本の研究者や、友人、同輩の大きな支援がなければ成し遂げられるものではなかった。

まずコロンビア大学のメリット・ジェノウ教授とともに、本書のアイデアが起こり、その後もずっとアドバイスとサポートを受けてきた。

この本に一番大きく貢献した人は、調査・研究担当のボーディー・フィシュマンだ。六年間、数千に及ぶ切り抜き、何百冊もの本、雑誌のインタビューや記事の収集、インターネット情報の調査検索、また私の側《そば》で執筆段階での話し相手になってくれ、無数の原稿を読みチェックしてくれた。彼の努力がなければこの本の完成は見られなかっただろう。

何千時間も討論してきた多くの友人に感謝したい。一人一人の名前を挙げればきりがないが、殊に建築家の尺田可規とキャサリン・フィンドレーはゾーニング都市計画、日本の近代建築史について教えてくれた。銀行OBの松田正充は日本の金融危機の情報を伝えてくれた。

『日本／権力構造の謎』の著者、カレル・ヴァン・ウォルフレンは日本経済と政治に関して鋭い指摘をし、経済学者タガート・マーフィは金融制度の解説をしてくれた。オーストラリア国立大学のガヴァン・マコーマック教授は「土建国家」の研究の先駆者で、その情報はずいぶんと助けとなった。文化評論家ドナルド・リッチーは日本の「文化危機」の語り相手として、映画などについてビビッドな評を下してくれた。オハイオ州ウェスリアン大学ゲイリー・ディコッカー教授は日本の教育制度について資料提供をしてくれた。

東京在住日本画家アラン・ウエストは、文化コンサルタントの経験を伝え、京都在住の日本庭園専門のマーク・キーンは、京都の街の保存運動の経緯を述べてくれた。京都精華大学のデイヴィッド・ボゲット教授は原稿を読み、教育の章をチェックしてくれた。クリス・シヤノンは日本におけるインターネット情勢を教えてくれた。マレーシアの芸術家兼文化プランナーであるズルキフリー・モハマッドはアジアという観点から日本の諸問題を提起してくれた。

すでに故人となられたが、作家の白洲正子の自宅で初めて「犬馬難、鬼魅易」の短冊を拝見し、その折の会話から本書のタイトルをいただいた。また司馬遼太郎の本は日本が日本の魂から離れてしまったことを説いてくれた。長く日本と中国に滞在したウィリアム・ギルキーは、戦前戦後のことを鮮明に伝授してくれた。元厚生省（現・厚生労働省）職員の宮本政於からは、日本の官僚制度についてウイットをもってクリアーに教わった。そして、父であるアンディー・カーは、この本のトーンについてアドバイスしてくれた。

ほかにも多くの協力者にお世話になったが、文献を通して大いに援助をいただいた研究者、評論家、作家を無視できない。中でも猪瀬直樹は大変すぐれた著書を出しており、本書も彼の研究成果に依存するところは大きかった。

日本語訳に関しては、当初千田和枝に依頼し、その後講談社の委託翻訳者がほぼ全編を通して訳してくれた。しかし英文書き下ろしの過程で、時の変化にともなう情報更新や、アドバイザーの指摘を組み入れる必要から、内容にかなり追加変更を施した。そのため、英文原稿の校正までに予想以上の時間を費やし、原文と日本語訳の内容に相当のギャップが生じた。また、今まで『美しき日本の残像』をはじめ、日本語で直《じか》に書き下ろす経験があったため、今回も自分なりの表現をしたいという意思も働いた。そこで旧友の西野祥隆の協力を得て書き直しをした。

出版と編集に関して英語版の出版社ヒル・アンド・ワングに所属する編集者、エリザベス・シフトンにめぐり合え、彼女の斬新な校正によって本書はずいぶんと洗練された。

二〇一七年に講談社学術文庫に収録するにあたっては、大島淳之と共に本文の見直しや、プロローグ・あとがきの追記と編集を行った。

最後に本著出版には直接関係はないが、プライベート面でサポートしてくれた方々、ニューヨークのデュイ・シード、バンコクで私の秘書を務めるタナチャヤナン（サー）・ペットソンバットに感謝を表したい。そして日本の将来を憂える人々にこの本を捧げたい。

本書の原本は、二〇〇二年に講談社より刊行されました。

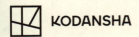

アレックス・カー（Alex Arthur Kerr）

1952年米国メリーランド生まれ。1964～1966年，父の仕事の関係で横浜の米軍基地に住む。エール大学日本学部卒業。日本学を専攻，学士号（最優秀）取得。1972～73年，慶應義塾大学国際センターでロータリー国際奨学生として日本語研修。1974～77年，英国オックスフォード大学ベイリオル・カレッジでローズ奨学生として中国学を専攻。学士号，修士号を取得。著書に，『美しき日本の残像』『ニッポン景観論』など。日本の魅力を広く知らしめる活動を展開中。

講談社学術文庫

定価はカバーに表示してあります。

犬《いぬ》と鬼《おに》

知《し》られざる日本《にほん》の肖像《しょうぞう》

アレックス・カー

2017年1月11日　第1刷発行
2025年4月3日　第3刷発行

発行者　篠木和久
発行所　株式会社講談社
東京都文京区音羽2-12-21 〒112-8001
電話　編集（03）5395-3512
販売（03）5395-5817
業務（03）5395-3615

装　幀　蟹江征治
印　刷　株式会社広済堂ネクスト
製　本　株式会社国宝社
本文データ制作　講談社デジタル製作

© Alex Kerr　2017　Printed in Japan

落丁本・乱丁本は，購入書店名を明記のうえ，小社業務宛にお送りください。送料小社負担にてお取替えします。なお，この本についてのお問い合わせは「学術文庫」宛にお願いいたします。
本書のコピー，スキャン，デジタル化等の無断複製は著作権法上での例外を除き禁じられています。本書を代行業者等の第三者に依頼してスキャンやデジタル化することはたとえ個人や家庭内の利用でも著作権法違反です。

ISBN978-4-06-292405-4

「講談社学術文庫」の刊行に当たって

これは、学術をポケットに入れることをモットーとして生まれた文庫である。学術は少年の心を養い、成年の心を満たす。その学術がポケットにはいる形で、万人のものになることは、生涯教育をうたう現代の理想である。

こうした考え方は、学術を巨大な城のように見る世間の常識に反するかもしれない。また、一部の人たちからは、学術の権威をおとすものと非難されるかもしれない。しかし、それはいずれも学術の新しい在り方を解しないものといわざるをえない。

学術は、まず魔術への挑戦から始まった。やがて、いわゆる常識をつぎつぎに改めていった。学術の権威は、幾百年、幾千年にわたる、苦しい戦いの成果である。こうしてきずきあげられた城が、一見して近づきがたいものにうつるのは、そのためである。しかし、学術の権威を、その形の上だけで判断してはならない。その生成のあとをかえりみれば、その根は常に人々の生活の中にあった。学術が大きな力たりうるのはそのためであって、生活をはなれた学術は、どこにもない。

開かれた社会といわれる現代にとって、これはまったく自明である。生活と学術との間に、もし距離があるとすれば、何をおいてもこれを埋めねばならない。もしこの距離が形の上の迷信からきているとすれば、その迷信をうち破らねばならぬ。

学術文庫は、内外の迷信を打破し、学術のために新しい天地をひらく意図をもって生まれた。文庫という小さい形と、学術という壮大な城とが、完全に両立するためには、なおいくらかの時を必要とするであろう。しかし、学術をポケットにした社会が、人間の生活にとってより豊かな社会であることは、たしかである。そうした社会の実現のために、文庫の世界に新しいジャンルを加えることができれば幸いである。

一九七六年六月　　野間省一